尽善尽美  弗求弗迪

组织与人才发展精进系列

人才战略落地

人才发展
解决方案
与标杆实践

蒋朝安　孙科柳◎著

电子工业出版社.

Publishing House of Electronics Industry

北京·BEIJING

内 容 简 介

任正非强调，人才不是华为的核心竞争力，高效的人才管理能力才是华为的核心竞争力。如何建立科学、系统的人才管理机制，如何在战略目标的牵引下通过人才战略落地推动企业的可持续发展是本书重点解决的问题。本书共9章，分别从确定人才理念、制定人才战略、设计人才规划、明确人才标准、做好人才盘点、实现人才获取、建设人才梯队、人才学习发展、推行人才流动等方面，系统解读了人才战略落地的路径和方法。此外，本书还提供了大量的人才战略落地工具，辅以实用案例进行深度阐释，让读者学以致用。读者可通过充分挖掘和开发人力资源，打造充满活力的高绩效企业。

本书可作为企业中高层管理者、人才发展专家、人力资源部门负责人和管理咨询人员的参考用书。

图书在版编目（CIP）数据

人才战略落地：人才发展解决方案与标杆实践 / 蒋朝安，孙科柳著. —北京：电子工业出版社，2022.8

（组织与人才发展精进系列）

ISBN 978-7-121-43475-4

Ⅰ. ①人… Ⅱ. ①蒋… ②孙… Ⅲ. ①企业管理－人才管理 Ⅳ. ① F272.92

中国版本图书馆 CIP 数据核字（2022）第 085129 号

责任编辑：杨　雯　　　　　　特约编辑：田学清

印　　刷：三河市鑫金马印装有限公司

装　　订：三河市鑫金马印装有限公司

出版发行：电子工业出版社

　　　　　北京市海淀区万寿路 173 信箱　　　邮编：100036

开　　本：720×1000　　1/16　　印张：21.5　　字数：350 千字

版　　次：2022 年 8 月第 1 版

印　　次：2022 年 8 月第 1 次印刷

定　　价：89.00 元

凡所购买电子工业出版社图书有缺损问题，请向购买书店调换。若书店售缺，请与本社发行部联系，联系及邮购电话：（010）88254888，88258888。

质量投诉请发邮件至 zlts@phei.com.cn，盗版侵权举报请发邮件至 dbqq@phei.com.cn。

本书咨询联系方式：（010）57565890，meidipub@phei.com.cn。

随着信息化和数字化的普及，我们进入了速变且动荡的时代，企业处于日益变化且具有高度不确定性的市场中。无论是应对激烈的市场竞争，还是维护企业的长久运营，高质量的人才都已成为企业持续成功的关键因子。

企业的核心竞争力之一在于具备高效的人才管理能力。对于众多企业来说，如何建立科学、系统的人才管理机制，如何在战略目标的牵引下通过人才战略落地推动企业的可持续发展，成为企业的战略级任务。越来越多的企业经营者和管理者已经深刻认识到人才管理能力对企业持续发展的重要性，并且通过输出一系列的人才考核和人才培训方案来提升人才能力。

近年来，我一直从事组织发展、人才发展方面的课题研究和咨询辅导工作，重点研究方向包括高校的工业园区产教融合与校企合作、企业人力资源管理系统诊断与分析、企业优秀岗位经验萃取与课程体系开发、大中型企业管培生人才体系建设与实践等。我曾与合作伙伴孙科柳老师共同推进许多咨询辅导项目，如向国家电网、隆平高科、中铁建、新力地产、澳优乳业等企业提供与人才发展相关的咨询服务。我们帮助企业打造学习型组织，提供内训师培养、培训课程体系开发、人才发展体系建设等服务，这些经历也是我们写作本书的基础。

在咨询辅导的过程中，我们发现了一些问题：一部分企业的人才培养工作仅仅停留在形式化的"培训赋能"阶段，走个过场就结束了，既缺少科学的培训过程设计，又缺少基于业务场景的反馈实践，培训效果并不理想；另一部分企业对人才的管理只聚焦于解决当下的"点状问题"，缺少战略思维，无法适应组织的快速发展，对"如何通过科学的人才发展实现企业的可持续发展"

这一问题还不甚明了。

要想切实解决人才管理中的现实问题，企业必须基于全局视角，统筹人才管理体系；既要着眼于发展现状，又要放眼于未来战略；要从人才规划、制定人才标准出发，为企业的人才管理提供参考依据；还要从盘活人才资源、获取优质人才、挖掘和开发员工能力、建设人才梯队等多个方面满足企业的人才诉求。只有实施兼具目的性、灵活性和系统性的人才培养计划，优化人才的挖掘和发展，才能充分保障企业人才的持续成长和稳定输出，助力企业长足发展，这也是我们写作本书的出发点和追求。

本书共9章，分别从确定人才理念、制定人才战略、设计人才规划、明确人才标准、做好人才盘点、实现人才获取、建设人才梯队、人才学习发展、推行人才流动等方面出发，构建了一套系统的人才发展体系建设方法论。本书以真实案例搭配人才战略落地工具，力求让读者真正理解人才管理的主线是什么，企业为了实现人才发展和人才价值应该设计怎样的路径，如何通过制度的确定性弱化环境和人的不确定性，如何选择科学的方法助力人才发展，以及如何通过优化人才管理保持企业的活力、推动企业的持续发展等。

在写作时，我们参考了国内外的许多经典书籍，同时对标华为、海尔、海底捞、星巴克、麦肯锡、字节跳动和阿里巴巴等优秀企业的人才管理实践，帮助读者将人才管理的工具、方法与企业管理实践融会贯通，做好企业的人才发展管理工作。

在写作本书的过程中，我们得到了众多管理学专家、企业培训工作者、一线管理者的倾力支持和帮助，在此表示真诚的感谢。

即使进行了细致的策划和准备，本书也难免存在纰漏之处，若读者有更成熟的建议，恳请不吝指正。最后，衷心希望本书能够为读者带来有益的收获和启发，进而为读者提供切实有效的帮助。

蒋朝安

2022 年 2 月

第1章
人才理念

第 2 章
人才战略

第 3 章
人才规划

😊 第 4 章
人才标准

第5章
人才盘点

第6章
人才获取

第7章
人才梯队

第8章
学习发展

第9章
人才流动

参考文献

第 1 章
人才理念

　　人才理念是企业看待、培养、使用、留存、发展人才的指导思想和价值观念。在人才制胜的时代，树立什么样的人才理念关乎企业的兴衰成败，如果没有明确的人才理念，那么企业在制定和落地执行人才管理政策时会走很多弯路，人才的投资回报率也不会太理想。

1.1　组织发展与人才发展

今日头条创始人张一鸣认为"企业发展规则第一条：永远不要损失人才；第二条：永远不要忘记第一条"。人才是企业一切活动的载体，是促进企业发展的竞争性资源，任何组织的发展都离不开人才。只有充分认识到人才对企业发展的重要性，才能更好地管理人才，实现企业与人才的双赢。

1.1.1　组织发展离不开人才发展

《管子·霸言》有云："夫争天下者，必先争人。"在竞争异常激烈的市场环境中，决定企业未来的不只是产品或业务，还有人才。人才是企业的活性资源，能为企业发展带来根本性的竞争优势。

"人才兴企"是企业的梦想。不过现实中很多企业在人才的"质"和"量"上存在不足，在需要人才的时候找不到合适的人才。过去的成功、积累的能力和素质不能保证企业在瞬息万变的新时代依然成功，越是高速发展的企业，越强调人才成长的速度要快于企业发展的速度。然而，实际情况是只有极少数企业能够达到这一标准，大多数企业面临着人才发展落后于企业发展的问题，在处于快速发展阶段和稳定发展阶段的企业中，这个问题更加突出。

在企业的快速发展阶段，人才发展滞后主要表现为基层员工的能力不能满足企业发展的需要，出现这个问题的原因主要有两个：一是初创期企业各方面资源匮乏、发展前景不明确，很难吸引优秀的人才加入企业，招聘的员工在素质和能力方面可能没有很大的竞争力，为其后期跟不上企业的发展速度埋下了隐患；二是企业在进入快速发展阶段之后，业务模式和管理模式很可能会发生变化，对员工的知识和技能也会不断提出新的要求，在初创期招聘的员工由于自身素质和能力的限制，其成长速度会落后于企业发展的速度。

在企业的稳定发展阶段，人才成长滞后重点表现为管理层的成长落后于企业的发展。处于稳定发展阶段的企业，业务发展良好、管理模式成熟，如果不能建立有效的激励机制，那么高层管理者，尤其是创业期元老很可能会出现懈怠心理，某些高层管理者进入了"舒适区"，不再保持学习和成长的热情，在思维、素质和能力水平方面逐渐跟不上企业发展的速度。在这种情况下，如果企业不能采取合适的措施加以干预，那么他们会逐渐变为企业的"沉淀层"，非常不利于企业的发展。

除了内部人才发展滞后的问题，外部人才的供需结构不平衡也是制约很多企业发展的重要因素。从我国劳动力市场的宏观发展来看，目前整个人才市场的供需结构处于失衡状态，劳动力短缺是我国很多企业在未来一段时期内无法回避的问题。

根据国家战略的相关要求，"中国制造"要努力实现"由大变强"的跨越，使我国发展为制造强国。不过，随着全球产业革命进程的加快，"中国制造"在转型升级之中正面临着"劳动力低廉方面竞争不过低端经济体，高新技术与投资环境方面竞争不过高端经济体"的尴尬"阵痛期"。预计到 2025 年，我国制造业高级蓝领工人的缺口将达到 3000 万～5000 万人，尤其是文化素质高、技术精湛的优秀工程师和技术工人。

2020 年 8 月 26 日，人力资源和社会保障部发布的《智能制造工程技术人员就业景气现状分析报告》指出，近年来我国智能制造领域的产值不断增长，但是高端芯片、电子制造等高端技术领域的自给率严重不足，制造业智能化所需的软硬件开发和服务人才严重缺失，急需一批职业化的智能制造工程技术人员。预计在未来 5 年，智能制造领域的人才需求量将达到 900 万人。

光辉国际研究院在《全球人才危机的警钟已敲响》研究报告中预测，到 2030 年，我国高级劳动力将出现 670 万人的人才缺口，在人才短缺的影响下，我国可能会错失 1.43353 万亿美元的产值。

困境之下，企业如果不能人才辈出，就不可能实现业绩倍增。很多企业已经意识到这一点并开始采取行动，在外部人才市场不景气的背景下转向内部人才培养，通过建立人才资源池、优化人才结构等，为企业未来的发展做好人才准备。

1.1.2　不同阶段的人才需求不同

事物的发展往往存在一个生命周期，企业发展也是如此，一般会经历一个从诞生到发展壮大，再到衰退、消亡的过程，这个过程可以分为初创期、发展期、成熟期和衰退期四个阶段，如图1-1所示。企业的生命周期有长有短，可能会受到多种因素的影响，如行业前景、企业战略、人才和资源等，其中"人才"是一种不可忽视的因素。

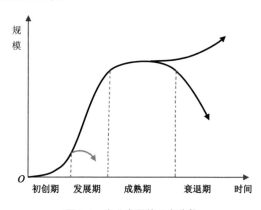

图1-1　企业发展的四个阶段

在企业发展的不同阶段，业务发展会有所变化，对人才的需求也会存在差异。要想实现健康、长远的发展，企业必须清楚在不同的阶段需要什么样的人才，即先根据不同阶段的发展需求确定人才标准，再按照人才标准寻找合适的人才。上文提到的人才发展滞后问题在企业的发展期和成熟期表现得更加明显，根本原因是企业在不同阶段的业务发生了变化，因此对人才的需求也发生了变化。纵观一家企业的发展历程，企业对人才的需求不是一成不变的，不同阶段的人才需求可能大相径庭，如华为的人才需求就是随着不同阶段的发展而不断进行调整的。

在初创期的十年间，华为的目标是活下去，需要既有技能又有态度的人才。当时的华为没有多高的知名度，只能在人才市场和华南理工等学校招聘，招聘对象主要是工科出身的技术人员。这是华为内部人才"野蛮生长"的阶段，也是产生"隐形冠军"的阶段，华为的轮值董事长孙平、前董事长孙亚芳和"技术天才"郑宝用都是在这个阶段加入华为的。

进入发展期以后，华为对人才的需求急剧增加，尤其是对高学历专业人才的需求。为了满足企业快速发展的需要，华为提出了"企业发展就是要发展一批狼，狼有三大特性，一是敏锐的嗅觉，二是不屈不挠、奋不顾身的进攻精神，三是群体奋斗的意识"，要求人才能够像狼一样嗅觉敏锐、进攻性强、群体意识强，如狈一样聪明、细心、策划能力强。

进入成熟期的华为，为了谋求未来更广阔的发展前景，大大拓展了业务种类和业务范围，对人才的需求也更加多样化，除了研发技术人员，对管理、财经、数学、物理、化学、小语种等各类人才的需求也在不断增加。

从人才需求变化的角度来看，华为三十多年的发展历程可以分为"呼唤英雄—消灭英雄—呼唤群体英雄"三个阶段，对"英雄"的态度变化反映了华为人才需求的变化。

除了华为的实践，我们从阿里巴巴人才布局的变化中也可以看出，在不同的发展阶段，对人才的需求是随着企业战略的变化而变化的。

2018 年 9 月 18 日，阿里巴巴提出了"五新"战略，即新零售、新制造、新技术、新金融和新能源。为了支撑"五新"战略的发展，阿里巴巴的人才布局随之发生变化，表现出"三化"的新趋势。

一是人才全球化，阿里巴巴在全球设立人才基地，通过全球人才发展全球业务；二是人才精英化，阿里巴巴改变了过去人才全靠内部培养的方式，吸纳全球的高管和经营人才，如今的阿里巴巴已经是"拖拉机换成了波音 747"；三是人才年轻化，根据脉脉数据研究院的统计，截至 2021 年 12 月 31 日，阿里巴巴员工的平均年龄是 31 岁，在管理层和技术骨干中，"80 后"和"90 后"的人数也在不断增加。

随着业务种类的增加，阿里巴巴的业务变得日益复杂，人才需求也发生了变化，从过去的"平凡人做非凡事"升级为"非凡人、平凡心，做非凡事"。从"平凡人"到"非凡人"，反映出阿里巴巴的人才需求正在向高端化发展。

当前，多变的经营环境让企业的决策变得更加复杂而困难，这要求企业必须根据发展阶段的不同情况及时调整人才需求，以便更加精准、灵活、快速地满足业务发展的需要。

1.1.3　不同企业的用人标准不同

无论规模大小，企业在选才用人时大多有一套自己的标准，有些企业重视能力，有些企业重视结果和贡献，还有些企业重视态度和价值观的契合。用人标准源于对人才的理解，企业对人才的定义不同，用人标准自然也会不同。

GE 把人才定义为"既有 GE 价值观又能创造业绩，在特定的时间和空间内为 GE 创造价值的人"；在用人标准方面，GE 注重人才的专业水准、道德品质和未来潜力。

IBM 把人才定义为"有决心和团队精神的高效执行者"；在用人标准方面，IBM 对专业背景的要求并不严格，更看重人才的潜能，即是不是可造之才。

谷歌把人才定义为"最精英的智慧创作者"；在用人标准方面，谷歌强调人才必须具备商业头脑、专业知识、创造力和实践执行能力。

不同企业对人才定义的差异反映在各自的用人标准上，著名企业的用人标准如表 1-1 所示。正是由于差异化的用人标准，这些企业才能在各自的领域形成独特的人才竞争优势。

表 1-1　著名企业的用人标准

企业名称	用人标准
苹果	看能力、看经验、看创新，更注重工作绩效
微软	"三心"人才：热心、慧心和苦心
英特尔	必须认同企业的文化和精神，更青睐富有创新意识的"3 分学生"
腾讯	以德为先，高情商的人优先，管理人员要有大局观，团队成员要有互补性
联想	综合素质是关键，企业文化认同是重点，同时关注品德和责任心
TCL	不崇尚品牌，不迷信成绩，综合素质很重要
宝洁	工作主动积极，较强的表达交流和分析能力，善于与人相处，具有合作精神，诚实正直，优先招收热心社会活动者
李宁	与企业文化高度契合，专业基础知识扎实，具有相关行业工作经验，考察表达、反应和逻辑思维能力等综合能力
……	……

　　企业制定用人标准是为了满足自身发展的需要，不同企业的用人标准可以不尽相同，即使在大方向上一致（如都把"认同企业文化"放在第一位），不同企业的文化、价值观也不可能完全一致，在具体的用人标准方面同样会存在差异。

> ● **拓展知识**
>
> 　　微软"三心"人才的含义如下。
>
> 　　热心——对企业充满感情、对工作充满激情、对同事充满友情；能够独立工作，有许多新奇的想法；能以企业的整体利益和长远利益为重，和同事团结协作，荣辱与共。
>
> 　　慧心——思维灵活、行动敏捷，能够准确把握、从容应对、快速适应形势，在短期内掌握所需的知识和技能。
>
> 　　苦心——勤奋、努力、肯吃苦。

　　结合行业发展的特性，处于不同行业的企业在用人标准方面的差异会更加明显，而处于同一行业的不同企业，用人标准的差异相对会小一些，这些差异在很大程度上是由企业人才理念的差异决定的。

1.2　标杆企业的人才理念

　　现代管理学之父彼得·德鲁克曾经说过："企业只有一项真正的资源——人。管理就是充分开发人力资源以做好工作。"人才是企业的生命，如何管理、培养、使用和留存人才已成为企业在激烈的竞争中成长发展的关键。人才管理工作离不开人才理念的指导，在市场浪潮中高速发展的标杆企业大多会树立明确的人才理念，并在人才管理工作中坚决贯彻执行。

1.2.1　华为："知本"高于资本

　　在初创期，华为既没有技术优势，也没有品牌优势，更没有厉害的关系和背景，要想实现发展，唯一能依靠的就是人才。华为对人才的重视程度可以用任正非的一句话来概括:"什么都可以缺,人才不能缺;什么都可以少,人才不能少;什么都可以不争,人才不能不争。"

在华为的发展过程中,人才一直是必争资源,不过华为对人才的要求是因时、因势而变的。那么现阶段华为对人才的要求是什么呢?华为首席财务官孟晚舟曾在对清华学子的演讲中提到,华为的人才应该具备三项核心素质,即胸怀世界、坚韧平实、洞察新知。

2017年9月26日,孟晚舟在清华大学发表了演讲,她认为"大学之大在大师,企业之强在强人""改变世界的从来都是年轻人",明确传达了华为对人才的要求。

"我们需要什么样的人才?

"胸怀世界:愿意迎接世界性的问题和挑战,在解决难题、面对挑战的过程中打开自己的视野和胸怀。'最优秀的人解决最大的问题',真正的人才不会愿意在一个平庸、安逸、缺乏挑战的环境中虚度光阴。

"坚韧平实:不浮躁、不急切、愿意一步一步走向成功。期望一夜暴富、一夜成名的人,接受不了我们,我们也接受不了。心态浮躁对ICT行业有极大的破坏力,我们提倡工匠精神。

"洞察新知:变革时代,唯一确定的就是不确定性,我们只有不断地学习、发现、认知和理解,才能驾驭这个世界。"

人才是知识的载体,华为之所以如此重视人才,除了因为人才是业务发展的必备条件,还与华为的人才理念息息相关。

在人才理念方面,任正非曾明确提出:"'知本'永远是高于资本的,这就是我们在人才方面的理念,我认为人才是决定一切因素的关键。"华为认为,在知识经济时代,企业生存和发展的方式发生了根本性的变化,过去是资本雇佣劳动,现在是知识雇佣资本,资本只有依附于知识才能实现保值和增值。对于高科技产业来说,人是很重要的。华为将人力资本看作创造财务资本的源泉和动力,并在人力资本方面"不计成本"地投入。

孙亚芳是第一批加入华为的知识型人才之一,1982年从电子科技大学获得学士学位后,她曾在各个研究所担任教师和工程师,是当时不可多得的高学历人才，1989 年进入华为后，她也曾在很多部门担任过重要职位。

一段时间后，工作能力突出的孙亚芳主动申请去一线担任办事处主任。在当时还不算特别成功的情况下，如果能有一位能力突出的人才担任办事处主任，将为华为带来上千万元的利润回报，更何况这是孙亚芳主动申请的。但是任正非回绝了她，还将她调往市场部培训中心担任培训教员。孙亚芳在培训中心工作了一年，在此期间，她成功将数百位"游击队员"轮训为"正规军"，此时任正非才同意她去"一线作战"。

后来，孙亚芳迅速成长为"市场女杀手"，为华为的市场营销、人力资源、海外开拓、高层培训等各个方面的工作做出了巨大的贡献，成为华为的前董事长。经她培训过的很多员工也成为华为的中坚力量，共同推动华为的发展壮大。

从上述案例中可以看出，华为"'知本'高于资本"的人才理念不是说说而已，而是确确实实落到了实处。在这一人才理念的基础上，华为进一步确立了"人力资本不断增值的目标优先于财务资本增值的目标"这一人才管理理念，并将该理念融入人才"选、育、用、留、退"的管理工作中。

在"'知本'高于资本"人才理念的指导下，华为将努力奋斗、积极创造的各类人才视为创造企业价值的主体，将认同并践行华为价值观的员工视为企业的宝贵财富，逐渐建立"广纳天下英才、促进优才涌现、鼓励在岗钻研、尊重人才但不迁就人才"的人才管理机制，建设了一支足以支撑业务发展和技术进步的优秀人才队伍。

1.2.2　阿里巴巴：优秀不如合适

有些企业喜欢找优秀的人来做事，有些企业则更想找合适的人来做合适的事。阿里巴巴之所以能用二十多年的时间发展为一个"商业王国"，很重要的一个原因是真正做到了"找合适的人来做合适的事"。

不过，阿里巴巴并非从一开始就认识到了合适的人很重要。在创立之初，阿里巴巴制定了一条用人标准，即创业人员只能够担任"连长级"以下的职位，"团长级"以上的职位全部由 MBA（Master of Business Administration，工商管理硕士）担任。后来的实践证明，精英人才不一定能为企业创造更大的价值。

1999 年，阿里巴巴上线。马云在获得 2500 万美元的风险投资后，开始向海外大规模扩张，在美国、英国、韩国和日本等国家设立了办事处，从世界 500 强企业中挖来一大批精英人才（仅从美国硅谷就挖来 30 位工程师），并且为这些精英人才开出不低于 6 位数的年薪。

2000 年，互联网行业进入"寒冬"。当时，马云召集大家开会商讨对策、谋求出路，每个人各抒己见，谁也不服谁，始终难以达成共识。招来的精英人才不但不能带领阿里巴巴走出"寒冬"，反而需要阿里巴巴每个月花费 100 多万美元来支付工资。这让马云意识到优秀人才太多不一定是好事，邀请这些国际人才加入企业，就像在"拖拉机"上装了"波音 747"的引擎，不但不能让拖拉机跑得更快，反而会破坏原来的平衡，造成四分五裂的局面。

想通这一点之后的马云当机立断，辞退了一大批不适合阿里巴巴的精英人才，回到杭州调整战略。自此，马云开始强调企业要找合适的人而不是优秀的人，阿里巴巴早期的人才理念"平凡人做非凡事"很好地诠释了这一人才观。

很多企业想通过招纳优秀人才形成人才优势，那么什么样的人才属于"优秀人才"呢？如果按照通行的标准来看，履历光鲜、背景骄人的人应该算得上"优秀人才"，但是这样的人才不一定真正适合企业。在现实中，同一个人在一家企业表现得非常抢眼，在另一家企业却表现平平是很常见的现象；企业费尽心思挖来的高管"水土不服"，不能创造预期价值的现象也屡见不鲜。只盯着学历高、经验多、履历丰富的人并不是明智的做法。

阿里巴巴认为"合适"是选人的要点，最好的人才是培养出来的。为了找到合适的人，阿里巴巴基于"脑力、心力、体力"的人才理念框架，提炼总结出八个字的人才观，即"聪明、皮实、乐观、自省"。

● **拓展知识**

阿里巴巴的人才观如下。

聪明——智商和情商兼备。智商指的是在专业方面有两把刷子，能用专业知识为客户创造价值；情商指的是足够开放、有来有往、与人交流、互通有无的能力。

皮实——经得起折腾。不但能经得起"棒杀"，而且能经得起"捧杀"，无论别人怎么赞扬你或羞辱你，你的内心要知道自己是谁，保持坚定的信念，无论是打你还是捧你，外界的状况都不会伤害到你，这才是真正皮实的状态。

乐观——在充分、客观、理性地了解真实情况后，仍然充满好奇心和乐观向上的精神。

自省——经常反省自己，不自大、傲慢。

阿里巴巴的人才观为寻找、培养"合适的人"提供了明确的方向。拥有这些特质的人不一定会在阿里巴巴获得成功，但是不具备这些特质的人一定不是阿里巴巴需要的人才。马云曾说："大企业最容易养'老白兔'，并且会传染。""老白兔"指的是在企业中做人好但是不干活的人，他们不符合阿里巴巴的人才观，因此阿里巴巴认为必须要清除他们。对于小企业来说，找到合适的人能够帮助企业迅速发展壮大；对于大企业来说，重点不在于找到合适的人，而在于开除不合适的人。

1.2.3 海尔：人人是人才，赛马不相马

"伯乐相马"的故事在我国广为流传，韩愈在《马说》中提出的"世有伯乐，然后有千里马。千里马常有，而伯乐不常有"的观点也影响深远。直到今天，很多企业仍然运用"伯乐相马"的思维管理员工，依靠领导慧眼识人、排兵布阵。然而实践证明，"相马"的做法很容易受到主客观因素的影响，往往很难做到人尽其才、才尽其用。

张瑞敏曾说过："对于一个领导来说，重要的不是怎样识别人才，而是建立一种制度、创造一种氛围，使它可以'出'人才。"正是在这种思想的影响下，

海尔确立了"人人是人才，赛马不相马"的人才理念。

"人人是人才"，意味着人人都能发挥自己的潜能。张瑞敏认为，要想让员工最大限度地发挥潜能，激励员工为企业做出更大的贡献，企业必须为他们提供足够大的舞台，让员工参与企业的管理和决策，形成自主经营的意识。他曾对员工说："你们能翻多大的跟头，我就给你们搭建多大的舞台。"

海尔鼓励员工对企业经营的难点和关键点提出合理化建议。早在20世纪80年代，张瑞敏就提出员工要学会自主管理，积极向企业献言献策，做到"人人都管事，事事有人管"。为此，海尔特地设立了"合理化建议奖"，工人蔡永利曾在一年内提出15条合理化建议，其中90%以上的建议被采用。

为了激励员工的"自我设计""自我表现"，经张瑞敏提议，海尔专门设立了"海尔奖""海尔希望奖"，对有发明创造的人才进行奖励和表彰。一开始，海尔开发的新型分离式250L冰箱在上下箱体之间是用螺丝连接的，这样既不方便客户自由拆卸，又容易损坏箱体。当时刚刚毕业来到海尔的马国军，只用2天时间就设计出了改良的方案，为企业每年节省费用30万元，他因此被授予"海尔银奖"，由他设计的定位垫块也用他的名字命名为"马国军垫块"。

如今，用员工的名字命名他们的创新和发明已经成为海尔的一项制度，海尔的不少创新和发明都是用员工的名字命名的，如"云燕镜子、晓玲扳手、秀凤冲头、启明焊枪、天佑圆锯、素萍支架、盂川三通阀"等。这些创新和发明让人们看到了普通员工的潜能和创造力，用员工的名字命名创新和发明，体现了海尔贯彻"人人是人才"的人才理念，激发了员工的主人翁精神。

"赛马"和"相马"只有一字之差，却能改变"马"的命运。"赛马"是让"马"通过主观的努力充分施展自己的才能，将命运的缰绳紧紧握在自己的手中；而"相马"是把"马"的命运交到他人手中，如果领导者识人能力不够或藏有私心，那么"千里马"很可能会被埋没。海尔相信"兵随将转，无不可用之人"，每一个进入企业的人都是可造之才。能否充分发挥员工的才能，在很大程度上取决于领导者，领导者可以不知道员工的短处，但是不能不知道员工的长处。

海尔把企业作为员工的"赛马场",建立全方位的"赛马"机制,包括三工并存、动态转换制度,在位监控制度,届满轮流制度,"海豚式"升迁制度,竞争上岗制度和比较完善的激励机制等,让各类人才在你追我赶的工作氛围中充分发挥才能、创造优秀业绩,并且通过考核发现人才、使用人才。

在"人人是人才,赛马不相马"人才理念的指导下,海尔的每一个员工都拥有相同的竞争机会和展示自己的舞台。正如张瑞敏所说的那样:"给你比赛的场地,帮你明确比赛的目标,比赛的规则公开化,谁能跑在前面,就看自己的了。"海尔的"赛马"文化既让优秀人才不断脱颖而出,又让海尔顺利实现了发展目标,成为声名卓著的国际性企业。

1.3 确定企业的人才理念

人才理念对企业的人才管理具有方向性的指导意义,确定人才理念是企业实现长远发展必须解决的问题。一个好的人才理念应该清楚地界定企业与员工之间的关系,明确地体现对员工行为的要求,最关键的是让企业内的所有人都能理解,便于人才理念的落地。

1.3.1 理解企业与员工的关系

确定企业的人才理念,首先需要理解企业与员工的关系。企业的所有价值都是由员工创造的,如何定位与员工之间的关系直接影响到企业对员工的管理。

企业与员工的关系本质上是雇佣关系,不过在处理这种关系时,不同企业的方式是不一样的,如华为强调要给奋斗者合理的回报,没有奋斗就没有回报;而日本企业普遍奉行"家文化",实行终身雇佣制。两者虽然看起来完全不同甚至有些对立,但是都在特定环境中为企业的发展做出了贡献。

在企业与员工的关系方面,日本企业的"家文化"和终身雇佣制具有鲜明的特色。日本的很多私人企业叫作"会社",国有企业叫作"公社",从这些名称中就能让人感受到"家族气息",企业就是"家",每一位员工都是"家人"。

在"家文化"的影响下，日本企业长期实行终身雇佣制，解决员工的失业之忧，增强员工的"安全感"和对企业的"归宿感"；同时，企业也可以大胆培训员工，不用担心收不回培训成本。

松下电器是日本企业界终身雇佣制的"鼻祖"，松下电器的创始人松下幸之助曾说过，绝不解雇任何一个"松下人"。松下电器一直坚持这样的做法，即使在业绩低迷的时候也没有解雇过一名员工。这既让员工得到了稳定的保障，又让松下电器有效留住了优秀员工。

丰田也是终身雇佣制的拥护者，不过丰田意识到了实行终身雇佣制的负面效应，采取了一些措施以消除终身雇佣制的弊端。从 1999 年 10 月起，丰田废除了年功序列制（论资排辈），引入以能力、成绩定薪资的报酬体系，在保证员工雇佣的前提下提高员工的工作积极性。为了解决实行终身雇佣制带来的人事费用高、组织缺乏活力等问题，丰田大量裁减中层管理人员，让组织结构更扁平化、更有效率。

日本的终身雇佣制本质上是得到发展的家族制度，是"家文化"的具体表现形式。在对待员工方面，日本企业十分注重感情投入，给予员工家庭式的关心，这样能反向促使员工更愿意为企业付出，把企业当成"家"，提高员工的忠诚度和责任感，打造企业内部人际关系融洽、重情重义的氛围。

与日本企业相比，西方一些发达资本主义国家的企业在对待与员工的关系时更加纯粹，简单来讲就是一方提供劳动、一方支付报酬的关系。这种关系可以划分为利益关系、合作关系等，不同的关系对员工的看法和处理方式略有不同，报酬的形式也有很多种。对于一些高度标准化的工作，企业与员工的关系主要是利益关系，员工做事，企业支付相应的工资，如工厂流水线的工人、餐馆的服务员等；而对于需要具备一定技术、能力和经验才能完成的工作，企业与员工的关系更倾向于合作关系，企业不但会向员工支付必要的工资和报酬，而且会提供各种福利和发展机会等，寻求企业和员工的双赢。

星巴克创始人霍华德·舒尔茨曾在自传《将心注入》中写道："希望星巴克是一家能让员工感受到尊重和信任的企业。"他一直认为，如果想让客户满意，首先要让员工满意。在与员工的关系方面，星巴克一直秉持着"没有员工，只有合伙人"的观念，把每一位员工视为伙伴，不但关注新员工的融入、与员工分享成功、推出"咖啡豆股票"全员持股计划，而且关注员工的成长，通过建立企业大学为员工提供更好、更系统、更全面的培训，促进员工成长。

IBM 倡导企业与员工之间要建立合作共赢的关系，并且一直致力于把每一位员工实现自身价值的过程凝聚为企业发展源源不断的强大动力，让员工与企业一起成长。为此，IBM 建立了双重发展通道，为每一位员工提供平等的工作、培训和晋升机会，还为员工提供较高的福利待遇，办理医疗、失业、养老等保险并推出员工住房自助计划等，解决员工的后顾之忧。

在企业与员工的关系方面，国内的企业主要借鉴西方企业的经验，大多认为企业与员工之间的理想关系是共创共生、共享共赢。不过在现实中企业与员工的关系是多种多样的，对于不同行业、不同性质、不同发展状况的企业来说，界定企业与员工的关系需要从自身的实际情况出发，只要是能帮助企业实现目标的员工关系就是可行的。

1.3.2　体现对员工行为的要求

在清晰地界定了与员工的关系之后，企业就可以考虑对员工行为的要求了。不同企业对员工行为的要求具有差异性，这些差异性是造成人才理念差异的重要原因。

在现实中，有些企业的发展求"稳"，对员工行为的要求是不冒进、深思熟虑后再行动；有些企业的发展求"快"，对员工行为的要求是一旦发现机会就快速采取行动；还有些企业想建立精英队伍，对员工行为的要求侧重于持续学习和成长。企业对员工行为的要求是企业与员工关系的具体表现形式。

在确定对员工行为的要求时，企业要尽可能做到具体、清晰、条例化，让员工能够一眼看懂，这样才能有效地引导和改变员工行为，让员工行为与企业要求保持一致。日本的秋山学校之所以能够培养出优秀的匠人，让"秋山木工"在全世界享有盛名，离不开其独特的、长达八年的匠人研修制度，以及被严格执行的学员行为要求。

秋山学校是秋山利辉创办的一所匠人学校，想进入该学校学习的人，首先要接受十天的训练，只有通过考试才能入学；入学后要学习一年的学徒见习课程，才会被录用为正式学徒；之后还要经历长达四年的基本训练、工作规划和匠人须知的学习，经过四年的学徒生涯，只有在技术和心性方面磨炼成熟者才能被认证为工匠；成为工匠之后，再经过三年边工作边学习的锻炼，才能离开学校独自出去打拼。

秋山学校的创办目的是培养学员真正的工匠心性和基本生活习惯，通过实习和研修，帮助学员掌握基本知识。为此，秋山学校提出了一系列严苛的行为要求。

①一旦入学，无论男女一律剃头。

②禁止使用手机，只许书信联系。

③没有假期，只有在八月盂兰盆节和正月假期才能见到家人。

④禁止接受父母的钱财和物品。

⑤研修期间禁止谈恋爱。

⑥每天朝会时背三四遍"匠人须知 30 条"。

⑦每晚十点结束研修，开始写当天的总结反省，接受学长和师父的批改。

…………

在秋山利辉看来，如果人品达不到一流，那么无论掌握了多么高超的技术也算不上一流的工匠，因此他提出了这些行为要求。对于学员来说，接受并践行这些严苛的行为要求也是一个磨炼心性的过程。

秋山学校对"企业与员工"关系的定位是老师（平台）与学员的关系，在此基础上提出了对学员行为的要求，并将这些要求标准化、规范化，成为学员必须遵守的准则，引导学员改变自己的行为。可见，把对员工行为的要求写出来、形成书面化的准则可以规范和引导员工行为，有效促进企业的发展。

华为的成功是"华为人"在"以客户为中心、以奋斗者为本、长期艰苦奋斗"价值观的指引下，勇于牺牲、敢于拼搏，持续艰苦奋斗的结果。华为的价值观其实就是对"华为人"的行为要求，基于这样的行为要求，华为构建了一系列行为准则，如要有客户服务意识、勇于担责，以及干一行、爱一行、专一行等。

陈高（化名）是华为无线部门的员工，刚刚成为团队负责人的他因为一直没有机会参与客户的无线项目而感到焦躁。由于在项目投标时华为的无线部门没有现网（生产环境），因此客户不考虑与陈高的团队合作。

在自认为毫无合作机会的情况下，华为无线项目组仍然以客户为重，即使不是客户的合作伙伴，也以顾问的心态帮助客户实现商业规划，积极识别客户的痛点，快速响应客户的需求，表现得比客户的现网合作伙伴更称职。陈高在每次见中高层客户的时候都以一个固定的问题为结尾，那就是"华为还能为你们做些什么"。在这个过程中，华为为客户做了能做的所有工作，如针对客户频谱资源短缺的问题安排专家进行多轮频谱干扰分析，开展业界最佳的实践交流和站点能源改造咨询等。正是这些看起来与客户的基础网络项目毫不相关的投入，为华为赢得了子网客户的信任和依赖，原本毫无希望的华为无线项目组成功地"插了一只脚进去"，实现了无线项目的突破。

在实现突破后，华为无线项目组并没有松懈，而是一如既往地服务客户。在项目决策前期，华为无线项目组举办了一次技术峰会，围绕SDN/NFV的网络演进和数字化转型，与客户进行了充分交流，传递了华为的品牌观念和竞争力，得到了客户的高度认可，双方共同探讨未来几年的网络发展和合作方向。在峰会结束后的第二天，华为无线项目组又向客户的CEO单独汇报了进展。正是这样细致到位的服务打动了客户，最终为华为赢得了合作机会。

任正非曾对"华为人"说过："华为的'魂'就是客户，客户是永远存在的。华为要琢磨客户想要什么、华为要做什么东西卖给客户、怎样才能使客户的利益最大化。"华为要求"员工的脑袋要对着客户",及时响应客户的需求,陈高的行为反映出华为"以客户为中心"的价值观不是一句口号,而是能够切实落地的。可见,明确对员工行为的要求,对企业核心价值观的塑造和人才理念的形成是非常重要的。

1.3.3　明确和认同人才理念

企业的人才理念不是在创立之初自然而然形成的,而是需要经历一个从无到有、从模糊到清晰的过程,企业人才理念的确定过程就是将企业关于人才的模糊想法逐渐清晰化的过程。

在企业创立之初,对人才的想法或理念基本上来源于创始人或高管对人才的看法或期望,只是脑海中的很多模糊想法,并没有整理成文。为人熟知的阿里巴巴的人才理念,在一开始也只是马云头脑中的想法,说起来头头是道,但是并没有写下来,直到后来在关明生的建议下才对那些想法进行了记录和梳理,开启了价值观清晰化的过程。

2001年1月,当关明生刚刚加入阿里巴巴的时候,阿里巴巴还属于"草根班子",没有清晰的人才理念。当时的阿里巴巴正遭遇发展瓶颈,为了配合企业的战略调整,马云和管理层决定梳理企业的文化。

2001年1月13日,马云和关明生、蔡崇信、彭蕾、金建杭、吴炯六人在办公室商讨,马云滔滔不绝地讲企业的文化。突然,关明生问了马云一个问题:"我们的文化这么厉害,有写下来吗?"这个问题让马云停下来想了半天,回答说:"没错,是没有写下来。"关明生提议把当时已有的企业文化和价值观写下来,马云表示赞同。

于是,几人先把价值观写了出来,用了几十张纸,然后花了大半天时间把这些价值观抄在黑板上,经过删减从中提炼出九条,包括服务与尊重、质量、专注、群策群力、简易、开放、教学相长、创新、激情,合称"独孤九剑"。这九条价值观是"阿里人"的真实画像,深化了阿里巴巴的人才理念。

在确立了人才理念后，如果企业想进一步将理念落实到员工的思考方式和行为方式中，必须让全体员工深刻理解和认同企业的人才理念。

在福耀玻璃刚刚进军美国的时候，由于美国员工对中式管理不理解、不认同，导致企业经营遭遇困境。后来，经过创始人曹德旺的一番努力，员工对企业的管理理念有了新的认识和理解，并且达成了共识，这才让工厂逐渐走上正轨。

2014 年，福耀玻璃在美国俄亥俄州代顿市通用汽车工厂的旧址开设了工厂，雇用了 1000 多名美国当地和中国的工人，这对因通用汽车工厂关闭而失业的当地居民来说是一件值得庆贺的事情。

不过事情的发展不是一帆风顺的，福耀玻璃工厂采用的中式管理理念让美国工人怨声载道，他们认为工作任务繁重、环境闷热，安全也得不到保障，于是涌上街头抗议，并谋划在福耀玻璃的莫瑞恩区工厂成立工会，争取工人的权益。

在双方矛盾无法调解的情况下，曹德旺组织美国工厂的管理人员到中国工厂学习，让他们亲身体验中式管理理念给企业发展带来的效果，促使他们转变现有观念，加深对企业管理理念的理解和认识。2017 年，福耀玻璃针对"是否需要工会"发起了官方投票，最终 868 人投了"反对"票，这说明大多数工人已经认同了工厂的管理理念。正是由于管理理念逐渐得到认同，福耀玻璃美国工厂在 2018 年实现了盈利。

管理理念是社会制度、人文环境、企业人才理念的具体体现。从上述福耀玻璃美国工厂的案例中可以看出，人才管理工作是层层传递的，首先要在高层管理者之间达成人才理念的共识，在高管达成共识后，再将这种共识向所有中层管理者宣贯，然后由中层管理者向普通员工宣贯，层层传递，最终才能在全体员工中达成共识，推动企业的发展。

人才理念在确定下来之后不是一成不变的，需要根据企业发展阶段的实际情况进行调整和迭代。例如，阿里巴巴的人才理念随着企业的发展从"平凡人做非凡事"变为"非凡人、平凡心，做非凡事"，为了便于上下理解达成一致，又将其细化为"聪明、皮实、乐观、自省"的人才观并进行了详细的行为描述，清晰地传达出企业对人才的要求。

1.4　基于人才理念进行人才管理

人才理念是企业进行人才管理的方向性指导，而人才理念的落地要以人才管理的各项工作为依托，还要通过制定《人力资源管理纲要》、人才管理政策和人才管理流程，将人才理念具体化为指导操作的方法、工具和流程。

1.4.1　制定《人力资源管理纲要》

在数字化转型时代，人力资本逐渐取代货币资本，成为企业创造价值的源泉，人力资源管理是企业实现商业成功和持续发展的关键驱动因素。要想实现人力资本的不断增值，企业必须建立能够指导企业走向成功的人力资源管理体系。《人力资源管理纲要》是指导企业人力资源管理体系建设的纲领性文件，对企业发展有着巨大的意义和价值。

世界上没有两片完全相同的树叶，也不存在完全相同的企业。每一家企业都有其独特性，在制定《人力资源管理纲要》时没有可套用的完美模板，虽然在结构上可以借鉴一些优秀企业的逻辑和框架，但是纲要的具体内容必须符合企业的实际发展情况。

一般情况下，企业在制定《人力资源管理纲要》之前，必须对自身的人才理念和人才管理理念有一个清晰的认识，这是制定纲要的基础，也是企业人力资源管理的基本出发点。同时，企业还要结合过往的实践，总结在人力资源管理方面的成功经验，并分析存在的问题和面临的挑战，为制定《人力资源管理纲要》提供关键信息。

企业制定《人力资源管理纲要》的目的是让企业面向未来发展，因此在《人力资源管理纲要》中要有对企业内外部业务环境的分析，了解企业在未来发展中会面临哪些环境变化；还要有对企业未来经营模式的分析，明确企业发展的新愿景、新使命和新目标，进而提出《人力资源管理纲要》的新理念和基本框架。《人力资源管理纲要》的关键要素如表 1-2 所示。

表 1-2 《人力资源管理纲要》的关键要素

关键要素	说明
成功经验	企业在过去有哪些成功经验可以继承？可以从理念、原则等方面思考
存在的问题	企业在人力资源方面还存在哪些问题？可以从人才结构、质量、考核制度、组织活力等方面思考
愿景和目标	企业的战略目标、价值创造的使命、人力资源开发和管理的目标
挑战和任务	通过对内外部环境的分析，明确企业的人力资源开发和管理面临的挑战、主要任务
人力资源基本政策	人才"选、育、用、留、管、退"等各个方面的基本政策

构建《人力资源管理纲要》的基本框架，需要根据企业的发展目标，从不同维度阐述人力资源的价值追求。维度的选择和划分没有统一的标准，只要能系统阐述人力资源、紧紧抓住企业的发展目标并为发展目标服务就是可行的。在现实中，对《人力资源管理纲要》维度的划分五花八门，如华为将优化人力资源管理价值链的关键举措和主要影响因素作为重要维度，如表 1-3 所示；京东根据"十四条铁律"划分维度；还有一些企业把人力资源管理涉及的各类工作作为《人力资源管理纲要》基本框架的维度。

表 1-3 华为优化人力资源管理价值链的关键举措和主要影响因素 [①]

关键举措	主要影响因素	说明
激发"两个动力"	精神	坚持"核心价值观"，用企业的愿景和使命激发员工的工作动力，通过企业的发展为员工提供成长的机会，营造信任、协作、奋斗的组织氛围，持续激发组织和员工积极创造的精神动力
	物质	坚持"多劳多得"，优化、完善全产业链的价值创造和分享机制，让更多、更优秀的内外部人才参与企业价值创造，让各类人才更好、更积极地创造更大的价值

---

① 来源于《华为公司人力资源管理纲要 2.0 总纲（公开讨论稿）》。

关键举措	主要影响因素	说明
管理"三类对象"	干部	坚持"从成功实践中选拔干部",打造"富有高度使命感和责任感,具有战略洞察能力、决断力和战役管控能力,崇尚战斗意志、自我牺牲和求真务实精神"的干部队伍
	人才	坚持"努力奋斗的优秀人才是企业价值创造之源",让外部优才汇聚、内部英才辈出,建设匹配业务、结构合理、专业精深、富有创造活力的人才队伍
	组织	坚持"业务决定组织",适应不同业务特点、发挥大平台优势,简化组织考核、增强协作牵引,构建聚焦客户、灵活敏捷、协同共进的组织
人力资源管理		人力资源管理要来源于业务、服务于业务,构建"以业务为中心、以结果为导向,贴近作战一线、使能业务发展"的人力资源体系

确定了基本框架之后的任务是对基本框架中的每一个维度进行顶层设计,确定每一个维度下的细分项,完善基本框架的结构。华为的《人力资源管理纲要 2.0》在确定了基本框架后的重点工作,就是对管理"三类对象"的基本理念、框架、方向、体系和举措进行了顶层设计。

1.4.2　制定人才管理政策

《人力资源管理纲要》虽然能为企业的人才管理工作指明方向,但是不能为具体执行提供操作性的指导。要想高效开展企业的人才管理工作,不但要有正确的方向,而且要有相关政策的支撑和指导。企业的人才管理政策就是为了实现企业目标而制定的一系列关于人才"选、育、用、留、退"等各个方面的指导方针,企业在制定相关方针时具有一定的灵活性。

华为的人才管理理念是"知本"高于资本,很多人才管理政策体现了这一理念,如华为中的某些专家可以比主管的级别更高。Fellow 是华为内部最高级别的专家,除了向 Fellow 级别的专家们提供颇具竞争力的薪酬回报,华为还把对专家的激励显性化,专门制定了一项政策:Fellow 级别的专家们必须坐商务舱,否则要"罚款"。华为这样做的目的是让 Fellow 级别的专家们知道,如果他们不坐商务舱，技术体系的荣誉感就建立不起来，同时让所有员工明确，企业确实想让技术体系和管理体系"两条腿"都"硬"起来。

网飞的大多数工作需要依靠员工的创新和创造力，高人才密度是其成功的引擎。在人才管理政策方面，网飞只雇用、奖励和容忍完全成熟的成年人，对于创造性的工作，会为某一名能力超强的员工开出市场中的最高工资，而不是花同样的钱雇十几名甚至更多表现平平的普通员工。同时，为了不让规则制度限制精英人才，网飞尝试尽可能减少流程和制度，通过更好的方式沟通企业的发展方向、奋斗目标和员工表现。

企业的人才管理政策应该涵盖所有的员工，在制定的时候要考虑到不同时期企业内不同层级、不同类别员工的情况是不同的，因此有必要分层、分类、分阶段地制定人才管理政策。

分层制定人才管理政策，指的是对高层、中层和基层员工的管理政策不能一概而论，要有差异性和侧重点。对高层管理者的管理政策要体现务虚要求，对中层管理者的管理政策要体现管理和经验要求，对基层员工的管理政策要体现务实要求。华为对不同层级的员工制定了差异化的管理政策，提出"基层工作人员要爱一行干一行，在你爱的领域内干出成绩来。对于高级干部来说，要干一行爱一行。新加入公司的员工，在你们最擅长的领域，把最大的价值发挥出来"。

华为的人力资源管理政策是人才需求、人才政策导向，主要包括干部队伍管理和专业人员管理，通过建立开放透明、自由流动的机制，促进各类人力资源管理的改进。

干部选拔：强调责任结果导向、强调成功实践经验、强调会带团队，在此基础上敢于破格提拔。

人才发展：坚持通过选拔机制牵引人才发展，对选拔出来的人才要好好培养；坚持员工对自身成长负责，实现从实践到理论，再从理论到实践的循环提升。

干部监管：在授权的同时做好全面监督，干部不但要管好自己，而且要管好业务内控、管好下属。

人才梯队建设：建立"专业"和"管理"双通道，鼓励员工"干一行、爱一行、专一行"，发挥专业价值。

要想让企业的人才管理更精细化，在人才管理政策方面，既要鼓励员工在职业发展中向上努力，又要鼓励员工脚踏实地，在岗位内深化，这也是分层制定人才管理政策需要考虑的问题。

分类制定人才管理政策，指的是对于不同职业类别的人员（如研发人员、财务人员、市场营销人员等），人才管理的政策要有区别。不同职类的人才在企业中承担的工作任务是有显著差异的，只有根据不同职类的特性制定相应的人才管理政策，才能确保政策的有效性并激发各类人才的积极性，让他们在各自的岗位发挥潜能和优势，不断为企业创造价值。

值得注意的一点是，分类制定人才管理政策的前提是企业具备清晰明确的部门分工和职类划分。如果是初创型企业，还没有划分职类，人才管理政策就不需要分类制定，应该更注重通用性。

分阶段制定人才管理政策，指的是根据企业在不同阶段的发展目标和业务特点，制定支撑企业实现目标的人才管理政策，做到因时而变、因势而变、与时俱进。

企业在制定人才管理政策时，首先要明确人才管理的对象是人，在政策中要体现人性化色彩，这样才能让管理更有温度；然后建立分层、分类的任职资格标准，并根据企业不同阶段的战略重点和要求修订任职资格标准，同时为员工提供多样化的培训和学习机会，帮助员工成长。这些都体现了人性化色彩，可以为人性化的人才管理提供有效的指导。

1.4.3　制定人才管理流程

在制定了人才管理政策之后，企业要想办法确保政策的实施效果。人才管理政策的落实要以人才管理的具体实践为依托，建立有效的人才管理流程可以提高人才管理的效率。

建立完整的人才管理流程是一件困难的事情，不过这是企业实现长远发展必须要解决的一个问题。在建立完整的人才管理流程之前，企业需要重点关注以下三点。

一是人才管理要建立在人力资源体系的基础上，能力素质模型（或人才标准）是企业人才管理流程中的关键元素。

二是人才管理要关注对人才"选、育、用、留、退"的循环管理，各个模块不是孤立的，将各个模块整合在一起形成一体化的人才管理流程非常重要。

三是人才管理流程的建立是一项持续的、长期的、需要根据业务的变化不断进行调整优化的工作，必须要由专业的专家（组织发展专家或人才管理专家）来领导，由专门的部门（通常是人力资源部门）来组织和管理，推动人才管理流程的整合和建立。

如图 1-2 所示，企业的人才管理工作体系包括招聘、绩效管理、薪酬福利、培训发展、员工关系和职业规划等几个模块，在这些模块下涉及很多具体的工作，每项工作都需要建立相应的流程，这样才能让企业发展得到有力的保障。

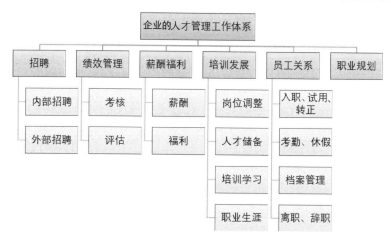

图 1-2　企业的人才管理工作体系

在实际的人才管理工作中涉及的相关流程很多，常见的流程包括内部招聘，外部招聘，部门月度绩效考核，岗位月度绩效考核，部门年度绩效考核，岗位年度绩效考核，工资计算发放，奖金计算发放，薪酬调整，差旅报销，岗位调整，培训计划制订，培训实施和评估，新员工入职、试用、转正的管理和评估，员工请假管理，员工辞职管理，员工投诉处理等。

　　企业在设计人才管理的整体流程时，必须确保人才管理的各项工作流程之间是相通的，如果只有某一模块的流程设计很合理，但是与其他模块的流程脱节，那么同样无法达到人才管理流程设计的目的。在招聘流程结束后，后续的用人、培训、评估、考核与激励、退出等流程必须及时跟上，这样才能确保企业的人力资源发挥应有的作用。华为的干部管理之所以能够取得成功，在很大程度上是因为干部管理流程（见图1-3）的设计非常合理，干部"选、育、用、留、管、退"等各个环节之间是连通的。

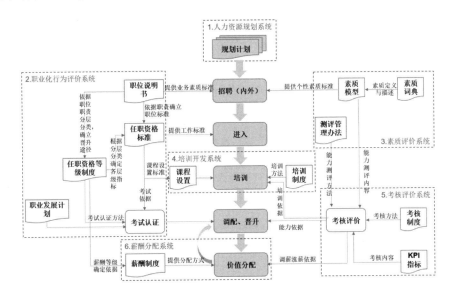

图 1-3　华为的干部管理流程

　　企业制定人才管理流程的主要目的是支撑业务流程，因此在设计时要有全局意识，从全局的角度理解整个流程，厘清各个模块之间的逻辑、接口、优先级和重要程度等，以便实现前期的设计目的。

第 2 章
人才战略

　　人才战略的本质是将人才作为一种战略性资源，研究如何吸引、培养、使用和发掘人才，支撑企业战略目标的实现和长远的发展。清晰的人才战略能够解决企业人力资源的发展方向、未来人力资源的建设重点等问题，是促进企业未来发展的关键因素。

2.1 企业战略澄清与解码

管理大师罗伯特·卡普兰曾说："如果战略不能被清晰描述，就不能被具体衡量，不能被具体衡量，就不能被有效管理，不能被有效管理，战略就会落空。"有效的人才战略以清晰的企业战略为依托，在制定人才战略之前，企业有必要对自身的战略意图和战略目标进行澄清，并通过战略解码确定企业的关键成功因素，进而确定人才战略的目标。

2.1.1 澄清企业的战略

澄清企业的战略，指的是通过适当的内外部调研，与企业的高层管理者和部分中层管理者进行高效的沟通，厘清思路，提高对战略的认识，为其他管理工作的开展提供指导和依据。

如图 2-1 所示的 BLM（Business Leadership Model，业务领先模型）能够帮助企业迅速澄清战略：首先对企业的业绩差距和机会差距进行分析，找到产生差距的原因；然后从战略意图、市场洞察、创新焦点和业务设计四个方面理解企业的战略；最后通过战略解码确定各部门的关键任务，找到现有人才和能力的差距，明确实现战略对人才、关键岗位和人才布局的要求，以及企业可能会面临的挑战等。

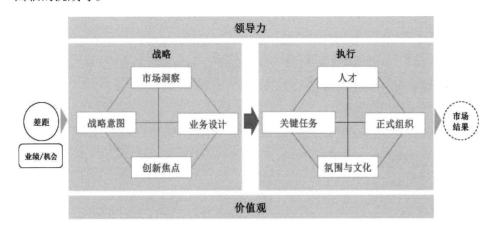

图 2-1　BLM

战略澄清一般通过战略研讨会的方式进行，要想确保战略澄清的效果，企业要有在平等、公开的氛围中讨论重要事项的文化基础。战略澄清的内容主要包括战略意图、市场洞察、创新焦点和业务设计四个方面，如表 2-1 所示。

表 2-1 战略澄清的内容

澄清内容	说明
战略意图	组织机构的方向和最终目标是否与企业的战略重点一致
市场洞察	了解客户的需求、竞争者的动向、技术的发展和市场经济的状况，发现企业发展面临的机遇和风险，了解市场中正在发生哪些变化，以及这些变化对企业有什么影响
创新焦点	进行与市场同步的探索、试验，在各种可能性中筛选想法，通过试点和深入市场的试验探索新想法，谨慎地投资、处理资源以应对行业的变化
业务设计	对外部的深刻理解，为高效利用内部能力和持续增加价值探索的业务设计提供了基础。业务设计涉及六要素，即客户选择、价值主张、价值获取、活动范围、持续价值和风险管理

在召开战略澄清研讨会之前，企业要对会议的讨论过程进行精心设计，不但要让相关部门提前准备市场、客户、竞争对手方面的研究和分析资料，而且要明确战略澄清的任务，也就是明确需要澄清的讨论目标，根据讨论目标有针对性地设计问题，作为在研讨会中讨论的议题，在讨论过程中需要由专业人士进行引导和沟通。战略澄清研讨会的讨论目标制定和问题设计如表 2-2 所示。

表 2-2 战略澄清研讨会的讨论目标制定和问题设计

澄清内容	关键点	说明
战略意图	讨论目标	在以企业的战略方向和目标为指导的基础上，讨论企业业务在未来 3 ~ 5 年的战略意图
	问题设计	①愿景：企业对未来整体业务发展的设想和蓝图。②战略目标：3 ~ 5 年后的业务特征和关键指标体系，如收入、人均效益等。③发展路径：企业在不同阶段的战略重点是什么？主要发展思路是什么？阶段性里程碑是什么

澄清内容	关键点	说明
市场洞察	讨论目标	识别未来 3 年内市场的主要发展趋势及其影响
	问题设计	宏观分析： ①产业格局变化会给企业带来哪些影响？机遇和挑战分别是什么？ ②行业的整体趋势如何？外部环境有什么影响？产业链的特征和变化趋势如何？ ③新技术的发展趋势是什么？有什么变化？ ④企业的发展空间如何
		客户分析： ①可以通过哪些细分标准对客户分类？ ②客户的需求偏好和痛点分别是什么？客户购买产品的关键因素是什么
		竞争分析： ①主要竞争对手的战略、价值主张和竞争手段是什么？ ②当前市场的竞争格局如何？与竞争对手相比，企业的优劣势是什么？ ③竞争对手有哪些经验可以借鉴
创新焦点	讨论目标	明确未来的业务组合战略和创新焦点
	问题设计	①从业务整体的角度来看，各子业务或子产品属于核心业务、成长业务还是新兴机会？为什么？ ②市场和竞争对手有哪些创新实践值得借鉴？未来企业可能会采取哪些创新举措
业务设计	讨论目标	①基于市场洞察和需要消除的关键差距，讨论并就业务设计达成初步共识。 ②可能需要针对不同子业务或细分客户群分别设计
	问题设计	①业务范畴的定义是什么？ ②要想缩小或消除差距，当前的业务设计有哪些要素需要进行优化和调整？ ③新的业务设计在执行过程中可能遇到的挑战有哪些

在完成问题设计和会议的准备工作之后，就可以组织高层管理者和其他相关人员参加会议了。在会议中，可以通过集体研讨、头脑风暴等方式，推动高层管理者对企业的远景目标和战略举措达成共识。如果参加会议的人员比较

多，那么可以采用分组的方式，由各组的组长组织讨论，每组选派代表发言，其他组可以自由点评和提问，最终目的是就议题达成共识。

战略澄清很难通过一次研讨会就看到效果，一般需要经过若干次研讨，并且在会后进行多轮沟通。不过，要想确保企业战略的共识度和可执行性，战略澄清是必不可少的，企业领导者必须舍得在这个环节花费时间和精力。

2.1.2　关键成功因素和战略 KPI

在澄清企业战略并达成共识后，企业需要明确战略重点，也就是识别和分析实现战略目标的中长期关键成功因素（Critical Success Factors，CSF）。

> ● **名词理解**
>
> 关键成功因素指的是为实现企业的愿景和战略目标，需要重点管理以确保竞争优势的差异化核心因素。
>
> 在一般情况下，关键成功因素是一些特性、准则或能力，如果能够得到适当、持续的维持和管理，就能对企业在特定产业中竞争成功发挥显著的作用。

在实际操作中，明确关键成功因素通常也会采取研讨会的方式，召集企业的高管和相关核心人员，经过"分组讨论—小组代表发言—现场归纳总结达成共识"的步骤，在有限的时间内最大限度地发挥与会人员的集体智慧并获得成果。

研讨会应基于企业的战略目标，简要地整理、确定并用简短的句子描述企业的战略方向，进而清晰地解码战略，明确朝着正确的战略方向前进的商业核心成功因素，也就是关键成功因素，其示例如图 2-2 所示。

在识别和分析关键成功因素时，需要注意的一点是关键成功因素属于企业战略层级的全局性战略举措，而不属于部门策略层级，因此人才建设的中长期工作重点可能不会全部体现在关键成功因素中，没有体现的内容可以在较低层级或部门级别的工作重点中体现。

无论是什么战略，如果没有落实到实施计划中，没有把实施责任分解到具体的部门或个人，就只是一句空话。因此在基于关键成功因素设计出衡量指标后，企业还要按照部门职责明确绩效指标的责任部门，形成部门的战略 KPI（Key Performance Indicator，关键绩效指标）。

注：“压倒性客户关系”指的是与客户企业中高层建立的私交，有助于取得项目成功。

图 2-2　关键成功因素示例

　　在关键成功因素非常清晰的情况下，企业可以通过进一步细化关键成功因素直接导出战略 KPI。例如，腾讯在发展早期的战略定位是“成为最具影响力的网络媒体”，基于这一战略定位，腾讯明确了实施战略的关键成功因素，分别是访问量领先、内容质量业内领先、领先的行业影响力和实现商业价值，通过对每一个关键成功因素进一步细化，形成了战略 KPI，如表 2-3 所示。

表 2-3　腾讯在发展早期战略定位的关键成功因素和战略 KPI

战略定位	关键成功因素	战略 KPI
成为最具影响力的网络媒体	访问量领先	①总 PV（Page View，页面浏览量）业内第一。 ② Alexa 排名全球前 20 名。 ③首页访问量业内第一
	内容质量业内领先	①重大专题的专家评价为“优”。 ②重大专题的网友跟帖量业内第一。 ③新闻频道改版编委会评分为“优”
	领先的行业影响力	①在企业年终评选时 80% 以上副总到场。 ②五大频道（江苏、湖南、浙江、东方、北京卫视）实现厂商冠名。 ③全国招商签约率达到 80%
	实现商业价值	①网站广告销售额达到 8 亿元。 ②年度事件专题的招商收入达到 8000 万元

在关键成功因素不太清晰时，企业可以先对关键成功因素进行分析，找出其构成要素，再细化、导出战略 KPI。华为通常会先采用 IPOOC 方法导出关键成功因素的构成要素，再进一步导出战略 KPI。

IPOOC 方法指的是从 Input、Process、Output、Outcome 四个维度导出关键成功因素，其中 Input 是一般包含资源；Process 是从战略的角度看，影响关键成功因素的关键活动和过程；Output 是从流程的角度看，流程的直接输出，如产品、制度或客户满意度等；Outcome 是从内部视角看收益，如经济结果、客户感受和品牌增值等。基于 IPOOC 方法，华为导出了关键成功因素和战略 KPI，如表 2-4 所示。

表 2-4　华为导出的关键成功因素和战略 KPI

战略	关键成功因素	关键成功因素的构成要素	战略 KPI
有效增长	提升市场价值	匹配客户需求的解决方案	客户需求满足率
			技术标排名
		专业服务人员拓展到位	专家到位率
		规范项目运作管理	流程符合度
		改善客户关系	客户满意度
			公共关系维护效果评定
		获取价值客户合同	签单率
		竞争项目的胜利	战略目标完成率
		价值市场份额提升	价值市场份额比例
		订货增加	订货量
		利润改善	毛利率

在实际操作中，细化关键成功因素后可能会导出多个战略 KPI，不过战略 KPI 的数量不是越多越好，通常以 5 ~ 11 个为宜。如果遇到战略 KPI 数量过多的情况，那么企业需要进行二次筛选，可以通过对"战略相关性""可测量性""可控性""可激发性"四个维度打分进行筛选。对战略 KPI 的二次筛选打分如表 2-5 所示。

战略 KPI 必须根据战略的调整和客户需求的变化每年更新，这一过程需要针对不同的部门进行调整，战略 KPI 的调整是战略解码团队每年的重点工作。

表 2-5　对战略 KPI 的二次筛选打分

单位：分

战略	关键成功因素的构成要素	战略 KPI	战略相关性	可测量性	可控性	可激发性	总分
有效增长	匹配客户需求的解决方案	客户需求满足率	3	3	3	9	18
		技术标排名	3	3	1	3	10
	专业服务人员拓展到位	专家到位率	2	9	3	3	17
	规范项目运作管理	流程符合度	2	3	9	3	17
	改善客户关系	客户满意度	1	3	2	3	9
		公共关系维护效果评定	1	3	9	1	14
	获取价值客户合同	签单率	3	9	3	3	18
	竞争项目的胜利	战略目标完成率	5	9	4	6	24
	价值市场份额扩大	价值市场份额比例	3	3	9	9	24
	订货增加	订货量	3	9	3	1	16
	利润改善	毛利率	4	9	3	1	17

2.1.3　明确人才差距和人才需求

在通过战略分析得出关键成功因素和战略 KPI 后，企业基本上就明确了需要什么样的人才能实现战略 KPI，基于企业的人才现状明确人才差距和具体的人才需求。华为在刚开始研发手机的时候经常失败，当时负责该业务的余承东经过战略分析，对手机业务的关键成功因素进行了深入研究，发现依靠华为内部的人不能胜任该业务，因此他想方设法通过挖人解决人才差距和人才需求问题。

华为手机业务的起步之路非常艰难，在余承东就任终端公司董事长之前，已经有三位副总裁因为手机业务没有起色而不得不离开终端公司。2012 年，余承东主动请缨负责手机业务。当时，手机业务是华为的弱项，华为的员工都不愿意用华为的手机，甚至连任正非也有点失望了，认为华为的基因不太适合 B2C 业务。

但是余承东不愿意放弃手机业务，他承受住各方面的压力，希望任正非再给手机业务一个机会，看看到底能不能成功。余承东对华为的消费者业务进行了战略分析，发现要想让手机业务成功，华为必须进行以下几个方面的调整：第一，从白牌ODM（Original Design Manufacturer，原始设计制造商）定制，向OEM（Original Equipment Manufacturer,原始设备制造商）华为自有品牌转型；第二，从低端向中高端智能终端转型；第三，放弃销量很高但不赚钱的超低端功能手机；第四，启用华为的海思四核处理器和Balong芯片；第五，开启华为的电商之路；第六，启动用户体验Emotion UI设计；第七，确立"硬件世界第一"的目标。

虽然对手机业务进行了改革，但是余承东的"高端手机秀"并不成功，终端公司发布的智能手机D1（Ascend D1）频频死机，受到了任正非严厉的批评。这次失败让余承东意识到华为团队和自己的不足，于是下狠心大量挖人，从三星挖来了主管市场的杨柘，同时吸纳了渠道专家赵科林、主管供应链的蓝通明和主管设计的 Joon 等，将自己的全部精力放在手机业务上，最终实现了华为手机业务的翻身。

战略目标的实现需要依靠人才，解码战略最终要落到人才需求上。我们曾为一家企业提供咨询解决方案，经过访谈我们发现，该企业的渠道优势很明显，客户资源也很不错，但是企业在扩张增长方面出现了问题。在对企业的战略进行分析后，我们发现该企业的交付环节存在问题。企业要想服务大客户、开发高价值项目，离不开优质的交付方案，而交付的背后是产品和人才。因此，我们建议企业重点发挥产品解决方案中心的作用，并设立一个高于一般部门的产品解决方案主任的职位，以此为起点打造交付团队，解决现有交付能力不足的问题。企业只有从战略出发确定人才差距和人才需求，并基于它们采取相关措施，才能确保实现战略目标。

2.2 业务策略与组织设计

企业战略最终的落脚点是具体的业务策略和业务举措，在制定人才战略的过程中必须深入了解业务，在理解企业业务策略和产品的基础上，梳理、优化关键业务流程，并基于业务流程对组织结构进行调整和优化，确保企业的人力资源既能满足当下的业务需求，又能引领未来的业务发展。

2.2.1 理解业务策略和产品

我们常说企业的 HR 应该从事务性工作中抽离出来，走到前台支持企业的业务发展，为实施企业的业务战略提供价值。理解企业的业务策略、产品是将人力资源与业务联系起来的关键，要想理解企业的业务策略，需要明确企业有哪些业务和业务之间具体是怎么组合的，根据不同业务布局人才。

从整体的角度来看，企业的业务可以分为核心业务、成长业务和新兴机会三种类型。核心业务指的是企业的成熟业务，能够为企业带来大部分营业收入、利润和现金流量。对于核心业务，企业的经营原则是尽可能地延伸、捍卫现有业务，提高其生产能力、扩大其利润贡献，确保企业可以继续参与市场竞争而不会被淘汰出局；在人才布局上，主要是管理好现有的人才，想办法增加人才的产出效益，有目的地选择和培养有能力的人才，为产品的持续创新储备能力。

作为字节跳动"技术出海"的成功产品，TikTok 已经成为字节跳动的核心业务之一。为了更好地对 TikTok 进行运营和管理，字节跳动在人才布局上重点培养有能力的未来发展人才，这一点从 TikTok 对战略实习生的职位要求中就可以看出来。

①掌握基本的行业研究方法和逻辑思维能力，具有互联网战略、投资岗位或相关实习经验。

②自驱力强，工作负责，能承受压力和快节奏。

③具备互联网产品思维，对互联网产品感兴趣、足够敏感，有比较强烈的好奇心。

④精通英语，具备跨国、跨文化研究的能力，有国际工作经历或长期海外生活经历者优先。

…………

作为一个成熟的产品和业务，TikTok 要想实现长久发展，必须要有持续创新的能力，这要求企业培养持续创新的人才。

成长业务指的是已经经历了经营概念和经营模式探索的业务，基本上确立了盈利模式，具有较强的成长性，并且已经产生了收入或利润，在不久的将来可能会像核心业务一样获得稳定的盈利。对于成长业务，企业的经营原则是逐步扩大规模、增加市场份额，将其培养为新的市场机会点，帮助企业获得竞争优势；在人才布局上，需要根据企业的业务特点、业务发展需求引进和培养相关人才，满足进一步发展业务的需要。

字节跳动从 2015 年 8 月开始推进其全球化布局。2018 年 3 月，字节跳动创始人张一鸣曾在与清华大学经管学院院长钱颖一对话时表示，希望字节跳动在三年内实现全球化且超过一半的用户来自海外。经过几年的发展，字节跳动在海外陆续推出了多款产品，如 Lark、Helo、Resso 等，包括短视频、游戏、音乐和"to B"类办公产品，这些产品大多数属于成长业务，在未来有很大的发展空间。为了让这些成长业务在海外市场获得更好、更快的发展，字节跳动在人才布局上非常重视引入国际人才，其海外高管名单如表 2-6 所示。

表 2-6　字节跳动的海外高管名单

姓名	入职前	入职后
奥莱·奥伯曼	华纳音乐集团首席业务发展数字官兼执行副总裁	字节跳动音乐总监
西奥·博特拉姆	谷歌公共政策高级经理	欧洲政府关系与公共政策总监
埃里克·安德森	微软首席知识产权顾问	字节跳动法务副总裁
洛汗·米什拉	万事达高管	字节跳动 Helo 印度市场负责人
谢戴特·南比亚尔	索尼助理副总裁	娱乐主管
罗兰·克劳蒂亚	网络安全专家	TikTok 首席信息安全官
布莱克·钱德勒	Meta（原 Facebook）全球商业合作事务负责人	TikTok 全球商业化业务副总裁
瓦妮莎·帕帕斯	YouTube 全球创意主管	TikTok 美国地区总经理

对于全球化的企业来说，利用当地人才是快速融入市场、降低经营风险的有效措施。字节跳动的很多海外高管来自当地的著名企业，这样的人才布局体现了字节跳动"用全球人才发展全球业务"的发展策略。

新兴机会指的是处于探索阶段的业务，它们不只是企业领导人对未来的想法，还是可以实质性运作或投资的小型项目，这些项目在将来可能会发展为成长业务甚至核心业务。对于新兴机会，企业的经营原则是培养能力、创造价值、播种成长的机会，让企业改变现有行业地位、获得颠覆性发展；在人才布局上要提前着手，做好相关人才的引进和培养工作。

谷歌在创新领域一直走在世界前列，其成功在很大程度上得益于一支"博士军团"。

谷歌是全球单位办公面积中博士最集中的企业。谷歌内部没有独立的研究部门，研究和开发不分家，开发人员在遇到实际问题时只能自己研究。在这样的环境下，谷歌对工程师的要求特别高，唯一的解决办法就是尽可能地招揽动手能力强的博士。谷歌认为好的博士不但要有创造力，而且要有很强的自觉性。因此在招揽人才时，对于非常聪明但是在主动性方面有所欠缺的学生，谷歌会建议其在学校中继续历练一段时间，等"准备好了"再来试试。

谷歌有上千名员工，大部分是博士出身。谷歌让每一名员工用20%的自由时间研究自己选择的新项目，鼓励所有员工像研究者一样工作，让他们"大胆地做前人从未做过的工作"。正是由于以超前的眼光组建"博士军团"，提前进行人才布局，谷歌才能保持不断创新的能力，在新兴机会到来时有条不紊地"接招"。

不同类型、不同定位的业务对人才的要求是不同的，只有真正理解企业的业务策略和产品，有针对性地规划人才布局，才可能实现甚至引领业务发展的目标。

2.2.2　梳理关键业务流程

梳理业务流程的过程其实也是对流程进行整体性思考的过程，在这个过程中，企业要对流程中的每一个节点进行深入的思考和审视，进一步明确业务发展对人才的要求，确定为了提高流程工作效率和效果而需要在人才管理方面做出的调整和改变。

企业的业务流程必须具有实施主体，即必须建立适用于流程运行的组织架构，由其负责具体工作的操作和实施，包括流程的建设、监督检查和维护管理等工作，这样才能确保流程在组织中顺畅地运行。因此，在关键业务流程梳理清晰之后，企业还要将流程活动对接责任组织，建立合适的管控模式，并基于业务流程对组织进行相应的调整和优化。基于流程设计组织的方法如图 2-3 所示。

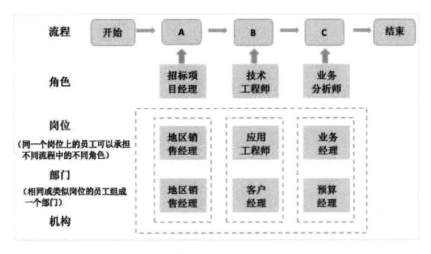

图 2-3　基于流程设计组织的方法

在组织管理中，按照流程进行授权、行权和监管的组织就是流程化组织。企业要想在竞争中越来越强，就要重视组织管理，建立流程化组织，摆脱对"人"的依赖。

IBM 作为世界 IT 行业的"巨无霸"，在行业内一直处于领先地位。20 世纪 80 年代初期，IBM 处于盈利的顶峰，成为世界上有史以来盈利最多的企业。但是个人电脑和网络技术的发展严重打击了 IBM 赖以生存的大型机市场，此时 IBM 才发现自身战略的重大失误，痛下决心实行改革。

内忧外患之下，1993 年 4 月，董事会决定聘请路易斯·郭士纳出任 IBM 董事长兼 CEO。上任之后，郭士纳对 IBM 进行了大刀阔斧的改革，他认为 IBM 必须整体作战，强化对部门间资源、技能、思想的利用和共享。郭士纳顶住层层压力，将几个核心业务部门改造为产品开发、执行、供应链、客户关系管理与服务部门。为了配合业务流程的改造，郭士纳对后台的流程性部门也进行了改造，将其划分为人力资源、采购、财务、不动产和信息技术部门，对内部管理层进行了大幅度调整。在改革期间，大约有2/3的高层管理人员离任，包括首席财务审计官、市场营销副总裁、磁盘驱动器业务负责人和人事部门负责人等，这些职位的继任者换成了和郭士纳一样的"外来者"，为IBM注入了新鲜的血液和活力。

IBM通过梳理、改造业务流程并根据业务流程进行人才管理，真正实现了"精兵简政"的目标。华为在学习IBM的经验后，成为国内流程型组织建设的标杆企业，任正非曾说过："我们建立了以客户需求为导向的发展目标，为了实现这个目标，后续所有的组织建设都应该是流程化的组织建设，这样才可以快速响应，同时保持低成本。围绕这个目标进行组织建设，需要什么就保留什么，多余的组织和人员都要裁掉，这样就能做到高效、低成本。"在任正非看来，以客户需求为导向建立流程化组织，可以及时为客户提供满足其需求的优质产品和服务，同时实现高效率的组织运作。经过多年的努力，华为成功建立了以客户需求为导向的流程化组织。

众所周知，餐饮行业是碎片化、低附加值的劳动密集型行业，很难形成现代化的管理体系，很难扩大规模。而海底捞打破了这样的桎梏，成为我国餐饮行业的一个典范。

海底捞创始人张勇认为，海底捞的成功是建立在"上下同欲"的基础之上的。海底捞实行人性化管理，为员工提供优厚的待遇、福利和激励等，激发员工对企业的认同感。在这个基础之上，海底捞建立了很多规则，如不能早退、对客人要服务到位等，这些都属于流程制度。之所以这些流程制度能得到贯彻执行，靠的不仅仅是权威，更重要的是员工心悦诚服的认可。张勇认为："如果每一个服务员和店长都非常认可这些流程制度，他们当然愿意全情投入；如果完全靠权威压下去，那肯定不合适。所以大家要一起讨论，按照流程制度去做，生意就能做大、做好，如果生意做大、做好了，每一个服务员和店长都有好处，这就有了基础，而且我们是合情合理而不是简单粗暴地建立这些流程制度，所以大家认可的可能性会大大提高。"

在流程化管理和人性化管理相结合的管理模式下，海底捞的绝大多数员工非常认可企业的管理层，也愿意接受这些流程制度，因此能有非常出色的表现。

在流程中虽然包括流程管理、流程评价、流程描述方法等，但是流程本身不能为企业创造价值，只有将人才能力要素嵌入其中，才能使流程真正运作起来，为企业创造价值。

2.2.3 聚焦业务发展设计组织

在现实中，不少企业存在流程与组织之间协作不顺畅的现象，这在很大程度上是因为企业内部各组织只在各自的领域向上级负责，而不是向客户负责，从而导致了扯皮和推卸责任的"部门墙"现象。要想避免发生这样的现象，企业非常有必要利用流程本身直接主导组织的架构，从业务流程的需要出发，让业务流程直接对客户负责，这样就能将流程从部门中脱离出来了。流程导向的矩阵式组织结构如图 2-4 所示。

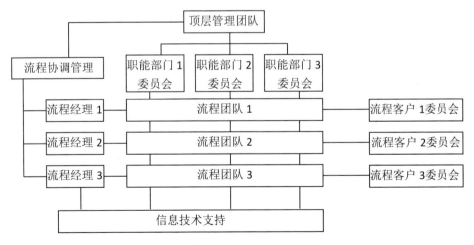

图 2-4 流程导向的矩阵式组织结构

从图 2-4 中可以看出，不同的流程涉及不同的部门，相关人员可能来自不同的部门，也可能来自同一个部门，他们共同为某个流程服务，整个组织就是由一个大的项目团队和多个小的项目团队组成的，每个项目团队达成各自的任务目标，最终共同实现企业的发展目标。

现实中基于业务发展设计组织架构的企业有很多，如字节跳动和华为。华为的流程化组织架构通过"一个集中""一个专业"和"一个分散"的形态，有效确保各部门共同为客户创造价值，对企业的财务绩效增长、市场竞争力提升和客户满意度负责。华为的组织架构如图 2-5 所示。

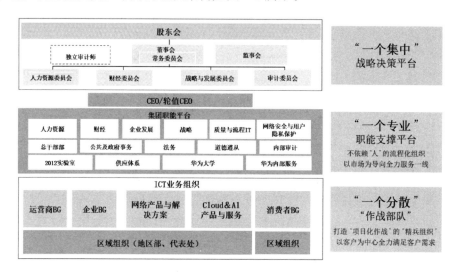

图 2-5　华为的组织架构

"一个集中"指的是华为拥有一个高度集中的战略决策平台，董事会常务委员会，EMT（Executive Management Team，经营管理团队），人力资源委员会和财经委员会等部门管理整个企业的战略方向、资源分配，这个层面是高度集中的。

"一个专业"指的是华为有大量的专业职能平台，制造、采购、财务、人力资源、2012 实验室等部门是面向整个企业的集中、专业大平台，该平台以不依赖"人"的流程化形式运作，以市场为导向，全力服务一线。其中，总干部部的主要职责是后备干部的选拔、培养、考核和配股、调薪、奖金评定等人力资源管理的日常操作。

"一个分散"指的是 170 多个(截至 2021 年)国内外代表处和成百上千个地区部，它们是分散的、获得授权的、分布在全球各地的灵活"作战单元"，这些"作战单元"可以调动企业的资源，具备一定的灵活性，可以执行灵活机动的战略战术。

华为的组织架构既不完全是中央集权的，也不完全是去中心化的，而是把集中和分散整合到了一起。"一个集中""一个专业"解决了战略聚焦和资源聚焦的问题，"一个分散"解决了灵活作战的问题。通过这种形态，华为既拥有大企业的规模优势，又在某种程度上拥有小企业的灵活性。

字节跳动的产品业务非常多，涵盖社区、金融、电商、资讯发布、内容生产和知识付费等领域，并且边界在不断延伸。为了更好地支撑业务发展，字节跳动基于业务发展设计了组织结构，如图 2-6 所示。

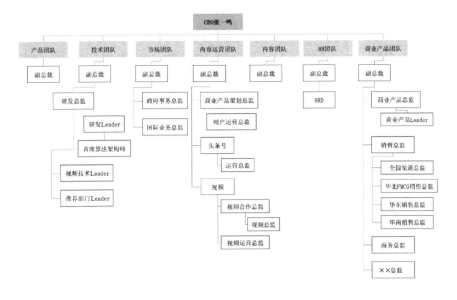

图 2-6　字节跳动基于业务发展设计的组织结构

基于图 2-6 中的组织结构，字节跳动的团队呈现出扁平化、项目化、重工作、重效率的特征，并且将 OKR（Objectives and Key Results，目标和关键成果）作为重要的管理工具。字节跳动认为信息是决策的依据，更是权利的基石，为了避免因信息错误造成的决策失误和权利的过分集中，字节跳动建立了信息透明化机制，通过充分公开 OKR，加强团队成员之间的业务协同，让员工既能清晰地看到自己的工作成果对组织的价值，又能打开目标视野，思考如何为上层组织做出贡献。

总的来看，企业以流程为导向设计组织结构，应该聚焦业务发展，以便最大限度地发挥企业现有物质资源和人才资源对业务发展的支持作用。

2.3 组织能力和关键岗位

企业业务策略的落实离不开组织能力的支撑。在充分了解业务策略和组织设计之后，企业需要明确实现组织战略目标所需的组织能力，了解目前在组织能力方面存在的主要问题，有针对性地提出具体的解决措施和改进建议，提高企业效能，为实现战略目标服务。

2.3.1 明确支撑业务实现的组织能力

在识别支撑业务实现的组织能力之前，首先要对组织能力有所了解。目前，对"组织能力"还没有统一的定义，一些管理界的前辈、老师（如春秋时期的诸子百家）提出了很多观点，其中代表性、认可度较高的观点主要有以下三种。

> ● **名家观点——组织能力的定义**
>
> 人力资源管理的开创者戴维·尤里奇曾提出："组织能力代表了一家企业因何而为人所知，它擅长做什么，以及它如何构建行为模式以提供价值。"他还提出了关于组织能力的十四项指标，分别是人才、速度、协同、学习、创新、效率、风险、问责制、领导力、精简化、客户连接、社会责任、战略一致性、共同的思维模式。
>
> 中欧商学院杨国安教授在著作《组织能力的杨三角》中提出："组织能力是团队整体的战斗力，不是集中在几个人或几个部门，而是整个组织具备的能力。"他认为组织能力可以分为三个维度，分别是员工能力（会不会）、员工思维（愿不愿意）、员工治理（环境允不允许）。
>
> 北京大学国家发展研究院陈春花教授近年来一直在研究和探索新时代的"组织能力"，虽没有对"组织能力"做出定义，但其在著作《激活组织》中提到了激活组织的七个改变，也是建设组织能力的关键，分别是结构、文化、激励、工作习惯、绩效检验、价值共同体、领导者角色。

结合以上三种观点，可以明确的是组织能力不是个人能力，而是作为一个整体的组织能够发挥的实际能力，是在某些方面明显超越竞争对手、为客户创造价值的能力。

要想提高为客户创造价值的能力，企业首先要在组织层面重视客户的价值。传统"金字塔式"组织结构的企业一般是从高中层管理者到一线员工，再到客户，这样的组织结构在客户服务意识方面是不到位的。华为的组织结构与传统企业完全相反，从客户到一线员工、中层管理者，再到高层管理者，如图 2-7 所示。各产品线、各代表处贴近客户、倾听客户需求，是企业的领导层，而高中层管理者是企业的服务层——为一线服务、为客户服务。

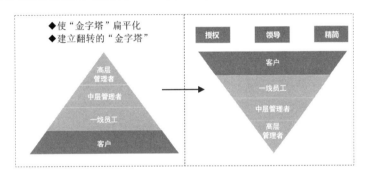

图 2-7　华为的组织结构与传统企业完全相反

基于图 2-7 中的组织结构，华为打造了以客户经理、交付专家和解决方案专家为核心的"铁三角"作战模式（见图 2-8），该模式是面对面主动对接客户的一线"作战单元"，可以更加精准地了解、把握客户需求。

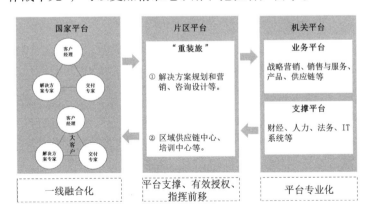

图 2-8　华为的"铁三角"作战模式

华为的"铁三角"作战模式是以项目为中心的运作机制，通过一线呼唤"炮火"、片区和机关全面支撑，实现根据业务发展需求调整项目的人才数量、质量和结构。华为认为，只有采用这种模式，才能让各个地区的代表处、全球的各个项目组随时随地得到最直接、最快捷的支持，缩短工作流程，大幅提升工作效率。

组织能力的发挥需要依靠员工的执行力，要想实现企业组织能力的提升，必须加强人才队伍的建设。因此，在制定人才战略的过程中，明确支撑业务实现的组织能力是不可或缺的一环，它能够帮助企业厘清人才能力管理和建设的重点工作。

不同行业、不同阶段、不同性质、不同特点的企业，其组织能力存在差异。在现实中，有些企业之所以会失败，很多情况下不是因为方向错了，或者没有洞察到机会，而是因为不能及时构建新的、可以适应新发展机会的组织能力，如诺基亚的没落是因为没有及时构筑推动新业务发展的组织能力，导致错过发展的最佳时机。因此企业应该每年审视组织能力，并且随着战略的变化进行调整和优化。

2.3.2　分析各岗位在组织中的权责

在明确了支撑业务实现所需的组织能力之后，企业需要思考如何构建这些组织能力。解决这一问题的关键，是反思当前的组织结构、部门设置、岗位设置等是否有利于建设企业所需的组织能力，以及部门、岗位的权责划分是否有利于组织能力的发挥。

从流程决定组织的角度来看，部门的职责是由其需要从事的活动和完成的任务决定的，组织分工一旦完成，部门的职责自然会被界定。部门职责分析主要有两种方法，一是直接提炼部门的中心任务或直接描绘部门的核心职责；二是整合所有部门的全部职责，概括为若干模块或关键要素，在定义各个部门的职责时，选择对应的模块或关键要素进行描述。

岗位职责是在工作流程的基础上，根据企业的任务和要求对部门职责进行细化和分解得出的。为了确保岗位职责的合理性，在分析岗位职责之前，必须对部门职责进行澄清和细化。

澄清部门职责，需要根据业务的开展分解出关键任务和动作，再将关键任务和动作的完成要求分解到各个部门，明确各个部门主导、指导、监督和协同的任务分别有哪些。将关键任务分解到各个部门的方法如表 2-7 所示。

表 2-7 将关键任务分解到各个部门的方法

主业务流程	关键任务	市场营销中心		交付中心				职能中心	
		品牌运营部	市场拓展部	人才配置事业部	人才培训事业部	人事管理事业部	考试评价事业部	人力资源部	财务部
交付管理	交付方案制定		√	★	★	★	★		
	交付团队组建		√	★	★	★	★		
	交付人员培训			★	★	★	★	√	
	项目组交付机制制定		√					√	
	交付风险管控	★	★	★	★	★	★		
	交付过程管理	√	★	★	★	★	★		
	交付质量管理	√	★	★	★	★	★		
	项目验收管理	★	√	√	√	√			
	项目回款	★	√	√	√	√			
	二次销售机会挖掘	★	√	√	√	√			
组织管理	优化组织架构							★	
	建立管控体系							★	
	授权体系优化							★	
	流程体系优化		√					★	
……	……								

注：★表示主导，☆表示指导，△表示监管，√表示协同。

企业通过业务梳理确定了各个部门的关键任务之后，可以继续细化，将部门的关键任务分解到具体岗位，这一过程如表 2-8 所示。

企业在确定了岗位的任务之后，就可以基于完成任务的要求进一步确定岗位权责了。在确定岗位权责的过程中必须坚持权责对等原则，也就是说，如果责任下移，那么权力也应该随之下移，不能出现责任下移但是权力居上的现象。从实际操作的角度来看，企业在分析岗位的权限时需要重点关注以下三个方面：一是计划内例常事项的处理权限是否做到了尽可能下移、减少审批的程序，计划外突发事件的处理权限是否相对集中；二是是否做到了根据责任分布确定权力分布；三是权限下放是否与有效管理有机结合，能否确保组织在规定的边界和约束范围内运行。

表 2-8　将部门的关键任务分解到具体岗位的过程

主业务流程	序号	关键任务	部长	项目总监	项目经理	培训顾问	综合专员
目标管理	1	理解企业战略和重点工作	★				
	2	确定部门重点工作	★	√	√		
	3	拟定部门经营目标	★	√	√		
	4	分解项目组重点工作和业绩指标	★	√	√	√	
	5	明确个人重点工作和业绩指标	☆	○	○	○	○
	6	部门及个人绩效督导和沟通辅导	★	☆	√	√	○
	7	下属绩效评价和内部激励	★	☆	√	√	√
	8	部门经营阶段性回顾和偏差分析	★	☆	√	√	
业务执行	1	搜集客户信息并导入客户资源库			○	√	√
	2	整合师资、课程和场地资源库		☆	○	√	√
	3	项目接洽，拟定实施方案	☆	☆	★	○	
	4	参与商务谈判、招投标、合同签订	☆	☆	★	○	√
	5	整理项目资料			★	√	√
	6	导入项目报账和绩效数据	△		★		√
	7	项目复盘和经验总结	☆		★	√	√
	8	调查客户满意度、售后服务			★	√	
	9	参与回款管理			★		√
	10	二次销售机会挖掘（重大项目或常规项目）			★	√	

注：★表示主导，☆表示指导，○表示执行，△表示监管，√表示协同。

2.3.3　确定企业的关键岗位

根据二八法则，企业 80% 的价值创造来源于 20% 的岗位，只有识别出这些关键岗位，并将核心组织能力放在关键岗位的设置和职责的完善、优化、调整上，抓住重点，才能为企业创造更大的价值。

什么是关键岗位？MBA 智库百科给出的定义是"在企业经营、管理、技术、生产等方面对企业生存发展起重要作用，与企业战略目标的实现密切相关的，承担起重要工作责任，掌握企业发展所需的关键技能，并且在一定时期内难以通过企业内部人员置换和市场外部人才供给替代的一系列重要岗位的总合。"我们可以简单地把"关键岗位"理解为对现在的业务运行和未来的业务成长至关重要的岗位。

很多企业之所以在识别关键岗位的过程中出现识别不准或识别错误的问题，主要是因为没有认识和理解以下三点。

1. 企业战略会影响关键岗位

即使处于同一行业的企业，只要战略价值取向不同，业务侧重点必然不同，对应的关键岗位也会有所不同。

2. 关键岗位可能存在于组织中的任何一个层级

对于关键岗位，很多人可能会有一个认知误区，那就是所有的高层都是关键岗位。其实不然，企业中很多支持性部门的高层对企业战略和绩效的影响并不明显，因而不能算作关键岗位。

3. 关键岗位可能存在于任何一个岗位群体中

在识别关键岗位时，很多企业习惯关注管理岗位，而忽视一些基础的、与客户接触的岗位，这是有失偏颇的。在实际工作中，很多基础的、与客户接触的岗位才是关键岗位，如领军型人才和岗位、核心业务中的基层岗位、核心技术岗位、新业务岗位等。

确定一个岗位是否属于关键岗位，需要综合考虑岗位的战略影响力、绩效变动性、顶级人才影响和顶级人才稀缺性四个因素，并通过以下十个问题的评分来确定。关键岗位评定表如表 2-9 所示。

在实际操作中，企业可以参考上述关键岗位评定表对关键岗位评分，根据评分结果组织研讨，确定企业的关键岗位，进而识别关键人才。

表 2-9 关键岗位评定表 ①

因素	问题	评分
战略影响力	这个岗位会直接影响一种或多种战略能力吗	完全不会 ⊢——⊥——⊥——⊥ 在很大程度上会
	这个岗位会直接影响新财富的创造吗	完全不会 ⊢——⊥——⊥——⊥ 在很大程度上会
	这个岗位会直接产生显著的成本节约效果吗	完全不会 ⊢——⊥——⊥——⊥ 在很大程度上会
	如果这个岗位上的在职员工出错，损失会很大吗	完全不会 ⊢——⊥——⊥——⊥ 在很大程度上会
	通过这个岗位创造新财富的潜能会很大吗	完全不会 ⊢——⊥——⊥——⊥ 在很大程度上会
	从收入损失的角度来看，选择一个错误的人放在这个岗位上会造成很大的损失吗	完全不会 ⊢——⊥——⊥——⊥ 在很大程度上会
绩效变动性	这个岗位上最高绩效和最低绩效之间的绩效差距会很大吗	完全不会 ⊢——⊥——⊥——⊥ 在很大程度上会
	这个岗位上的绩效差距会被迅速察觉吗	完全不会 ⊢——⊥——⊥——⊥ 在很大程度上会
顶级人才影响	在这个岗位上，员工绩效的改善会提高组织绩效吗	完全不会 ⊢——⊥——⊥——⊥ 在很大程度上会
顶级人才稀缺性	这个岗位上的顶级人才会很难被吸引和留住吗	完全不会 ⊢——⊥——⊥——⊥ 在很大程度上会
是否属于关键岗位		是 □ 否 □

　　不同的企业由于所处行业和战略、业务的不同，具体的关键岗位也会存在差异。企业的关键岗位不是固定不变的，而是需要随着企业战略的调整进行动态调整的，关键岗位的动态管理是企业需要重点关注和解决的问题。在对关键岗位进行动态管理的过程中，企业要始终坚持以下四项基本原则：一是以经济效益为中心，提高结果产出；二是充分调动员工的劳动积极性；三是以提高员工综合素质、优化员工队伍结构为目的；四是坚持动态转换、绩效联酬、公开透明、公平竞争和持续运作。

---

① 布莱恩·贝克尔，马克·休斯理德，理查德·贝蒂.重新定义人才：如何让人才转化为战略影响力 [M].杭州：浙江大学出版社，2016.

2.4　制定企业的人才战略

　　人才战略是企业为适应日益变化的外部环境需要和自身发展的需要，根据企业的发展战略并充分考虑员工的期望，制定的人才开发和管理的全局性、长远性、纲领性谋划和方略。在激烈的市场竞争中，要想实现业务战略目标，企业必须要以科学、清晰的人才战略为支撑。

2.4.1　关键岗位的人才环境分析

　　岗位职责的履行主体是岗位上的人才，要想让关键岗位发挥应有的作用，企业需要在确定关键岗位之后对关键岗位的人才进行盘点和环境分析。关键岗位的人才环境分析包括企业内部的人才环境分析和企业外部的人才环境分析，通过对内外部信息的分析和整合，全方位了解关键岗位的人才现状，寻找问题，并有针对性地给出关键岗位人才"选、育、用、留、管、退"的优化策略。

　　在创立之初，华为既没有技术也没有人才，当时外界对华为的印象就是一家"山寨企业"。虽然如此，但是任正非很清楚，企业要想实现长远发展，必须要有自己的技术。发展技术离不开人才，但是找到合适的技术人才并不容易，当时的华为还名不见经传，去人才市场招聘，很多人甚至不知道华为是做什么的，更愿意去其他大企业。

　　任正非也知道华为在人才市场中没有竞争力，于是绞尽脑汁想了很多办法到处挖人。

　　1992 年的一天，任正非得知邮电部要在西安举办一个程控交换机学习班，这个学习班的规格很高，国内从事交换机开发的企业几乎都会派技术骨干参加。任正非给参加学习班的华为骨干布置了额外的任务——招人。于是，每当结束一天的学习回到宿舍后，华为的员工就行动起来，去各个宿舍与人"谈心"。后来历任华为研发部经理、生产部总经理、终端事业部总经理、华为电气副总裁、华为山东分公司总经理、华为市场部副总裁、华为国际营销部副总裁、华为高级副总裁等一系列要职，为华为的发展立下汗马功劳的毛生江，正是在这次学习班中被"游说"来的；对华为的发展历程产生深远影响的华为董事、战略研究院院长徐文伟，也是在这次学习班中被说服加入华为的。对于这些愿意跳槽的精英，华为还会给予一定的"签字费"，即补偿他们跳槽损失的奖金，通常在3万元以上。

华为基于对技术人才的环境分析，认为在技术骨干云集的学习班"花样游说"可能愿意跳槽的人才是快速招到合适人才的有效方法，并且企业招人的一大优势是足够的报酬，任正非让技术骨干带着"双重目的"参加学习班，最终，华为通过这样的方法成功招到了优秀人才。

企业内部的人才环境分析，指的是分析企业在人力资源和人才管理能力等方面的优劣势，主要包括对企业的人力资源配置、人才稳定性、外部人才获取能力、内部人才培养能力、人才激励和人才管理制度等方面的分析，为人才战略的制定提供关键信息。企业内部人才环境分析维度和内容如表2-10所示。

表2-10　企业内部人才环境分析维度和内容

分析维度	分析内容
人力资源配置分析	以企业战略需求为导向，基于业务间的差异和核心能力需求的差异，运用大数据管理理念，对企业的各类、各层人才进行评估，发现人才数量、结构、质量等方面与业务需求之间的差距
人才稳定性分析	从关键岗位员工的工作满意度、在企业内的发展预期、对其在企业外工作机会的预期和评价、工作行为、流动行为倾向等几个方面，对人才稳定性进行分析，并以此为依据制定关键岗位人才的补充策略和留存措施
外部人才获取能力分析	分析企业内部人才的结构性供需矛盾，在评估自身培养能力的基础上制订外部人才获取计划，从企业外部获取满足业务发展要求的优秀人才，以实现当前或未来业务发展的目标
内部人才培养能力分析	评估企业内部人才培养体系和人才培养机制，了解关键岗位后备人才的储备和培养情况，分析在企业现有的资源条件下，能否通过建立内部人才市场机制发现和培养内部优秀人才，实现人力资源的优化
人才激励分析	分析企业的薪酬福利体系能否有效激励员工、在市场中是否具有竞争力、与标杆企业相比存在哪些差距，基于分析结果制定激励体系改进方案
人才管理制度分析	对人才管理的流程和体系进行评估，分析现有的人才管理制度能否有效推动人才管理流程的运行，提出人才管理制度的完善措施

企业外部的人才环境分析，指的是对行业动态和标杆企业的人才信息、人力资源运营情况、人才管理创新实践等进行分析，了解关键岗位人才在企业外

部的分布状态和可获取性。企业外部人才环境分析维度和内容如表 2-11 所示。

表 2-11　企业外部人才环境分析维度和内容

分析维度	分析内容
行业动态分析	分析行业的发展趋势，了解标杆企业在行业发展趋势下的应对措施，评估企业自身能力在行业内所处的位置，为企业制定人才战略提供客观的参考依据
标杆企业人才信息分析	分析标杆企业关键岗位的职位信息，了解其对关键岗位人才的定位和招聘情况，找到企业自身的关键岗位人才与标杆企业关键岗位人才之间的差异、共性
标杆企业人力资源运营情况分析	分析标杆企业在关键岗位人才方面的投入、人才的效率、人均人工成本和人事费用率等指标，找到企业自身与标杆企业之间的差距，并以此为依据优化企业自身的人力资源运营体系，提高企业在关键岗位人才获取方面的外部竞争力
标杆企业人才管理创新实践分析	分析标杆企业在关键岗位人才的开发、培育和激励等方面的情况，学习其优秀的人才管理理念和经验，以便更好地管理企业自身的关键岗位人才

对关键岗位进行人才环境分析是规范和强化关键岗位人才管理、培养人才、防范风险的重要手段，也是企业制定人才战略不可或缺的信息。

2.4.2　基于业务战略制定人才战略

在上文中，我们首先通过战略澄清、解码明确了人才差距和需求，然后通过理解业务策略和梳理关键业务流程确定了企业的组织结构、明确了业务发展对组织能力的要求，最后对企业的关键岗位人才环境进行了分析，这些都为制定人才战略提供了有效的信息。

我们在为一家快消企业进行咨询诊断时发现，该企业开展业务的主要模式是在三四线城市开分店，分店只要经营 6 个月以上就能产生盈利，但是分店员工每年都会大量离职，离职率高达 100%。基于这种现状，该企业的人力资源负责人希望彻底解决这一问题，并强调总经理希望将该企业打造为零售行业的华联超市。

经过分析我们发现，华联超市的成功离不开其高效的人才培养体系和风险控制体系，但是该企业目前在这两个方面的发展还不太成熟，而且分店的业务并没有因为员工离职率高而遭受折损。所以在人才战略方面，该企业不一定要改善离职率，可以考虑将工作标准化，让员工的胜任力可以实现快速复制，以满足企业的扩张和经营需要。

可见，即使处于同一行业内的企业，也必须从自身的实际情况出发制定人才战略，从更深的层次思考"为什么这样做"和"这样做能够解决什么问题"，不能只在表面学习标杆企业的做法。处于不同行业的企业，还要充分考虑所处行业的特性，如处于高新技术行业的华为在人才战略上要侧重对顶尖人才的引入和培养，而处于生产制造行业的富士康在人才战略上会重点关注对技术性工人的操作要求。

总的来看，企业的战略方向、业务特性、组织能力要求和人才环境等因素都会对制定人才战略产生影响，除此以外，发展阶段也是企业需要考虑的因素，在企业的不同发展阶段，经营的重心不同，相应的人才战略重点也是不同的。

对于初创期的企业来说，资源和能力比较欠缺，企业发展的战略目标是寻求市场机会，生存下去。此时企业对人才的需求量较少，不过对人才的能力要求很高，人才战略的核心是以"能人"为主导。在这个阶段，企业人才战略的重点应该包括以下几个方面。

① 以外部招聘为主，集中一切资源吸引优秀人才。

② 开始关注团队风格的塑造，注重内部后备人才的储备和培养。

③ 准备建立员工职业发展通道，以业务为主导培养人才。

④ 利用差异化的薪酬福利制度吸引和留存不同的人才。

处于发展期的企业规模快速扩张，企业发展战略的核心是把握关键机遇，让企业获得快速、持续和健康的发展。此时企业人力资源的特点是对人才的需求量增加，尤其是对人才的结构化需求更加明显，不但要求人才能够"拿来即用"，而且要有持续性的人才供给，人才战略的核心是"能人＋培养"。在这个阶段，企业人才战略的重点是人才体系的系统性开发，通过搭建人力资源管理体系支撑企业业务的发展，具体体现在以下几个方面。

① 企业人才开发内外并举，同等重要。

② 建设干部队伍、引入职业经理人等。

③ 注重建设核心人才的激励机制。

④ 将团队建设作为企业的重要工作，追求团队价值最大化。

对于成熟期的企业来说，企业的发展主要依赖整体实力和规范化机制，"个人英雄"在企业中的作用开始下降，企业的活力也开始衰退，迫切需要发挥管理对经营的作用。此时企业的关注点是通过人才梯队培养和制度建设，预防"大企业病"。在这个阶段，企业人才战略的重点转移到以下几个方面。

① 加强人力资源制度建设，让企业从"人治"走向"法治"。

② 加强人才梯队建设，制订各层级的继任计划。

③ 完善人才标准体系和员工职业发展通道。

④ 通过文化建设、中长期激励机制等手段完善长效的人才留存机制。

⑤ 建立企业大学，完善人才培养体系。

对于转型期的企业来说，企业开始探索新的业务方向和业务模式，对技术能力、管理能力、文化能力的要求提高。在这个阶段，企业人才战略的目的是支撑业务转型，重点是进行战略人才的规划和战略核心人才的开发、激励。

总而言之，优秀的人才战略必须建立在充分了解企业自身实际情况的基础上，这样才能为企业战略目标的实现提供强有力的支撑。

2.4.3 企业人才管理的系统策略

人才战略为企业的人才管理指明了方向，要想确保人才战略的落地实施，还要确定人才管理的系统策略。企业的运作离不开每一名员工的各司其职，人才管理策略既要关注关键岗位的人才，又要考虑企业的其他人才，以便管理所有人才。

总的来看，成功的人才管理策略的关键特征之一是"差异化"。差异化的人才管理策略主要体现在以下四个方面。

1. 关注相对公平而不是完全平等

相对公平要求企业在人才甄选、奖励和价值分配等方面，针对不同的员工实行区别化对待，确保将最优秀的员工配置到增强企业竞争优势的职位上，让绩效卓越的员工愿意留存。华为坚持"以奋斗者为本"，在价值分配上向奋斗者倾斜，根据贡献合理地拉开收入差距，关注的就是相对公平。

2. 关注人才的敬业度

企业的人才管理策略不能只停留在让员工知道企业的价值观和使命并要求

员工对企业忠诚的层面上，还必须让员工，尤其是关键性员工充分理解企业的战略和价值主张，赢得客户的信任。阿里巴巴非常重视员工的敬业度，将其作为员工价值观的一部分，在招聘时也会优先考核求职者的价值观。

3. 关注雇佣理想的员工，而不是做理想的雇主

企业建立理想的雇主现象确实能吸引更多的求职者，但这是员工想要的，而不是企业应该重点关注的。企业的人才管理策略应该解决如何找到理想员工的问题，在资源投入上不需要对所有岗位的员工一视同仁，只有战略性员工和关键性员工才值得企业倾斜资源。华为、字节跳动、网飞等成功企业在一些人看来算不上理想的雇主，但是这并不影响这些企业的正常发展，因为它们关注的是雇佣理想的员工完成任务，而不是成为理想的雇主。

4. 关注增加收入而不是增加福利

人才管理策略要根据员工创造的价值决定员工的收入水平，也就是价值创造决定价值分配，这样才能让绩效卓越的员工得到较高的奖励并愿意留下来，绩效不佳或中等水平的员工得不到奖励或奖励较少。

人才管理策略的差异化，就是针对不同层级、不同类别的员工进行分层、分类的管理。制定人才"选、育、用、留、管"的策略，就是根据不同的业务需求采用不同的人才管理方法和策略。

特斯拉的成功本质上是产品的成功。为了做出"最好的产品"，特斯拉CEO埃隆·马斯克在人才管理方面坚持"工程师文化"，要求员工具有执着的专业追求、刻苦的钻研精神和科学的工作态度。《特斯拉员工手册》的开头是"我们是特斯拉人。我们将改变世界。我们愿意重新思考一切事物"。

特斯拉非常重视团队执行力的建设，要求员工像"特种部队"一样完成工作，快速应对市场的变化。例如在2008年，为了应对金融危机，特斯拉工程师以"特斯拉速度"研究和改造了smart汽车并获得了德国奔驰5000万美元的合作协议合同，有效化解了金融危机对企业的影响。

为了确保"工程师文化"在企业有效落地，特斯拉更愿意招聘极客工程师，注重对员工的培训，关心对员工创造力的培养，为员工提供充分的晋升空间；在人才管理的工作实践中比较灵活，允许员工采用其认为最快的解决问题的方

式，通过电子邮件或其他渠道与企业中的任何人进行交流。特斯拉采用这种灵活的人才管理策略，最大限度地发挥和利用员工的才干和技能，有效支撑企业业务的发展。

在制定人才招聘策略时，企业要立足自身发展的实际情况，明确需要招聘什么样的人和通过什么方式招聘等问题。在不同的发展阶段，当人才的需求发生变化时，人才招聘策略也应该适时调整。

● **拓展知识——人才招聘策略**

在实际工作中，差异化的人才招聘策略主要体现在以下三个方面。

① 高层管理人才选拔内部优先。

在人力资本价值时代，企业的管理者，尤其是高层管理者对企业的发展发挥着至关重要的作用，企业对高层管理者不但要有专业技能、素质和经验方面的要求，而且要重视他们对企业文化价值观的认同、践行和传承。对于通过外部引进的人才，要想形成对企业文化价值观的认同，需要一个较长的过程；而通过内部选拔的人才，由于长期受到企业文化的熏陶，能够深刻理解企业的文化和价值观，因此在理念相同的情况下更容易与团队协同，发挥合力、实现目标。

② 当外部环境变化时，采取"内生外引"相结合的方式选拔人才。

在快速发展的当今时代，外部环境变化的速度越来越快，知识"老化"的周期也不断缩短，如果企业不能及时拥抱变化，那么原有的特长和经验很可能会成为学习新事物、新知识的包袱，影响企业的长远发展。在这样的大环境下，企业不能慢慢等待内部人才的成熟，要想生存下去，必须从外部吸纳人才、寻求新的资源，采取"内生外引"相结合的方式选拔人才。

③ 处于发展期的企业要广开外部渠道。

处于发展期的企业发展速度较快，如果只依靠内部选拔和培养，那么人才的供给将很难满足业务发展对人才的需求。在这种情况下，企业应当采取更灵活的措施，通过外部渠道吸引和招纳企业发展所需的各类人才。

企业制定用人策略，是为了解决"用什么样的人""怎样用人才能为企业创造更大价值"的问题。华为之所以"敢于提拔优秀的人才",就是考虑到优秀人才更愿意,也能更快适应更重要岗位的工作;腾讯敢于启用职业经理人,也是因为职业经理人能够解决企业在管理方面的专业性问题。

人才培养策略需要在认识到企业目前在员工培养方面已有问题的基础上,解决培训、指导员工的问题。培训策略是"教"的方法,通过各种手段(如设计分层、分类的人才培养项目)提升员工的知识、技巧和专业度;指导策略是"练"的方法,综合应用情景学习、教练辅导、实战训练和"传带教"等多种方式,提高员工的能力。

留人策略需要解决通过什么方式留住优秀人才的问题,常用的留人策略有制度留人、事业留人、感情留人、企业文化留人和薪酬福利留人等,具体采用哪种策略或以哪种策略为主,需要结合企业和员工的实际情况,具体问题具体分析。

第 3 章
人才规划

　　人才战略可以为人才管理工作的开展指明方向。不过，要想真正将"虚"的方向变成一项项"实"的关键举措，企业还需要基于人才战略制订人才规划，让人才管理工作落到实处。

3.1　分析人才结构

人才规划指的是对企业人才的结构、数量和质量进行规划，在开展人才规划工作时，有必要对企业现有的人才结构进行分析，找到现有人才结构的不足，确定人才结构的优化目标。

3.1.1　收集人才结构信息

拥有充足的人才结构信息是分析人才结构的基础。收集和整理人才结构信息是一项简单而烦琐的工作，包括三个流程：一是明确收集信息的目的，二是掌握收集信息的技巧，三是对收集的信息进行整理和保存。

在开始收集人才结构信息之前，必须要对人才结构信息的内容有所了解。在一般情况下，企业的人才结构信息包括员工的数量和类别、学历结构、年龄结构、工龄结构和管理层次结构等。

人才结构信息的来源主要是员工入职信息登记表和员工个人档案。对于把员工档案管理得比较好的企业来说，收集人才结构信息会比较简单，只需要从档案库调取相关信息即可；而档案管理不完善，甚至没有对员工档案进行管理的企业，必须先组织员工填写信息采集表，在员工填写完后把采集表收集起来，再统一对信息进行统计、分类和整理。

收集员工的数量和类别信息，指的是收集企业在一定时期内人力资源的总体情况，包括在岗在编人员的总数和不同类别岗位员工的总体情况，在对收集的信息进行整理和分析之后，要用具体的数字说明结果，如以下示例。

截至 2020 年 12 月 31 日，某企业的员工数量和类别信息如下：企业在岗在编人员总计 800 人，专业技术人员 560 人。其中，土木相关专业技术人员 405 人，安全技术人员 28 人，经营专业技术人员 35 人，物资设备管理人员 32 人，财务和其他人员 60 人。

学历结构指的是基于员工的学历信息，了解企业现有员工的受教育程度和培训状况，分析企业现有员工学历结构的优势和不足。某企业员工的学历结构如表 3-1 所示。

表 3-1　某企业员工的学历结构

学历	博士	研究生	本科	大专	中专	高中
人数（人）	37	118	305	209	114	87
比例（%）	4.3	13.6	35.0	24.0	13.1	10.0

从表 3-1 中可以看出，拥有大专学历和本科学历的员工是该企业人才队伍的主力军，并且该企业内研究生的比例也比较高，这是因为该企业近年来扩大了校园招聘的规模，吸引了大批本科毕业生和研究生加入企业。员工学历结构的不断优化和升级是该企业人力资源结构的主要发展趋势之一，不过中专和高中学历的员工仍然占据一定的比例，如何开发或管理此类员工是该企业今后工作的难点。

分析员工的年龄结构指的是基于企业所有员工的年龄统计信息，分析员工年龄分布情况，确定企业员工的年龄结构是倾向于年轻化还是日趋老化，了解企业员工吸收新知识、新技术的能力和体力，以及某些工作职位或职务的性质与员工年龄大小的匹配度。在掌握了年龄结构的基础上，企业可以进一步分析员工的工龄结构，了解企业的人才梯队情况。某企业员工的工龄结构如表 3-2 所示。

表 3-2　某企业员工的工龄结构

工龄（年）	小于 1	2～3	4～5	6～8	9～10	11～13	14～16	17～20	大于 20
人数（人）	122	178	105	52	19	47	59	81	74
比例（%）	16.55	24.15	14.25	7.06	2.58	6.38	8.00	11.00	10.03

从表 3-2 中可以看出，该企业员工的工龄结构呈"两边高，中间低"形态，这与该企业建立人才梯队、让员工工龄结构呈"金字塔"形态的目标存在较大差距，出现了人才断层现象，骨干型人才短缺的问题比较明显。

除了对员工的数量和类别、学历结构、年龄结构、工龄结构进行分析，企业还可以根据实际情况对管理层次结构进行深入分析。某企业的管理层次结构如表 3-3 所示。

表 3-3　某企业的管理层次结构

管理层次	高层管理者	中层管理者	基层管理者	一般员工
人数（人）	31	96	120	491
比例（%）	4.2	13.0	16.3	66.5

从表 3-3 中可以看出，该企业的管理层次结构呈"金字塔"形态，从一般员工到高层管理者，不同层级的员工人数是从高到低逐级递减的，这与企业的组织结构设计有关。

通过对各类人才结构信息进行收集和整理，企业可以对自身人才结构的浅层问题有一个简单的了解。要想发现企业现有人才结构存在的深层问题并找出原因，企业还需要对人才结构现状进行深入的分析。

3.1.2　分析人才结构现状

在对收集的人才结构信息进行分类整理之后，企业会对人才的总体情况有一个初步的了解，接下来需要对这些信息进行更细致的分析，以便更全面地了解企业的人才结构现状。

分析人才结构现状，首先需要对企业的人才类别进行分析，了解企业内部有什么样的人才，以及不同人才在企业内需要承担什么样的职责等。华为通过人才在实现企业战略中的不同价值定位，根据所承担责任的性质进行人才分类，并按照所承担责任的重要性进行人才分层，构建了华为的"人才金字塔"，如图 3-1 所示。

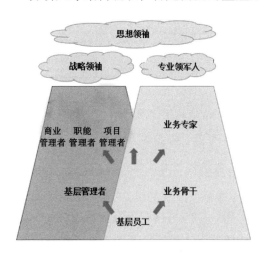

图 3-1　华为的"人才金字塔"

在华为的"人才金字塔"中，思想领袖负责提出指导企业长期生存的商业、管理和技术的思想理论框架，明确整体发展模式和战略格局；战略领袖需要将指导思想转变为企业整体层面的战略框架和规划；专业领军人负责洞察技术和专业领域的变化趋势，提出发展愿景，引领发展方向。

商业管理者需要全面管理经营活动"端"到"端"的综合业务，承担商业风险，对经营结果负责；职能管理者管理专业职能，承担流程管理和决策责任，构建专业的组织能力，同时作为本职能领域的代表提供专业决策，促进商业成功；项目管理者对整体的项目运作负责，使项目计划、组织和控制等在预算范围内按时、优质开展，实现项目目标，确保客户满意；业务专家负责本领域的技术和专业规划，创建方法、流程和工具等，主导解决方案的设计和实施。

基层管理者需要承担基层组织或团队的管理责任，管理一线业务和员工；专业骨干独立承担本岗位职责，发挥专业价值，实现业务目标；基层员工需要按照工作流程，在一定的指导下完成日常的例行工作。

每类人才在企业中承担的责任是不一样的，企业只有具备所有必要的岗位和相匹配的人才，才可能实现发展目标。我们曾为一家企业提供咨询服务，该企业的发展目标是在三年内实现业绩翻倍，可是该企业当时的业绩一直不上不下，很难实现发展目标。我们在分析该企业的人才结构后发现，该企业只有职能部门和销售部门，缺少研发人才，这是制约业绩翻倍的主要因素。后来，通过对该企业的组织结构进行调整和优化，增加研发部门，招聘研发人才，该企业的业绩逐渐好转。

在明确了人才类别的基础上，企业可以从数量、学历、年龄、职位和能力等多个维度对各类人才的结构进行深入分析，审视其是否符合相应业务发展的特性，找出存在的问题和优化的方向。从不同维度分析人才结构的侧重点是不同的，人才结构分析的维度和侧重点如表 3-4 所示。

表3-4　人才结构分析的维度和侧重点

分析维度	侧重点
数量结构分析	了解企业内部不同岗位员工的配置情况和各类岗位是否存在员工过剩或短缺等问题
学历结构分析	根据企业员工硕士、本科、大专及以下学历的人数、比例信息，明确目前的学历结构是否符合企业的发展特性、能否满足业务发展的需要等
年龄结构分析	分析不同年龄段的员工人数和比例，了解年龄分布是否符合岗位的工作要求，目前的年龄结构是否有利于提高员工的工作效率和组织效能
职位结构分析	分析人力结构中管理岗位和非管理岗位的分布情况，明确企业内管理岗位范围的大小和部门、层级的数量，进一步审视现有职位结构是否合理、是否会造成工作流程烦琐或沟通不畅等问题
能力结构分析	按照专业工作经验与能力相关联的思路，分析不同工龄的员工人数和比例，发现现有人才结构的能力短板

基于人才结构分析的结果，企业可以发现目前的人才结构存在的问题，进一步明确人才结构优化的方向和目标。

3.1.3　确定人才结构优化目标

在分析了人才结构现状之后，企业可以基于人才结构存在的问题，从整体人才规划的角度提出优化的目标和改进的建议。

确定人才结构优化目标是为了解决企业的人才优化问题，以应对当下的困难和未来的发展。

在外部打压下，华为的全球化战略得不到充分实施。没有外部先进平台的支持，华为必须完全靠自己创造产品。虽然在过去二十多年的时间里，华为成功聚集了全球大量的专家、数学家和电子工程师等专业人才，并加强与全球顶尖大学的合作，但是仅在电子通信连接技术领域刚刚有一点突破，现有能力与完全自主创造产品之间还有很大的差距。

为了应对挑战，华为对人才战略规划和人力资源政策进行了优化。任正非在《星光不问赶路人》的内部文件中提出要敢于启用优秀的员工，坚决引进比自己更优秀的人，提拔有贡献的员工，组成合成的"生力军"；同时加强对主官、主管的末位淘汰，激活组织潜能；加强专家的纵向流动，让专家保持旺盛的进取能量；允许员工在内部有序、合理流动，充分发挥他们的潜能；充分发挥导师制的作用，让年轻人尽快独当一面；此外，华为持续招募优秀的应届生、卓越的科学家和"天才少年"等一同"参战"，激活全体员工的潜能，形成组织合力。

华为清楚地知道企业的人才结构与战略目标之间存在很大的差距，人才的数量和能力无法支撑企业战略的实现。因此，华为通过优化相关的人力资源政策，如利用外部招聘和内部培养优化人才类别结构，以及通过完善机制激发员工的潜能优化能力结构等，促进整体人才结构的优化。

制定人才结构优化目标要有的放矢，只有在明确问题的基础上提出改进方案，才会更有针对性和效果。例如，企业在分析后发现经验丰富的技术型骨干人才较少，而新进人才在技术、业务和决策能力方面尚未成熟，导致出现人才断层现象，人才梯队建设遭遇瓶颈，那么人才结构优化目标应该是加强人才梯队建设，保证关键岗位的人才供给。

在人才结构优化目标清晰之后，企业要考虑通过什么方法或手段实现优化目标。学历结构优化可以通过调整招聘标准来实现，在未来的招聘过程中提高学历要求；年龄结构优化可以通过增加合适年龄段员工的招聘量来实现，如年龄结构的优化目标是"降低 35 岁以上员工的比例"，那么在后续的招聘中可以将"年龄在 30 岁以下"作为优先录用的条件；如果能力结构的优化目标是"提高员工的能力"，那么在招聘中可以优先录用具有丰富工作经验的候选人，同时为现有员工提供更多的培训锻炼机会，帮助他们快速提高能力。

总的来看，人才结构优化是一个动态的过程，需要经历"收集信息—分析原因—制定优化方案—组织实施—评价实施效果—再收集信息—再分析原因……"的循环往复，在这个过程中，人才结构优化目标也是在不断调整和更新的。

3.2　预测人才供需情况

人才规划指的是根据企业的战略规划，识别未来的人才需求，诊断现在的人才状况，对企业的人才结构（包括规模、层级、质量、节奏等内容）进行规划。人才规划的目标是满足业务战略计划对人才供应的诉求，以及业务发展对人才结构、数量和节奏的要求。开展人才供需分析、找到人才供需差距是人才规划的重要任务。

3.2.1　预测人才需求

企业对人才的需求来源于业务发展的需要。人才规划必须基于企业业务的发展预测人才需求，明确企业在未来一段时间内需要什么样的人才、需要多少人才和什么时候会用到这些人才等，这样才能在未来的竞争中占据人才优势。

预测人才需求不是一件简单的事情，需要充分理解企业的业务发展规划，同时充分考虑企业的年度人才预算。现实中，很多 HR 在进行人才需求预测时，过于依赖过往的经验和数据，在没有充分考虑业务发展规划和年度人才预算的情况下预测人才需求，最终得到的只能是不准确的结果。

A 企业是一家连锁餐饮企业，截至 2018 年，共有 18 家连锁店，员工 594 人，单店年平均销售额为 800 万元，年销售总额为 1.44 亿元。2019 年，A 企业决定在全国新开 20 家连锁店，年销售额预计达到 3.8 亿元。为了实现这个目标，X 公司的人力资源部对 A 企业 2019 年的人才需求进行了预测：2018 年单店平均员工人数是 33 人，2019 年连锁店数量将达到 38 家，并且营业额要有所增长，单店员工需要增加至 38 人才能实现该目标，因此 A 企业 2019 年的人才需求是 38 家 ×38 人 / 家 =1444 人。

这样的预测结果显然是不合理的，能否实现业绩目标不仅仅是员工数量增加或减少的问题，如果实施该人才需求规划，那么 A 企业 2019 年的利润可能会不升反降，因此 A 企业驳回了该人才需求规划。

在企业业务经营环境不变的情况下，基于过往数据信息预测人才需求是一种常用的方法。不过，对过往数据的考虑不但包括员工数量，而且包括人均效益、现有员工是否过剩、企业的发展阶段和业务计划是否有新的变化等。在上述例子中，如果 A 企业计划在 2019 年用机器人代替某些岗位上的员工，那么人才的数量和结构也需要重新考虑。

预测人才需求主要是预测三个方面的内容，一是人才存量和增量预测，二是人才结构预测，三是特殊人才需求预测。

人才存量和增量预测主要是对企业现在和未来拥有的人才数量和质量的预测，存量是现有的人才状况，增量是随着企业的发展新增的人才需求，如企业在 2020 年已有的 200 人是存量，预计在 2021 年新增的 100 人是增量。

人才结构预测是基于企业的战略目标、发展规划和业务调整变化，对人才结构进行调整和优化。例如，企业今年的主营业务是手机销售，那么员工中销售人员的比例会偏高；如果企业计划明年进行业务调整，主营研发，那么企业需要提高研发技术人员的比例。

特殊人才需求预测在企业的转型阶段是非常重要的，要想发展新业务，企业必须满足新业务发展的人才需求。

在清楚了人才需求预测的主要内容之后，企业还需要掌握预测人才需求的方法。现实中预测人才需求的方法有很多，具体可以分为定性方法和定量方法两类。

在定性方法中，比较常用的方法是经验预测法。这种方法依据现有信息和有关人员的经验对人才需求进行预测，操作简单，在企业业务不发生调整的情况下，预测结果较为准确。

常用的定量方法有时间序列法和公式计算法。时间序列法指的是利用收集的历史数据绘制曲线图，通过分析和数学方法进行修正，得到趋势曲线，进而得到未来一段时间内企业的人才需求量；公式计算法指的是借助相关计算公式算出人才需求量，通常会结合定性方法进行计算。

总的来看，人才需求预测是一项非常复杂的工作，不但要考虑企业长期发展规划、业务调整、季节变动、人力成本等因素，而且要掌握并综合运用定性和定量的预测方法，同时充分考虑管理者的主观经验判断。

3.2.2　预测人才供给情况

在弄清楚企业的人才需求后，接下来需要对人才的供给情况进行分析和预测。由于企业的人才供给同时受到内部环境和外部环境的影响，因此人才的供给分析包括内部人才市场分析和外部人才市场分析，不但要从企业内部了解人才现状，而且要了解企业外部的人才供应情况。

内部人才供给是企业未来人才供给的主要渠道，企业满足人才需求，一般会优先考虑内部人才供给。内部人才供给预测指的是考察现有人才的存量情况，在假设政策不变的情况下，考虑企业内部晋升、降职、调职、辞职、下岗、退休、开除等因素，找出变化规律，对内部人才市场未来的供给能力进行分析和预测。

内部人才供给预测是一项很复杂的工作，往往需要借助专业的方法和工具。常用的内部人才供给预测方法有技能清单法、管理人员转换法和马尔可夫分析法。

1. 技能清单法

技能清单是一张罗列了员工从事不同职业的相关能力特征的表格，其中包括培训背景、前任经理、持有的证书、已通过的考试和主管评价等内容，能够反映员工的竞争力。

借助技能清单，能够确定企业内部有哪些员工可以补充空缺岗位、哪些员工需要调换岗位、哪些员工可以晋升、哪些员工需要培训、哪些员工可以被分配到某个特殊项目等，既适用于对专业技术人员的预测，也适用于对管理人员的供给预测。不过，罗列技能清单很耗费时间，利用技能清单法进行内部人才供给预测，更适合已经建立了人力资源信息系统（Human Resource Information System，HRIS）和人力资源管理系统的企业。

2. 管理人员转换法

管理人员转换法指的是基于对企业现有管理人员的工作绩效、晋升可能性和所需培训等信息的了解，明确企业内部有哪些管理人员可以补充到重要岗位上。借助管理人员转换法预测人才供给如图 3-2 所示。

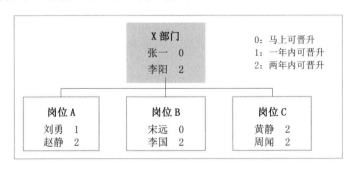

图 3-2　借助管理人员转换法预测人才供给

在借助管理人员转换法预测企业内部管理人才的供给情况时，必须考虑员工的个人意愿，将个人目标与组织目标结合起来。

3. 马尔可夫分析法

马尔可夫分析法指的是考察从一个时期到另一个时期内有过工作变动的员工数量的历史平均百分比，一般以 5 ~ 10 年为周期估算平均百分比，制作员工变动矩阵表，进而预测企业内部的人才供给量。某企业内部人才供给情况的马尔可夫分析如表 3-5 所示。

表 3-5　某企业内部人才供给情况的马尔可夫分析

单位：%

（a）		员工变动的概率				
		A	B	C	D	离职
职位层次	中高层管理者（A）	0.80				0.20
	基层管理者（B）	0.10	0.70			0.20
	资深专家（C）			0.80	0.05	0.15
	技术骨干（D）			0.10	0.70	0.20

单位：人

（b）		期初人数	A	B	C	D	离职
职位层次	中高层管理者（A）	30	24				6
	基层管理者（B）	80	8	56			16
	资深专家（C）	60			48	3	9
	技术骨干（D）	70			7	49	14
预测人才净供给量			32	56	55	52	45

从表 3-5（a）中可以看出，在中高层管理者中，平均 80% 会留在企业，平均 20% 会离职；在基层管理者中，平均 10% 会晋升为中高层管理者，平均 20% 会离职；在资深专家中，平均 5% 会降为技术骨干，平均 15% 会离职；在技术骨干中，平均 10% 会晋升为资深专家，平均 20% 会离职。这些历史数据可以被视为员工变动的概率，分别与每类员工的期初人数相乘，纵向相加每一列的数值就可以得到企业内部未来人才的净供给量，见表 3-5（b）。

岗位空缺不能完全通过企业内部人才供给来解决，通过外部人才供给不断补充企业的人才和能力也是非常有效的手段，因此预测外部人才供给情况也是很有必要的。

外部人才供给预测指的是弄清楚企业需要的人才和能力是什么，尤其是难以通过内部获取的人才和能力。在一般情况下，企业的外部人才供给渠道主要有高校资源、友商资源和产业链资源。

高校面向市场的培养机制可以为企业的发展提供许多有潜力的人才，因此高校是大多数企业人才储备的主要渠道；在友商之间，因为业务相似，对人才的需求和标准也比较相似，友商的现有人才同样适用于本企业，所以现实中从友商那里挖人是很多企业获取成熟人才的有效手段；如果企业考虑将业务向产业链上游或下游整合，那么可以直接从产业链上下游企业寻找有经验的人才，这样比企业花时间培养人才更加高效。

3.2.3　分析人才供需差距

在对内外部人才供给情况进行分析和预测后，企业可以对整体的人才供给情况有一个全面的了解，结合人才需求的预测结果，可以测算企业未来 1 ~ 3 年内各类人才的余缺概况，得出人才净需求。

如果人才净需求是正数，就说明企业的该类人才处于供小于求的状态，相应岗位存在人才空缺，需要从外部引入新人才或对内部现有人才进行针对性培训；如果人才净需求是负数，就说明企业的该类人才处于供大于求的状态，需要对现有人才进行精简或调配。人才供需差距是很多企业重点关注的问题，在人才规划时就应充分考虑，尽可能缩小供需差距。

自从 2019 年 5 月被列入"实体清单"后，华为持续受到外部打压。为了突破限制，华为开始大量招兵买马，布局产业链人才。

2019 年，任正非曾在国外和华为总部表示，要提高人才待遇、开出比世界顶级科技企业更高的薪资、把一切优秀人才吸引过来一起创业。2019 年 6 月，华为提出"天才少年"招聘项目，表示要"从全世界招聘 20 ~ 30 名'天才少年'，这些'天才少年'就像'泥鳅'一样,'钻'活我们的组织,激活我们的队伍"。同时,华为持续从高校招聘优秀毕业生,在 2019—2020 届校招中,华为招聘的大多是技术类岗位,占招聘总需求的 55.65%,其中芯片设计工程师占 9.87%,位居招聘需求量第一。

2020 年 9 月 15 日,华为芯片被断供,任正非先后群访了复旦大学、上海交通大学、南京大学、东南大学、清华大学、北京大学和中国科学院大学,表示要加强与高校间的人才合作。

华为采取的一切措施都是为了缩小现有的人才供需差距。华为清楚,要想真正摆脱困境,必须摆脱对外部芯片的依赖,研发出自己的芯片。不过,无论是企业内部还是整个国家,目前与芯片相关的人才都比较少,处于供小于求的状态,因此任正非从世界各地招聘"天才少年",并且与更多的高校合作培养高科技人才,逐渐缩小人才供给和需求之间的差距。

分析人才供需差距的最终目的是解决供需差距带来的问题。在弄清楚人才供需之间的差距和导致供需差距的原因之后,企业就可以更有针对性地制订人才规划了。

3.3　制定人才规划执行方案

基于人才供需分析的结果,企业可以有针对性地制定人才规划执行方案,对企业未来一段时期内的人才结构、数量和节奏做出合理的安排。

3.3.1　进行人才配置规划

人才配置是人才规划的重要环节,指的是基于对业务发展的预测,对各部门、各职位的工作进行分析,进而对企业一定时期内的人力规模进行规划,确定不同专业类型人员的层次结构优化目标,以及不同专业类型人员之间的搭配方案和布局方案等。人才规划可以分为人才总量规划和人才配置规划两个部分,其要义如图 3-3 所示。

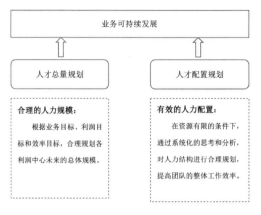

图 3-3　人才规划要义

人才配置规划主要包括对人才的补充、调配和开发规划。对于人员配置不足的岗位，可以通过岗位空缺补充计划及时补充人才；对于人员配置过多的岗位，可以通过调配计划把多余人员调配到人员配置不足的岗位，充分发挥员工的价值；对于满足企业发展需求的人才，可以考虑对其进行有目的、有计划的培训，并将其安排到合适的岗位上，确保人与岗相匹配。

在进行人才配置规划的过程中，为了让人才配置更加有效，必须坚持两个原则，一是价值观趋同，二是互补。价值观趋同就是"道不同不相为谋"，是最基本的原则；在价值观一致的前提下，人才配置规划还要关注员工能力的互补，这样能够大大增强团队的整体战斗力，现实中很多企业会在进行人才配置规划时考虑互补原则。

在华为任正非和孙亚芳的组合中，任正非的战略思维缜密，领导能力强，孙亚芳的运营管理能力强，两人能力互补，共同推动了华为二十多年的高速发展。

在阿里巴巴，马云和彭蕾这对搭档也是如此，马云擅长绘制蓝图，彭蕾擅长落地执行，两人相辅相成，从零开始创立了蚂蚁集团（原蚂蚁金服），并为阿里巴巴建立了一套人才选拔和价值传承体系。

再如腾讯，在创业阶段，马化腾负责产品，张志东负责技术研发；在企业发展壮大之后，又引入了刘炽平负责战略规划和组织建设，任宇昕负责运营管理，组建能力互补的核心领导团队，推动了腾讯的高速发展。

通过人才搭配，实现团队的整体战斗力大于个人能力的总和，能够最大限度地发挥人才的作用，企业在人才配置规划中要将这些因素考虑进去。

在市场环境瞬息万变的时代，企业的业务形态会不断变化，业务目标也会及时调整。当新的业务机会来临时，企业需要的人才数量会超过常规编制；当市场环境改变、业务目标缩小时，企业对人才的需求也会相应减小。如果企业只基于常规编制进行人才配置，那么很容易出现有时人多、有时人少、有时人不合适等问题。因此，很多企业开始考虑灵活用工，基于业务调整进行动态的人才配置。

总的来看，企业的人才配置规划需要进行多元化的思考，既要立足现实情况，又要面向未来发展，还要考虑人工成本等因素。

3.3.2　确定人才获取策略

在明确了人才配置规划后，企业基本上弄清楚了具体需要的人才类型、数量和质量，接下来要考虑通过什么样的策略获取人才。人才获取策略可以分为内部培养策略和外部获取策略，与人才获取的来源相对应。

内部培养是很多企业获取优秀人才的主要手段，阿里巴巴、华为等企业就倾向于从内部培养人才，只有在内部人才无法满足需求时才会考虑从外部引进。企业需要如何培养人才才能保证人才质量呢？有效的人才培养策略有很多，本节主要介绍以下三种。

1. 超前使用策略

超前使用策略指的是在为员工设定任务目标的时候要有一定的挑战性，略高于员工的现有能力。很多企业会通过超前使用策略锻炼员工，如马云提出的"以战养人"就是通过超前使用策略，让员工在执行项目的过程中锻炼自己的能力，菜鸟网络董事长童文红就是通过超前使用策略历练出来的；华为提倡的"训战结合"也属于一种超前使用策略。

2. 学习管理策略

学习管理策略指的是建立完善的学习和发展体系，将员工的学习与职业发展联系起来，让员工的学习更有目的性和针对性，激发员工自我学习和自我成长的热情。

3. 导师制策略

导师制策略指的是为新员工安排导师辅导，帮助新员工更快地成长。在新员工入职之后，华为会安排一个老员工辅导新员工，老员工就是新员工的导师；在老员工进入新岗位后，也会安排导师帮助老员工适应新岗位的工作；并且，华为规定"做导师"也是员工晋升的条件之一。

除了通过内部培养获取优秀人才，企业还可以从外部获取人才。外部人才获取策略可以分为外部招聘和借用。

外部招聘策略指的是基于企业的人才规划，为实现外部招聘目标而采取的具体策略，是具体招聘行为的指导方针，需要结合实际情况进行调整。外部招聘策略包括招聘需求、招聘渠道、招聘时间、招聘费用和招聘流程五个方面，各方面的主要内容如表 3-6 所示。

表 3-6　外部招聘策略各方面的主要内容

内容	说明
招聘需求	确定企业的用人需求，明确哪些岗位需要招聘人才、岗位对人才的要求是什么和需要招聘多少人才等
招聘渠道	根据人才需求，选择最合适的招聘渠道
招聘时间	什么时候需要招到合适的人才，需要考虑企业用人的紧急程度和岗位定位等
招聘费用	分析是否真的需要支出某些费用，可以根据以往的招聘效果和招聘费用选择合适的招聘渠道
招聘流程	不但包括简历筛选、邀约、面试等常规流程，而且应根据不同的岗位和岗位用人的紧急程度，设计不同的面试流程和面试内容等

企业在制定招聘策略时应立足自身发展的实际情况，在不同的发展阶段，企业对人才的需求会发生变化，招聘策略也应该适时调整。

在瞬息万变的时代，灵活用工已经成为一种常见的用工方式，很多企业获取人才不再追求"为我所有"，而是追求"为我所用"，借用成为企业获取人才的有效策略之一。在经历了三十多年的商业化进程后，我国已经涌现出一大批具有丰富的管理、专业和业务经验的企业管理者和职业经理人，他们中的有些人已经转型为独立顾问，企业如果能够借用他们在相关领域的知识和能力来解决问题，将达到事半功倍的效果。

以上各种人才获取策略之间不是互斥的，事实上，企业不可能只依靠某一种策略获取所需的全部人才。在制定人才获取策略时，企业应基于人才供需情况，综合考虑各种人才获取策略，灵活地组合和使用它们。

3.3.3　制定具体行动方案

在确定了人才配置规划和人才获取策略之后，企业还要想办法落实这些规划和策略，满足各部门、各岗位对人才的需求，具体包括员工的招聘和培训、员工调动、晋升和退出的考核、人才激励等方面。

补充岗位空缺是招聘的主要目的之一，岗位空缺补充计划是实施人才招聘的重要依据。制订岗位空缺补充计划首先要识别空缺岗位，在识别出空缺岗位之后，可以根据历史经验和企业的要求，估算实际的空缺岗位总量，并以此为依据考虑可以通过哪些渠道获取相应人才，制作如表 3-7 所示的空缺岗位人员补充计划表。

表 3-7　空缺岗位人员补充计划表

部门或职类	层级	基线人力	年度规划人力	需补充人员总量预测					人员补充方式				
				净值	预计离职	预计调出	预计升级	小计	内部晋升	调入	校园招聘	社会招聘	小计
×××	L4												
	L3												
	L2												
	L1												
	L0												
	小计												

企业可以通过对不同部门、不同职类、不同层级的人力状况进行分析，预测在未来一年内，由于离职、调出、升级等原因可能会产生多少空缺岗位，算出需要补充的人员总量和人员补充方式，填写如表 3-7 所示的空缺岗位人员补充计划表，作为具体招聘工作的关键依据。

除了岗位空缺补充计划，制定关键岗位的人才培养实施方案也是很重要的，它指的是在明确关键岗位的关键历练的基础上，制订具体的关键历练提升计划。例如，某企业规定，部门经理要想晋升为副总经理，必须满足全面统筹、协调服务口碑项目落地、成功带教培养出一名继任者的关键历练要求，针对这些关键历练要求，该企业可以制定如表 3-8 所示的关键岗位人才培养实施方案。

表 3-8　关键岗位人才培养实施方案

关键历练		全面统筹、协调服务口碑项目落地	成功带教培养出一名继任者
提升计划	1～2周	系统学习服务口碑项目，明确落地要求，发现本商场落地项目可能存在的问题	盘点、分析每一名下属的技术和能力，确定带教培养对象
	3～4周	①制定商场服务口碑项目方案。②制作商场服务口碑项目推进计划表。③成立商场服务口碑项目组	根据带教培养对象的能力和关键历练要求，确定带教培养规划，根据带教培养规划制订具体的带教培养计划
	5～6周	制作商场服务口碑项目组分工推进表	跟进带教培养对象的计划完成情况并及时调整其带教培养计划
	7～8周	跟进各商场服务口碑项目组分工完成情况，并根据完成情况调整分工推进表	跟进带教培养对象的计划完成情况并及时调整其带教培养计划
	9～10周	跟进各商场服务口碑项目组分工完成情况，并根据完成情况调整分工推进表	跟进带教培养对象的计划完成情况并及时调整其带教培养计划
	11～12周	复盘商场服务口碑项目落地情况，完成商场服务口碑项目落地报告	复盘带教培养对象的能力和关键历练现状

在制定具体行动方案时，员工调动方案也是人才规划落地的重要组成部分，它指的是企业或部门基于业务方向布局，识别在未来一段时间内的人才配置方向，根据人才配置方向有针对性地在企业或部门内部进行合理的人才调配。例如，华为在国际化发展的过程中，每年都会从中国区向海外地区输出人才，并且在年度调配计划中标明具体的要求和指标。

制定具体行动方案能够让人才规划的实施有据可依，并且方案中的进度安排有利于控制规划实施的进度，发现规划实施过程中的问题和不足，从而及时进行调整。

3.4　人才规划的监控和评估

对人才规划进行监控，能够为总体规划和具体规划的修订或调整提供可靠信息，确保人才规划的科学性和合理性。要想对人才规划进行有效的监控，企业必须建立人力资源信息系统，借助该系统对实施规划的过程进行监控和评估。

3.4.1　建立关键岗位人才成长档案

企业在制订人才规划时，必须以完整、丰富的信息为支撑，人力资源信息系统中存储的员工基本信息和企业相关信息是制订并执行人才规划的重要依据。人力资源信息系统是企业对人才信息和人才工作方面的信息进行收集、保存、分析并形成报告的平台，涵盖员工基本情况、人才使用、培训和发展、考核评估、薪酬激励、安全和健康方面的信息，不但能为管理者提供准确、及时、系统的信息资料，大大提高决策效率，而且能让管理决策有理有据，而不是单纯根据经验和直觉做出决策，促进企业实现人力资源管理工作的科学化和规范化。对于稍具规模的企业来说，人力资源信息的数据化存储是非常有必要的。

借助人力资源信息系统，企业可以高效建立关键岗位人才成长档案。关键岗位人才成长档案包含员工的所有信息，除了基本信息，还有业绩和绩效情况、个人发展计划、成长路径图、继任者情况等信息，有利于管理者从多个方面深入了解员工的整体情况，帮助管理者更好地管理员工。

如果建立了关键岗位人才成长档案，管理者就能随时掌握员工的发展情况，定期审视任用建议和培养计划的实施效果，从而更加有效地培养员工。

企业人才规划需要重点关注关键岗位，建立关键岗位人才成长档案，能够大大提高人才规划的效率。同时，定期审视和更新人才成长档案的信息，也能让管理者及时了解人才规划的实施效果。

除了业绩和绩效情况，个人发展计划、成长路径图和继任者情况等也是人才成长档案中不可或缺的信息，企业可以根据人才储备情况，将 1 年内、1 ~ 3 年内可继任的人才筛选出来，方便企业快速了解岗位的继任情况。

3.4.2　对人才规划的实施进行监控

在对人才规划的预测中，由于不可控因素较多，常常会碰到很多意料之外的问题，如果不对人才规划进行动态监控和及时调整，人才规划就可能会成为一纸空文，失去了指导意义，因此，实施监控是保证人才规划有效性的重要手段。

在大数据时代，企业可以借助智能化的方式对人才规划相关工作的开展进行监控。例如，人才流失是很多企业面临的问题，有些企业借助大数据平台建立了人才流失预警机制。员工离职往往是有迹可循的，借助大数据能够及时捕捉相关踪迹，让企业了解最近有哪些员工在网上频繁投递简历，及时发现哪些员工有离职倾向并采取适当的措施进行干预，包括想办法留住员工或提前寻找替补人才等。

对人才规划的实施进行监控，主要目的是及时了解人才规划的实施情况，尽早发现并解决问题。要想达到这一目的，企业需要明确如表3-9所示的六大原则。

表 3-9　对人才规划的实施进行监控需要明确的六大原则

原则	说明
客观性	在对人才规划进行监控的过程中，必须做到诚实、公平、实事求是，尽量减少个人主观因素的影响
一致性	在实施人才规划时，要避免目标与政策之间的矛盾，当出现各种形式的冲突和争执时，应通过人力资源规划评价系统和控制系统进行干预，确保实现人才规划的所有预期目标
协调性	在制订人才规划时，不但要充分考虑内部的人才现状和发展趋势、业务规划、人才管理政策的发展趋势等，而且要对内外部环境的变化做出适当的反应，必须确保即使在各种变化共同作用时，人才规划依然可以协调实施
可行性	对人才规划的监控必须贯彻企业的战略和人力资源规划，同时具备技术、方法、环境适应和经济层面的可行性
有利性	对人才规划进行监控的最终目的是为企业创造竞争优势并保持下去，培育企业独特的核心竞争力，通过实施人才规划拥有优于竞争对手的竞争实力，实现企业的可持续发展
及时性	监控人才规划的关键在于及时发现在人才规划制订和实施的过程中出现的问题，并且有针对性地解决相关问题，为企业的人才规划实践提供及时的、有价值的信息

在明确了对人才规划实施监控的六大原则之后，企业就可以从整体上对人才规划的实施进行监控了。在监控过程中，企业需要分析现有的人才规划能否有效支持整体战略目标的实现，如果企业的战略目标根据内外部环境的变化进行了调整，那么在监控过程中需要分析现有的人才规划在哪些方面将不能继续满足战略目标的需要，思考怎样调整才能支持企业整体战略目标的实现。

此外，在实施人才规划的过程中，往往会因为外部环境的影响产生或多或少的误差，这些误差可能会对人才规划的实施效果产生不利影响，甚至导致人才规划的预期目标无法实现。因此，在监控人才规划的过程中进行不定期检查是十分有必要的，这样有利于及时发现并解决问题，修正人才规划的实施误差。

要想确保监控效果，企业高管和决策层必须参与对人才规划的监控过程。一方面，企业高管能够站在战略高度思考人才问题，在调整企业战略的同时为人才规划的调整提出建设性意见；另一方面，全程参与监控可以让他们对人才规划的实施效果心中有数。

3.4.3　评估人才规划的关键控制点

企业的人才规划工作会受到各种因素的影响，外部环境变化、员工价值观和行为的改变、企业发展战略和人才战略的调整、法律法规和行业标准的不断完善和调整等，都会影响企业的人才规划工作。对人才规划的关键控制点进行评估，能够在时间和资源有限的情况下保证评估的有效性。

企业应根据自身的经营理念、人才理念、内外部环境的情况和特点、人才规划的预期目标等因素，选择或构建符合本企业要求的人才规划评估体系。在一般情况下，对人才规划的评估可以从规划制订、规划实施和技术手段三个方面来进行，如表 3-10 所示。

表 3-10　人才规划评估的三个方面

评估方面	具体内容
规划制订	①制订人才规划是否经过充分考虑，是否有具体的数据支持，对关键性的问题是否有针对性的方案？ ②对企业内外部环境的评价和预测是否充分、客观？ ③人才规划是否与企业战略、企业文化保持一致？ ④企业的财务预算能否支持人才规划的实施？ ⑤人才规划是否与组织结构相互支持、匹配？ ⑥企业的组织管理能力和实施是力能否有保障？ ⑦企业各层级管理者能否理解并实施人才规划？ ⑧企业的评价、奖励和控制机制是否有效？ ……

续表

评估方面	具体内容
规划实施	①人才规划的目标能否全部实现？ ②人才规划的实施成本是否在财务预算内？收益如何？ ③对人才规划关键任务的支持是否得力？ ④人才规划实施所需的信息种类是否齐全？是否有畅通的信息交流渠道？ ⑤是否需要对实施人员进行培训？ ⑥人才规划的制订和实施人员对自身工作的熟悉和重视程度。 ⑦高层管理者对人才规划的各种预测结果、实施方案、建议和意见的重视程度。 ……
技术手段	①人才规划的评价技术是否符合本企业的实际情况？ ②人才规划控制力度和频率的合理范围。 ③人力资源信息系统的实用性和有效性。 ……

在评估人才规划的具体实践过程中，有许多行之有效的评估方法，对各种评估方法的具体分析和大胆运用，有助于企业确保人才规划的有效性。本节将介绍以下几种常用的评估方法。

1. 关键指标评估法

关键指标评估法指的是借助能够体现企业绩效的关键指标反映人才规划的实施情况。这些关键指标包括求职雇佣、员工能力评估和开发、职业生涯发展、薪酬管理、福利待遇、工作环境、劳动关系等，每一项关键指标都可以细化为若干可量化的指标，如求职雇佣指标可以细化为各岗位吸引的应聘人数与最终录用人数的百分比等。

2. 问卷调查法

问卷调查法指的是通过问卷调查给予员工表达其对人才规划工作看法的机会，了解员工的需求，发现哪些工作做得好、哪些工作还需要改进。

3. 案例研究评估法

案例研究评估法是一种低成本的评估方法，通过调查分析人力资源工作绩效、与相关人员进行访谈、研究人力资源项目和政策等方式，找到成功和失败的地方。

4. 成本控制评估法

成本控制评估法指的是测算人力资源成本，包括雇佣、培训和开发、薪酬、福利、工作环境、劳动关系、人力资源整体成本等，并将它们与标准成本进行比较。

人才规划的评估方法非常丰富，既有定性的方法，又有定量的方法。每一种方法都有各自的存在价值和应用条件，实际效果会受到工作性质、工作执行者、成本和工作的相关性等各种因素的影响。要想确保评估结果的公正性和客观性，企业应建立科学的人才规划和管理实践的指标体系，选择适当的分项指标并赋予合理的权重，保证综合指标的信度和效度。

3.5　人才规划的动态管理

企业是处于不断变动的状态之中的，在不同的发展阶段，需要有合适的人才规划作为支撑。因此，企业必须对人才规划进行动态管理，根据内外部环境的变化和战略的调整不断进行优化。

3.5.1　人才规划关联业务变化

一般情况下，企业会在年末确定下一年度的业务计划和相应的人才规划。不过，在执行业务计划的过程中，市场环境的变化（如出台某项政策）可能会造成市场扩张或萎缩，行业竞争的加剧可能会迫使企业改变营销战略，或者因战略变化造成部分业务计划延期、取消或提前结束的情况时有发生，这些因素会影响整体业务的发展。企业要想健康发展，必须保证业务与人才是高度匹配的，人才规划要将业务需求与人才配置结合起来，在业务发生变化的情况下，人才规划只有随着业务的变化而变化，才能促进企业和人才的双赢。

在人才规划方面，宝洁非常重视人才对业务的赋能。2012 年，宝洁在韩国的电商业务占其业务总量的 30%，当时宝洁预测，接下来几年电商业务的占比一定会超过 50%。为了更好地应对未来电商业务对人才需求的扩大，宝洁对当时的组织设计进行了分析，发现如果按照当时的组织设计，那么在未来几年，企业内与电商相关的人才是远远不够的。

为此，宝洁的人力资源部进行了深入分析，发现要想把韩国电商业务的占比从 30% 提高到 50%，那么处理电商业务相关事项的速度必须要快，但是当时最大的问题是现有的处理方式无法达到该要求。为了有效解决这一问题，宝洁决定从电商业务出发寻找解决办法。为了让韩国电商的反应速度更快，宝洁让新加坡分公司向韩国分公司放权，在韩国配备充足的支持人才，包括品牌管理部、法务部、消费者调查部等，让各个部门紧密合作。通过这样的方式，宝洁把一个销售渠道变成了一个"事业单位"，在这个"事业单位"中的是来自各个部门的人。

在对人才配置进行调整之后，宝洁还对人才激励系统进行了调整。因为电商的反应速度较快，业务节奏也比较快，所以其人才激励系统与其他业务不同。

宝洁的人力资源部在发现韩国电商业务的变化之后，及时调整业务的人才规划，对相关人才提前布局，保证了韩国市场电商业务的健康、快速发展。在现实中，成功的企业往往会重视人才规划与业务发展的匹配情况，国内的标杆企业华为就将"人才规划匹配业务发展"写进了《人力资源管理纲要》中，提出人才规划要全面考虑不同业务的特点、业务发展的不同阶段和不同责任贡献的团队特点等，保证人才规划能够满足企业业务动态发展的需要。

在《华为公司人力资源管理纲要 2.0 总纲（公开讨论稿）》中，华为对业务与人才的匹配做出了详细的解释。

（1）人才规划要匹配不同业务的特点。

以创新优势获胜的业务，要侧重构建"领军人才＋精兵式"的队伍；以规模成本获胜的业务，要侧重构建"蚂蚁雄兵式"的低运作成本队伍，并积极、有序地采用自动化、数字化、智能化技术替代部分岗位上的员工。

（2）人才规划要匹配不同发展阶段的需求。

成熟业务人才队伍与业务发展现实相匹配，快速成长和发展的新业务人才队伍与业务追求相匹配。

（3）人才规划要匹配不同责任贡献的团队特点。

对于业务不确定的团队，要侧重规划"主官＋专家＋职员"的人才阵型，构建"打赢"的能力；对于业务确定的团队，要侧重规划"主管＋专家＋职员＋操作类员工"的人才阵型，确保提供优质的职能服务和流程执行支持。

　　企业的人才规划是以适应业务、使能发展为目标的，在人才规划的实施管理过程中，要注意平衡业务发展和人才培养的速度。如果企业的业务发展速度超过人才培养速度，就会造成员工能力跟不上企业的需求，不利于企业的长远发展；相反，如果人才培养速度远远快于企业业务发展所需的速度，那么企业也没办法充分利用人才，可能导致人才流失，这对企业来讲也是一种资源的浪费。因此，企业需要定期对人才规划进行审视和调整，确保人才培养速度与业务发展速度之间的平衡。

　　企业的人才规划不是设计未来的人才发展趋势，而是在尊重客观现实的基础上，识别并顺应未来的人才发展趋势。在实际的人才规划管理工作中，企业要密切关注业务发展需求的变化，灵活调整和完善现有的人才规划，这样才能保证人才规划的科学性、可行性和动态发展性。

3.5.2　确定动态管理流程

　　在实施人才规划的过程中，企业的内外部环境可能会发生一些变化，战略目标也会据此做出相应的调整，人才规划的具体措施需要根据这些变化和调整进行变动。为了确保人才规划动态管理的规范性，企业可以建立如图 3-4 所示的人才规划动态管理流程，通过流程化的方式提高动态管理的效率。

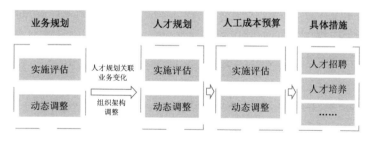

图 3-4　人才规划动态管理流程

　　在对人才规划进行动态调整之前，企业必须对业务规划的实施进行评估，比较实际实施效果与计划之间的差距并分析形成差距的原因，对下一阶段的业务规划进行预测和动态调整。在评估业务规划的过程中，企业要重点分析与人才规划相关的业务，明确相关业务的调整会对人才配置规划、数量和结构产生怎样的影响。

假设某企业的业务规划主要包括研发计划、营销计划和生产计划，那么可以根据开展各项业务的时间节点，评估业务的实际进度与原计划之间的差距。研发计划会影响研发人员的配置，需要重点分析研发项目是否按照计划开展、是否有新增或取消的项目等；营销计划会影响营销人员的配置，需要重点分析市场销量变化、市场营销策略和市场环境变化等；生产计划会影响相关技术人员的配置，需要重点分析生产工艺和订单等方面的变化。

业务规划的调整会在很大程度上影响企业的人才规划，在明确了业务规划的变化后，企业可以根据这些变化对人才规划进行相应的调整，确保人才规划与业务规划相匹配。例如，研发计划没有按照预期进度开展，经过分析发现主要是因为现有的研发人员数量不够，那么在人才规划中应该增加研发人员的数量，确保下一阶段研发计划的顺利开展。

要想确保调整后的人才规划能够得到有效执行，企业在对人才规划进行调整后，还要调整人工成本预算。当然，并不是在每一次对人才规划进行调整后都要调整人工成本预算，只有当人才规划对人才的数量、结构、员工福利标准、社保和公积金缴费基数等会影响人工成本的因素进行调整时，企业才需要对人工成本预算进行动态调整。

在数字化时代，很多企业开发了智能管理系统，对企业的各项工作进行动态管理和监控。远大住工利用"人人账本"实现对人才规划的动态管理，如图 3-5 所示。

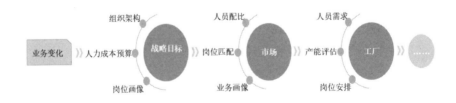

图 3-5　远大住工利用"人人账本"实现对人才规划的动态管理

当业务战略目标发生变化后，远大住工的组织架构、人力成本预算和岗位画像也发生了相应的调整，进而对市场的人员配比、岗位匹配和业务画像进行调整和优化，同时对工厂的人员需求、产能评估和岗位安排进行相应的调整。

总的来看，人才规划的动态管理涉及业务规划的动态管理、人工成本预算的动态管理和具体人才管理措施的动态管理，彼此之间是相互作用、相互影响的，企业在进行动态管理的过程中要有全局思维，既不能脱离业务谈人才规划，也不能脱离成本谈人才管理。

3.5.3　编制动态管理计划

企业首先根据外部人力资源条件和内部劳动力的需求变化对自身的战略进行调整，然后根据调整后的企业战略对人才规划进行相应的调整，这是人才规划动态管理的主要流程。要想确保该流程在执行过程中不发生偏离，企业可以编制动态管理计划，对流程执行过程中需要注意的地方进行说明，以及对过程中可能会用到的方法和工具进行介绍。

在编制动态管理计划时，企业不但要考虑业务变化对人才规划的影响，而且要考虑人才计划、数量和结构的调整对人工成本预算造成的影响。在实际的操作中，对人工成本预算的动态管理主要集中在对人事费用率（薪酬福利总成本 / 营业总收入）、人工成本总额和人均人工成本三个方面的动态调整上。

人才规划的动态管理计划可以对规划调整过程中可能会用到的方法和工具进行整理和说明。例如，在分析项目进展情况对人员配置的影响时，可以通过如表 3-11 所示的业务进展说明表进行统计，为人才规划的动态管理提供信息和依据。

表 3-11　业务进展说明表

工作项目	项目进展和说明	对人员配置的影响
项目名称 1	（实际进展与计划进展之间的差距、差距原因）	—
项目名称 2	（实际进展与计划进展之间的差距、差距原因）	—
……	……	……

在动态管理计划中应该包括如表 3-12 所示的人才规划动态计划表，这样在具体执行时可以"即拿即用"，提高人才规划动态管理的效率。

表 3-12　人才规划动态计划表

人才结构	X+1 月人才配置计划				X+2 月人才配置计划	X+3 月人才配置计划			
	分月计划	动态计划	调整幅度(%)	调整说明	……	分月计划	动态计划	调整幅度(%)	调整说明
业务 A									
业务 B									
……									
总计									

在填写人才规划动态计划表的过程中，要注意与同期人员数据进行比较，找出差距并将其作为调整的依据。在完成滚动计划的制订后，要想实现年度目标，企业还需要制定如表 3-13 所示的工作措施表，将计划分解为具体的工作项目和内容，并将责任落实到具体的负责人，明确完成时间。

表 3-13　工作措施表

工作项目	工作内容	完成时间	负责人	备注
人才招聘	① 整理研发部门的人才需求。 ② 为研发部门招聘合适的人才。 ……	7 月 15 日	××	
人才培养	① 调研培训需求。 ② 制订人才培养计划。 ……	8 月 30 日	××	
……	……	……	……	

在对人才规划进行动态管理的过程中，难免会遇到许多难点和问题，人才规划的动态管理计划需要提供相应的修整措施和应变手段。在具体实践中，企业常用的修整措施和应变手段主要有以下三种。

一是常规性方式，如果遇到的是以前出现过的常见问题，并且这些问题不会对企业的发展造成强烈影响，那么可以按照以前程序化的处理方法来解决；二是专题解决方式，如果遇到的是涉及企业战略层面的问题，如内外部环境变动导致企业调整战略等问题，那么可以针对具体问题组织企业高管一起进行专题研究，共同商讨解决方案；三是专家模型方式，如果遇到的是不熟悉的、企业依靠常规方法和自身能力难以解决的问题，那么可以考虑借助外部专家的力量，如聘请专家团队与企业高管、相关人员一起商讨，综合各方意见，形成紧急解决方案。

当然，除了重视专家、企业高管和人力资源部门的意见，还应该考虑其他成员的意见，从而发现一些平时容易被忽视但是很重要的问题，并将这些问题纳入政策调整的范围内，及时调整人才规划和政策。例如，通过定期访谈员工了解其在工作中遇到的困难，尤其是现有的制度和管理方式为什么不能解决这些困难，发现政策执行中的缺陷，通过调整政策有效地解决这些困难。在动态管理计划中，需要对这些修整措施和应变手段进行详细的介绍，只有做到未雨绸缪，才能在遇到问题时有条不紊地解决它们。

第 4 章
人才标准

在企业中，优秀员工的工作产出可能比普通员工高出40% ~ 120%。企业中最大的成本浪费不是享受高于市场平均薪水的优秀员工，而是低于市场平均水平的平庸员工。每一家企业都渴望拥有行业中的优秀人才，然而企业最需要的"优秀人才"的标准是什么？如何快速获取优秀人才？如何评估优秀人才？如何保持和激励人才的发展？要想解决这些问题，首要任务就是明确人才标准。

4.1　人才标准的构成要素

人才标准反映的是企业对人才的要求，不同企业制定的具体人才标准是不同的，不过人才标准的组成要素相差无几。要想制定行之有效的人才标准，企业可以从价值观和品德、能力和经验要求、个性特质要求几个方面进行考虑。

4.1.1　价值观和品德

从企业的长远发展来看，选人、用人首先需要考虑的因素是价值观因素。人才是相对的，如果人才的价值观不能与企业的价值观保持一致，那么即使在一家企业表现出色的人才，到了另一家企业也会出现"水土不服"的情况，甚至会给企业带来危害。因此，很多企业将价值观作为人才标准的基础，对于与企业价值观不匹配的人才，通常不会使用。

马云曾说过："如果把使命当作'目的地'，那么价值观就是马路上的'红绿灯'。"价值观是阿里巴巴招聘人才的第一考虑因素，为此专门设立了"闻味官"，由一群在阿里巴巴工作超过五年的老员工担任，在招聘过程中，他们会通过仔细观察应聘者的表情、态度、行为等"闻"出其价值观，将与企业价值观不一致的应聘者尽早挡在门外，达到"闻味识人"的效果。

华为也将价值观作为选人、用人的重要标准，价值观不匹配的人才通常不会被使用。对于稀缺人才，在不得不使用的情况下，华为也不会让他们带队伍，最多做专家，不会让他们掌握权力，虽然会给予分配权和干部提拔权，但是会想办法将他们对组织发展的影响降到最小。

价值观对行为的影响是巨大且深远的，成功的企业往往有自己的文化和价值观，在同一价值观的影响下，每一个员工在工作中都会遵循同一行为原则，对工作充满热忱和使命感。如果员工的价值观与企业的核心价值观不匹配，就不能保证在企业面临重大事件时，所有员工都能齐心协力地解决问题，反而可能导致企业产生更多不必要的内耗和矛盾冲突，不利于企业的运行效率提升和长远发展。

如果价值观是人才标准的基础，品德就是人才标准的底线。品德会影响员工的工作行为，品德不好的人在工作中更容易违反企业的规章制度，甚至可能触犯法律法规，对企业造成不利的影响。在现实中，鉴别员工品德的好坏不是一件容易的事情，因为品德的好坏往往只有在遇到重大的问题、考验时才能完全表现出来，所以往往只能在造成某些结果之后才能发现员工的品德问题，企业只能采取事后补救的措施，对员工进行严惩或直接辞退。

2016年，阿里巴巴内部发生"月饼门"事件，5名员工利用编写脚本代码的方式在活动中违规秒杀月饼，短时间内一次性秒杀超过9盒月饼，违反了"每人限购3盒月饼"的规定。事后经过调查发现，在违反规定的5名员工中，4名员工是阿里巴巴集团安全部的员工，1名员工是阿里云安全团队的高级专家，于是阿里巴巴首席风险官刘振飞、阿里云总裁胡晓明与他们进行了坦诚的沟通，并劝退了这5名员工。秒杀月饼的事情看起来不大，但是反映出这5名员工品德不佳，经受不住利益的诱惑，违背了企业与员工之间的契约，因此劝退处理是合理的。

2020年，天猫董事长兼CEO蒋凡被曝丑闻，阿里巴巴对蒋凡采取了降级处理，而不是开除。这样的处理方式对阿里巴巴的价值观造成了恶劣的影响，加重了普通员工的不公平感。2021年，阿里巴巴女员工事件被曝出，更是引起了全国人民的愤怒，过界的团建活动、对侮辱女性事件迟到的关注和惩戒将"阿里文化"推上了风口浪尖。文化是根，无论一家企业成长得再快、发展得再大，都不应忘记初心，不能失去对价值观的坚守和传承。

相比之下，同样是对高管的处理，小米采取的行动更显格局。2019年5月，小米辞退了国际部副总裁汪凌鸣，原因是他违反了《中华人民共和国治安管理处罚法》第四十四条之规定，被公安机关予以行政拘留五日的处罚。小米在通知中表示："公司对这类违法行为坚决持零容忍态度，国际部管理层经讨论决定对汪凌鸣予以辞退。"小米认为人才应该德才兼备，而且要以德为先，如果私德有缺，那么无论职位多高、能力多大，都不会姑息和纵容。

对于想要实现长远发展的企业来说，在建立人才标准时，必须将价值观和品德纳入其中，并将它们作为最基本的要求，这不但关系到企业的文化建设，而且会影响外界和大众对企业的整体印象。

4.1.2 能力和经验要求

从本质上来看，企业用人是在使用人的能力，因此能力要求是人才标准的关键部分。大多数企业都非常重视员工的能力，能力也往往是企业判断一个人是不是人才的依据。无论从事什么岗位的工作，拥有与岗位相匹配的能力都是员工能够完成工作任务，甚至创造高绩效的关键成功因素。个人能力主要包括与岗位相关的知识、技能，掌握它们是劳动的准备过程，专业知识越丰富、越扎实，技能掌握得越多、运用得越熟练，能力就越强，也能更快、更好地适应岗位的工作并做出成绩。

能力是华为选人、用人的基本标准之一，也是华为干部标准的主要内容。华为认为干部队伍作为推动企业发展的中坚力量，必须要有突出的能力，否则无法带领企业走向更好的发展之路。华为将对干部能力的要求总结为"干部四力"，如图 4-1 所示。

图 4-1 华为的"干部四力"

"干部四力"包括决断力、理解力、执行力、与人连接力。

决断力包括战略洞察和战略决断两个方面，指的是企业的高级领导或业务部门一把手在各方利益纠缠不清时，能够勇于承担责任并指明企业的战略方向，带领团队最终实现战略目标的能力。

理解力指的是企业的干部不但要正确领会上级领导的意图，理解其他部门的配合请求、下属员工的需求和工作计划，而且要明白客户的要求和潜在需求，包括系统性思维、妥协和灰度两个方面。

执行力包括责任结果导向、激励和发展团队、组织建设能力三个方面，关注明确的目标和责任人、及时激励、严格考核、有效辅导等问题。

与人连接力包括建立客户和伙伴关系、协作能力、跨文化融合三个方面，是各级干部必须具备的能力。

与岗位匹配的能力是员工完成岗位工作、走向成功的重要因素，不过不是唯一因素。对于很多岗位，要想胜任工作并高质量地完成任务，不但要有能力，而且要有相关的经验支撑。因此，企业在制定人才标准时也要将经验要求纳入考虑范围。

华为的干部标准既包括能力要求，又包括如表 4-1 所示的经验要求。华为在纲领性文件《华为基本法》中明确规定："没有周边工作经验的人，不能担任部门主管。没有基层工作经验的人，不能担任科级以上干部。"

表 4-1　华为干部标准的经验要求

经验类型	经验要求
业务型经验	跨业务领域经验
	具体业务经验或基层经验
	培育客户关系经验
管理型经验	人员管理经验
	项目经营和管理经验
	担当盈亏责任
业务周期性经验	开创性经验
	扭转劣势经验
	业务变革经验
区域经验	具体区域经验

当然，华为提出的以上经验要求不是所有干部都必须达到的，不同岗位、不同层级干部的经验要求会有不同的侧重点，在实际操作过程中具有一定的灵活性。

能力和经验是人才标准中非常重要的部分，基于相同的工作语言形成差异化的岗位要求是进行差异化人才管理的重要依据。

4.1.3　个性特质要求

个性特质指的是一个人在不同情境下表现出来的比较稳定的特点，它会影响一个人的工作态度和看待、处理问题的方式。个性特质不同的人才能够胜任的工作任务是不同的，企业在制定不同岗位的人才标准时，除了考虑人才的价值观和品德、能力和经验要求，还要考虑个性特质要求。

在具体实践中，将个性特质纳入人才标准主要适用于对高层领导者的招聘和使用，与一般的岗位相比，高层领导者的工作侧重于领导和决策，而个性特质会影响个人的领导风格和决策风格，对企业发展的影响较大。例如，字节跳动之所以曾招聘迪士尼高管凯文·梅耶尔担任字节跳动首席运营官兼 TikTok 全球首席执行官，不但是因为梅耶尔在流媒体领域的成功和在美国的巨大影响力，而且看中了梅耶尔自信、敢于拼搏和拥抱变化等方面的个性特质，希望他能为字节跳动打造世界级的管理团队。

华为认为合格的领导者在个性特质方面是存在共性的，华为前董事长孙亚芳从个性特质出发，提出了华为挑选领军人才的五项标准，即主动性、概念思维、影响力、成就导向和坚韧性，如图 4-2 所示。

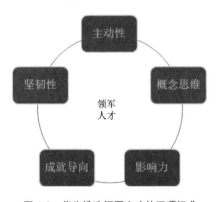

图 4-2　华为挑选领军人才的五项标准

以上五项标准代表着一个人相对恒定的个性特质，可以从个人的过往行为中体现出来，也可用于推测一个人在未来可能会做什么事和能否做成某事。华为将每一项个性特质分为不同的等级，每一个等级对应具体的行为表现，如表 4-2 所示。

表 4-2　华为领军人才五项个性特质的等级和具体的行为表现

个性特质	解释	等级（级）	行为表现
主动性	在工作中愿意投入更多的精力，善于发现和创造机会，甚至提前预测事情发生的可能性并积极采取行动，以提高工作绩效	0	不能自觉完成工作，需要他人的督促，不能提前计划和思考问题，直到问题发生时才意识到事情的严重性
		1	能主动行动，能在工作中自觉投入更多的时间和努力
		2	能主动思考、快速行动，及时发现某种机会和问题并快速做出反应
		3	能未雨绸缪，提前采取行动规避问题甚至创造机会
概念思维	在面对不确定现象的时候，能够根据有限的信息进行全面的判断，找到关键要害，高屋建瓴，一语中的	0	不能准确、周密地思考问题，遇到问题想不清楚、弄不明白
		1	能进行简单的类比，根据自己过去的经验对某一种行为进行复制
		2	能触类旁通，具备运用复杂概念的能力，通过掌握事物发展的客观规律，以点带面地思考问题
		3	懂得深入浅出，不但能一眼看破复杂事物，而且能高度提炼为简单易懂的概念，让他人也能理解
影响力	对他人施加影响的能力，试图说服、劝服、影响他人，留下印象，让他人支持自己的观点	0	不能清楚地表达，无法说服他人，容易被他人影响
		1	能采用直接说服的方法施加影响、说服他人
		2	能换位思考，站在他人的角度解答其问题
		3	能用综合策略影响他人，或通过巧妙的手段使他人接受自己的观点
成就导向	靠个人成功完成某项任务或在工作中追求卓越的动力，可以理解为自驱力	0	安于现状，不追求个人技术或专业方面的进步
		1	追求更好，努力将工作做得更好，或努力达到某项较高的标准
		2	能设置有挑战性的目标并为实现目标而努力
		3	在仔细权衡代价和收益之后，能为获得更大的成功而冒险
坚韧性	在艰苦或不利的条件下，能克服自身困难，努力实现目标；面对他人的敌意，能保持冷静和稳定的状态，承受压力	0	经受不了批评、挫折和压力，稍微遇到一点压力就选择放弃
		1	在工作中能保持良好的体能和稳定的情绪，能顶住压力工作，但是不能对结果负责，也不一定能把工作做好
		2	能在艰苦的环境中顶住压力，并把工作做好
		3	能通过有效的方式消除他人的敌意或保持稳定的情绪，不受压力的影响，能够排解压力

华为借助上述五项个性特质识别潜在的领军人才，并在人才培养的过程中重点培养相关能力。经过反复锤炼，华为的领军人才基本上都能具备积极、聪明、有强大的影响力、有远大的追求和坚持不懈的精神等素质。

4.2　构建能力素质模型

在发展过程中，随着战略的不断调整，企业所需的组织能力也会发生变化，进而对员工能力提出新的要求。如何确定企业需要什么样的员工能力呢？一种有效的方法是构建高质量的能力素质模型，明确员工胜任工作、实现企业战略目标所需的知识、技能和素质。

4.2.1　构建通用素质模型

通用素质也称为核心胜任力，指的是超越具体岗位、专业和职责的，企业全体员工都需要具备的关键素质，包括企业期望的员工个性特征和向标杆企业学习的素质，代表了企业对全体员工的素质要求，是企业保持基业长青的基因。构建通用素质模型，就是将企业的价值观具体化、行为化，为企业选人、用人提供可衡量的标准。

构建通用素质模型一般会使用演绎法，通过小组研讨和专家组研讨的方式，对企业的战略愿景、文化、管理理念、核心价值观、基本的管理主张等进行分析和研讨，推演为实现企业目标、达成使命需要对员工提出的共性要求，提取通用素质要求，从中选出 4 ～ 7 项要求构建通用素质模型。

提取通用素质要求的关键方法是企业文化元素提炼法，它指的是通过中高层访谈和对照外部标杆等多种方式，弄清楚企业在过去为什么成功、未来如何持续成功，在对企业的优秀历史文化基因、文化现状要素、未来发展匹配要素等内容进行解析的基础上，提炼和归纳所有可能涉及的文化元素，尽可能全面地罗列出来。在这个过程中，专家研讨小组可以通过独立思考、集中研讨、头脑风暴等方式进行分、务实、有效的信息交流。

图 4-3 所示为阿里巴巴的"新六脉神剑"，它相当于阿里巴巴的通用素质模

型，包括"客户第一，员工第二，股东第三""因为信任，所以简单""唯一不变的是变化""今天最好的表现是明天最低的要求"等，它们是基于阿里巴巴核心价值观的内容推演出来的，体现了阿里巴巴对所有员工的素质要求。

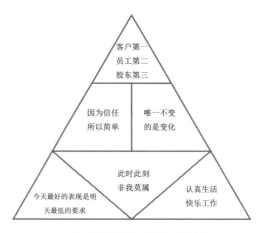

图 4-3　阿里巴巴的"新六脉神剑"

要想确保通用素质模型的可应用性，在构建通用素质模型的过程中，企业可以直接将模型深度开发为具体应用场景的工具，如素质要求是"客户导向"，可以设计衡量员工客户服务意识的素质指标和相应的关键行为描述，用于招聘、选拔和人才盘点过程中的 BEI（Behavioral Event Interview，行为事件访谈）面试题库，以及用于人才评价的测评问卷等，这样可以大大缩短应用模型的时间。

阿里巴巴对每一个素质要求都进行了解释和分级（1～5分），并且对每一级的关键行为用工作语言进行了描述，如表 4-3 所示。

表 4-3　阿里巴巴对素质要求的解释、分级和关键行为描述

素质要求	解释	分级(分)	关键行为描述
客户第一	关注客户的关注点，为客户提供建议和资讯，帮助客户成长	1	尊重他人，随时随地维护阿里巴巴的形象
		2	微笑面对投诉和受到的委屈，积极主动地在工作中为客户解决问题
		3	在与客户交流的过程中，即使不是自己的责任也不推诿
		4	站在客户的立场思考问题，在坚持原则的基础上，让客户和企业都满意
		5	具有超前服务意识，防患于未然

续表

素质要求	解释	分级（分）	关键行为描述
拥抱变化	突破自我，迎接变化	1	适应企业的日常变化，不抱怨
		2	面对变化，理性对待、充分沟通、诚意配合
		3	面对因变化导致的困难和挫折，能自我调整，并正面影响和带动同事
		4	在工作中有前瞻意识，能形成新方法、新思路
		5	能创造变化，并带来绩效的突破性提高

阿里巴巴的通用素质模型属于等级模型，在实际操作的过程中，企业可以直接对照模型评定员工的胜任力水平，员工的行为表现属于哪一个等级，就给出相应等级的评分，员工只做到了某一个等级的一部分可以评 0.5 分，若要扣分则需对员工当面说明，评分在 0.5 分（含）以下或 3 分（含）以上需要由上级主管书面说明。总分在 24 分（含）以上为持续超出期望；20 分（含）~ 24 分表示超出期望；18 分（含）~ 20 分表示部分超出期望；15 分（含）~ 18 分表示满足期望；12 分（含）~ 15 分表示需要提高；8.5 分（含）~ 12 分表示需要改进；8.5 分以下为不可接受，应予以书面警告并限期改进；如果某一项为 0 分，也要进行书面警告并限期改进。

4.2.2 构建领导力模型

从人才发展的角度来看，完善、合理的领导力素质模型是培养和发展领导人才的起点。领导力模型的核心内容是领导力素质，指的是企业对管理人员的素质、能力、态度和行为等方面的要求，更多体现在面对未来战略挑战时需要具备的领导力。

领导力模型广泛应用于管理人才的甄别、职业管理、工作晋升和培训等，在人才领导力开发方面表现卓越的企业，往往会建立符合企业发展情况的领导力模型。例如：GE 的 "4E+P" 领导力模型，即活力（Energy）、鼓动力（Energize）、决断力（Edge）、执行力（Execute）和激情（Passion）；宝洁的"5E"模型，即高瞻远瞩（Envision）、全情投入（Engage）、鼓舞士气（Energize）、授人以渔（Enable）和卓越执行（Execute）；IBM的"三环"模型，让"对事业的热情"处于环心，"致力于成功""动员执行"和"持续动力"三大要素围绕环心运转。

领导力模型应该如何构建呢？一般可以通过以下九个步骤来构建，其流程如图4-4所示。

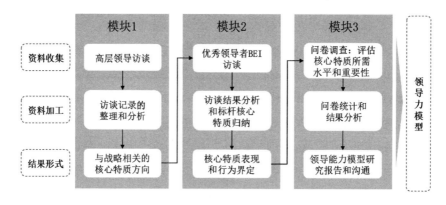

图4-4　构建领导力模型的流程

在构建领导力模型的过程中需要用到一项关键技术，即BEI访谈。构建者可以通过BEI访谈归纳优秀领导者在工作中的典型行为，着重挖掘具有广泛借鉴性的领导行为，从中提炼标杆领导力特质；同时，在BEI访谈结果的基础上，结合企业的价值观和文化，对优秀领导者的标杆领导力特质进行解构和分析，最终构建企业的领导力模型。

● 拓展知识——BEI访谈

BEI访谈也被称为行为事件访谈，指的是通过受访者陈述的工作内容，找出其背后（"冰山下"）真正的素质和动机。

BEI访谈的流程如下。

① 介绍自己和访谈的目的。访谈者要主动介绍自己，在介绍过程中尽量消除受访者的紧张情绪，鼓励受访者积极参与，并且介绍访谈的目的，强调访谈内容的保密性，在获得对方的同意之后再录音。

② 描述工作职责和任务。大致了解受访者的工作，如受访者当前在哪个岗位担任什么职务、向哪个岗位汇报、手下带了多少员工等，不要问得太具体，前两个步骤的时间控制在 5 ~ 10 分钟比较合适。

③ 关键事件访谈。通常会询问受访者在重点工作岗位中成功的三件事和失败的三件事，通过访谈挖掘具体的细节信息，如当时的情况是什么，受访者担任的角色是什么，涉及人员还有谁，当事情发生时受访者是怎么想的、怎么做的，为什么要那么做，结果怎么样等。需要注意的是，如果受访者在讲述失败的事情时反应激烈，那么访谈者要马上停下来。本步骤可能会占用整个访谈流程 80% 的时间。

④ 工作需要的性格特质访谈。通过口头交谈的方式，收集受访者认为在企业中胜任某个岗位需要具备的素质，在这个过程中，受访者可能会想起一些之前被遗漏的关键事件。

⑤ 总结。首先要向受访者表示感谢，让受访者知道自己所讲的内容是有价值的，对于构建领导力模型有很大的帮助，并向受访者保证所有的访谈内容都是保密的，然后再次感谢，最好能将受访者送出去，最后对访谈记录进行整理和分析。

在构建领导力模型的具体实践中，为了确保该模型对管理者未来的发展具有牵引作用，除了通过 BEI 访谈挖掘过去的成功因素，还可以辅以企业战略文化演绎、内外部资料分析和标杆企业管理研究等方式。领导力模型适用于企业的所有领导者和管理者，可以反映企业的战略要求和对管理岗位的具体要求。不过，由于管理者所处的层级不同，各项素质要素的重要性和对管理者具体行为的要求也会不同，因此需要为不同层级的管理者设立具体的素质要求，如表 4-4 所示。

表 4-4　为不同层级的管理者设立具体的素质要求

具体素质要求	中层管理者	基层管理者
目标制定和管理	① 根据企业战略目标和本部门的相关策略、方针，确定本部门的中短期目标和优先顺序。 ② 制订合理的工作计划。 ③ 确定业务预算，确保对上级目标的继承性和对部门工作的牵引性。 ④ 将部门计划分解为可执行的、清晰的阶段计划，设立监控点和控制基线。 ⑤ 充分考虑执行者的风险要素，制定预防措施。 ……	① 根据上级部门的规划或部署制定团队工作目标。 ② 制订合理的工作计划。 ③ 根据优先顺序分配各种资源，包括人、财、物和信息等。 ④ 根据目标设计执行计划的具体工作方法和活动。 ⑤ 深入分析工作中容易出现问题的环节，制定相应的监控点和防范措施。 ……

对领导力模型中的各项素质要素进行分级、分等，可以得到一整套分好等级的素质要素集合，结合每个管理岗位的工作职责、工作流程和战略贡献等因素，确定特定岗位的素质要求和等级，整理之后就可以得到整个管理序列的领导力模型。

4.2.3　构建专业胜任力模型

专业胜任力指的是员工为了胜任某一具体职能和工作所需具备的知识、技能和素质，直接影响员工能否达到岗位的工作要求。例如，财务人员必须了解财务会计原理和准则，营销人员必须了解产品的定位、价格、推广和渠道管理，研发人员必须了解与产品相关的专业知识、技能等。

专业胜任力模型是为履行某个岗位的职责必须具备的产品、服务、流程、技术应用等专业的知识、技能、素质，与工作任务、业绩密切相关。在通常情况下，专业胜任力是按照企业的岗位序列划分的。

构建专业胜任力模型的第一步是明确企业的岗位序列划分，以岗位工作性质和任职资格要求为主要依据，对同类岗位进行分类、归并，这些岗位的工作内容相近或相似，并且满足岗位要求的任职者所需的知识、技能和素质相同或相近。岗位序列通常包括管理序列、职能序列、技术序列、营销序列和操作序列等，不同企业的岗位序列划分存在差异。

在每个岗位序列下设有不同的岗位，每个岗位的专业胜任力要求可能不尽相同，即使处于同一岗位序列下的岗位，在专业胜任力方面也会存在差异，需要根据具体的岗位职责确定。例如，阿里巴巴的岗位序列分为 P（Profession，专业技术）序列和 M（Management，管理）序列两大类，其中 P 序列包括产品、运营、市场、销售等泛技术类岗位，产品经理是产品序列中一个非常关键的岗位，其岗位职责主要包括以下几点。

① 独立负责用户调研、竞品分析、需求规划、交互设计；
② 深入用户研究、需求挖掘和拆解，独立负责一条产品线"从 0 到 1"的规划上线；
③ 具有较强的逻辑分析能力，能用数据驱动产品；
④ 具有较强的沟通表达能力和团队协作能力，协同 UI、开发、测试等部门推动项目上线；
⑤ 具有较强的学习和分享能力，能将创新模式融入业务；
⑥ 能配合运营、市场等部门对业务策略的产品化落地；
⑦ 具有行业前瞻性和洞察力，能为企业的业务战略决策提供帮助；
⑧ 具有团队管理和组织建设能力，能带领和激励团队实现目标。

从上述岗位职责中可以看出，阿里巴巴的产品经理不但要深刻了解用户需求，而且要能引领产品的发展，保证产品的用户体验。当阿里巴巴需要深度运营某个产品的时候，作为一个连接者，产品经理应该控制全局，带领团队实现目标。为了更好地管理这一岗位，阿里巴巴针对产品经理构建了专业胜任力模型，如表4-5所示。

表4-5 阿里巴巴针对产品经理构建的专业胜任力模型

专业胜任力	常见行为描述	层级			
		P4	P5	P6	P7
需求管理	用户调研、竞品分析，通过各种渠道和方法收集、整理用户需求	2	3	4	4
	对需求的分析、理解和判断	2	3	4	4
	将用户需求转化为产品功能	1	2	3	4
	根据业务规划对需求进行拆分和优先级排序	1	2	3	4
	深入挖掘需求，提炼产品价值点	1	2	3	4

续表

专业胜任力	常见行为描述	层级			
		P4	P5	P6	P7
产品规划	定义产品范围，明确产品结构、原型和文档输出	2	3	4	4
	梳理产品架构，规划业务模块	1	2	3	4
	通过系统化思考明确产品定位，输出产品线策略和规划	1	1	2	3
	分析行业竞争态势，提炼产品核心价值点	1	1	2	3
	通过数据分析发现问题，推动产品优化迭代	1	2	3	4
项目管理	组织项目立项和需求评审，协同 UI、开发、测试等部门推动项目上线	2	3	4	4
	管理项目节奏，规划里程碑节点，实现项目目标	1	2	3	4
	组织项目复盘，及时总结项目得失，形成工作方法论	1	2	3	4
团队管理	组织团队学习和分享	2	3	4	4
	帮助人才成长、参与梯队建设、促进团队进步	1	1	2	3
	激励团队，带领团队实现目标	1	1	2	3
商业思维	配合运营、市场等部门对业务策略的产品化落地	1	2	3	4
	通过业务统筹分析，制订产品的长期规划	1	1	2	3
	具有行业前瞻性和洞察力，能对未来方向进行探索研究，为企业的业务战略决策提供帮助	1	1	1	2
	能对行业外的优秀模式进行研究并融入行业内的创新	1	1	2	3

注："1"为了解，知晓意识和概念；"2"为掌握，能够在了解的基础上进行基本的执行和运用；"3"为熟练掌握，能够熟练掌握并运用；"4"为精通，指具有榜样作用的运用高手。

阿里巴巴认为，专业胜任力模型的作用在于确认员工能否胜任工作，胜任工作重于培养能力。阿里巴巴的产品经理是分层级的，对专业胜任力的要求也是随着层级的变高而变高的。也就是说，如果专业胜任力无法达到更高层级的要求，就无法胜任更高层级的职位。

总的来看，构建专业胜任力模型是在明确岗位序列的前提下，基于各岗位的职责，确定各岗位对任职者的专业胜任力要求。在具体操作时，该模型中的专业胜任力要求并不是越多越好，数量最好不要超过 10 个。

4.3　完善职业发展通道

职业发展通道是企业为了让员工实现职业目标而设置的发展路径，也是员工认识自我、成长和晋升的管理方案。建立并完善职业发展通道能有效促进人岗匹配、推动人才流动、激励员工发展，是人才管理的关键工作之一。完善职业发展通道，不但要对岗位类别进行科学的划分，而且要对岗位进行合理的分层，让高、中、基层岗位的名称、数量清晰化。

4.3.1　划分岗位序列

建立职业发展通道的第一步，是在分析企业经营价值链的基础上，明确企业价值创造的主流程和辅助流程，识别出对企业价值创造贡献最大的职位和关键能力，并对这些职位进行分类。

职位分类指的是根据工作性质、责任轻重、任务难易程度和所需的任职条件，对职位进行归类合并，分成若干种类，以便对同类、同级的员工采用统一的标准进行管理，对不同类别的员工采用不同的资源、政策和工作要求进行管理。

在划分职位类别时需要注意三个问题：一是要通过价值链分析确保不同的职位能够体现其对企业价值贡献的独特之处，对于贡献方式相似的职位应该合并；二是要体现企业战略发展所需的能力和鼓励精神发展的专业诉求；三是不宜太细，否则容易造成管理成本过高。

在职位分类的具体实践中，首先需要对企业经营的主价值链和辅助价值链的活动进行分析，识别价值链的职位分类，如图 4-5 所示。

图 4-5　识别价值链的职位分类

在分析企业经营的价值链、确定职位分类的过程中，必须确保职位分类与工作紧密结合，统一分类、区分明显，适应企业的发展情况。在确定了职位分类之后，就可以分析不同职位对企业业务发展的影响程度，进而划分职族，即岗位序列。在一般情况下，企业的职族可以划分为研发、技术、营销、服务和职能支撑几大类，不同的职族在企业的价值创造过程中发挥的作用是不同的，如管理族需要对企业的发展战略和经营决策负责并管理、计划、组织、协调各种资源，技术族需要对企业产品技术的先进性、产品质量和生产成本等负责，营销族需要对企业的品牌、产品销售和市场占有率等方面负责。

在确定了企业的职族划分之后，就可以对工作性质和任职要求相似的岗位进行合并，归类到相应的职位中。岗位序列划分和职位归类如表 4-6 所示。

表 4-6　岗位序列划分和职位归类

职族	岗位序列	具体职位
管理族	管理类	董事长、总裁、副总裁、董事长秘书、总监、副总监、经理、副经理、主管、组长等
营销族	销售类	区域经理、销售经理、销售助理等
	销售支持类	产品培训专员、客户关系维护专员等
	市场类	市场策划、平面设计等
技术族	软件研发类	PHP 开发工程师、Java 开发工程师、C 语言开发工程师、前端开发工程师等
	产品策划类	产品经理
	信息维护类	运维工程师
行政类	人力资源类	招聘专员、培训专员等
	行政管理类	办公室主任、行政前台、部门助理等
	财务类	会计、出纳等
	法务类	法务代表

不同的企业在划分和设置职位时，应根据企业业务开展的具体情况来进行。华为的职位管理划分为三个级别，即"族—类—子类"，首先划分职业类别，然后对这些职业类别进行分类管理。华为的职业类别分为管理族、技术族、营销族、专业族和操作族五类，如表 4-7 所示。

表 4-7　华为的职业类别

职业类别	具体岗位
管理族	三级管理、四级管理、五级管理
技术族	IT、制造、系统、软件、硬件、技术支援、质量管理
营销族	销售、产品、营销策划、营销工程、市场财经、公共关系
专业族	计划、财经、采购、秘书、流程管理、人力资源
操作族	装备、调试、物料、检验、设备、技术

通过职位序列划分，可以把不同职位类别内的不同职位区分清楚，即使在同一职类中，员工能力也会有所区别，因此各职类内应该划分等级的下限和上限，也就是划分职类区间。职类区间的高低代表工作的难易程度和重要性不同，员工在不同岗位上从事能力要求不同的工作，在企业价值创造过程中的地位和作用也不同。划分职类区间如表 4-8 所示。

表 4-8　划分职类区间

岗位序列	职位	一级	二级	三级	四级	五级
管理族	管理	—	组长	主管	经理	总监
营销族	销售	销售助理	销售经理	区域经理	大区经理	—
	客服	助理	客服专员	高级客服	—	
	市场策划	策划助理	策划专员	高级策划	资深策划	
	平面设计	设计助理	设计专员	高级设计	—	
技术族	软件开发工程师	助理工程师	工程师	高级工程师	资深工程师	专家
	UI 设计	设计助理	设计专员	高级设计	—	
	产品设计	产品专员	产品经理	高级产品经理	产品专家	—
	软件测试	助理工程师	工程师	高级工程师	资深工程师	专家
……	……	……	……	……	……	……

不同的职位在管理时有所不同，职级不一样，对能力的要求不一样，重要程度不一样，薪资也不一样。这样就不会出现在管理职位上安排一个专家，或者某个很重要的技术职位薪资很低的现象。

4.3.2　划分任职资格等级

通过分析企业经营价值链，可以将企业的岗位划分为多个岗位序列，在各个岗位序列下还可以划分不同的职位，从横向角度建立企业的职位体系。接下来需要探讨每个职位应该划分为多少级和如何分级的问题，即从纵向角度进行任职资格等级划分。任职资格等级划分指的是按照任职资格构成要素和评价标准，对任职资格能力进行制度性区分，它是对职位划分的细化，目的是为员工任职资格能力的提高预设晋升阶梯。

任职资格等级划分应该以支撑企业业务为根本出发点，以岗位职责为依据，并与职位划分保持一致。每类专业技术和管理职位都要有相应的任职资格要求，并在企业内形成统一的标准，通过任职资格等级搭建员工职业发展的阶梯，清晰地指导员工的发展目标。

在企业中，专业人才的成长一般会经历初做者、有经验者、核心骨干、专家和资深专家五个阶段，每个阶段所需的核心能力是不同的，如表4-9所示。

表4-9　专业人才的五个成长阶段所需的核心能力

成长阶段	核心能力
初做者	能够在指导下做好被安排的专业性工作
有经验者	能够利用专业知识独立解决常见问题
核心骨干	能够独立承担对某方面工作的策划和执行，发现流程中存在的重大问题并提出合理有效的解决方案
专家	作为企业内某一领域的专家，能够解决比较复杂的问题、领导中型项目、推动和实施本专业领域的重大变革
资深专家	作为企业内公认的专家，可以参与制定战略并领导大型项目，可以在业内传播和分享相关经验，体现企业水准

在划分任职资格等级时，企业可以借助人才成长阶段模型大致判断人才所处的成长阶段。为了让任职资格等级更具可操作性、有效激发员工的成就感和成长意识、推动员工能力的"小步快跑"，企业可以对每个成长阶段进行更细致的划分。例如，华为将专业技术职位的任职资格划分为1～6级，管理职位的任职资格划分为3～5级，每一个级别还可以划分为预备等、基础等、普通等和职业等四个等级。华为任职资格的等级设置如图4-6所示。

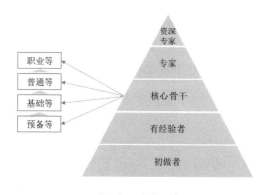

图4-6　华为任职资格的等级设置

在任职资格等级划分的具体操作中，每一个职级内划分多少等级没有统一的标准，需要根据企业的规模和实际情况来进行，不过每一个职级内的等级数量要一致，以便执行和沟通理解。当然，在不同的成长阶段，能力的提升有快有慢，要想解决这个问题，可以通过规定晋级需要的年限进行控制。

在确定了任职资格等级之后，企业需要根据该等级设计晋升标准，打通不同职级之间的晋升通道。在通常情况下，晋升标准包括基本资格条件和各职级能力标准，绩效和资历是员工职级晋升的门槛，也是基本资格条件；而专业能力是决定员工能否晋升的关键因素，能否实现职级晋升，关键要看员工的专业能力能否真正得到提升，从而达到目标职级的要求。

4.3.3 确定通道间的转换关系

在明确了岗位序列划分和任职资格等级划分后，企业就可以将岗位序列与职级之间连接起来，结合员工职业转换的方式，设计企业的职业发展通道，并确定不同通道间的转换关系。

> **● 拓展知识——职业转换的三种方式**
>
> 在企业中，员工职业转换的方式主要有垂直转换、平行转换和斜线转换三种。
>
> 垂直转换指的是在同一个领域内转换为另一个承担更大职责的角色，平行转换指的是转换到不同领域承担一个职责基本相同的角色，斜线转换指的是转换到不同领域承担更大或更小职责的角色。
>
> 岗位序列划分有助于解决平行转换的问题，任职资格等级划分有助于解决垂直转换的问题。

在现实中，很多企业推行双轨制的员工职业发展通道，也就是把职业发展通道分为管理类和专业类，两条通道之间互不相通。管理类的职位晋升主要通过员工承担更多的管理责任来实现，成为更高层次的管理人员；而专业类的职位晋升主要通过员工在专业岗位上经验和技能的提升来实现，成为某一专业方面的专家。员工可以选择管理通道或专业通道追求个人的职业发展，不过双轨制的职业发展通道不能很好地实现两条通道之间的互换和交流。

为了有效解决这一问题，有些企业对双轨制的职业发展通道进行了改良，在建立了多条职业发展通道之后，根据各职业发展通道要求的专业技能之间的相关性，设计职业发展通道间的转换关系，让员工可以在各条通道间相互转换，如销售管理通道内的员工可以向营销管理通道转换，生产管理通道内的员工可以向技术工艺工程师通道转换。

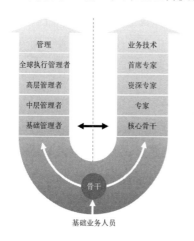

图 4-7　华为的职业发展"五级双通道"模式

华为的职业发展通道是双通道模式，在管理通道和业务技术通道之间是打通的。如图 4-7 所示，华为的职业发展"五级双通道"模式可以让员工在积累了一定的经验之后，根据自身特长和发展意愿选择向管理通道或业务技术通道发展。

在达到技术资格（专业技术任职资格）二级成为骨干之后，技术能力较为突出但是管理能力较弱的员工可以选择向业务技术通道发展，其成长路径为"核心骨干—专家—资深专家—首席专家"；而管理和领导能力较强的员工可以选择向管理通道发展，其成长路径为"基础管理者—中层管理者—高层管理者—全球执行管理者"。当然，管理通道和业务技术通道之间是互通的，只要个人能力足够强，原来在管理通道的员工后续可以申请向业务技术通道发展，原来在业务技术通道的人才也可以申请向管理通道发展。

在设计通道间的转换关系时需要注意两个关键点：一是确保所有职业发展通道均可向管理通道转换，也就是说企业内至少包括两条职业发展通道，即员工岗位所处的专业序列和管理序列；二是根据专业技能水平要求的高低，明确两条通道内不同里程碑层级的对应关系。

员工职业发展通道的设计应考虑后期的可操作性，通道数量不是越多越好。有些企业在设计员工职业发展通道时，根据工作技能的差异建立了很多通道，如将行政管理、后勤管理、形象宣传等分别作为独立的职业发展通道，这样反而很难有效地实施和应用。此外，员工职业发展通道的设计要有所侧重，应该重点关注为核心员工搭建良好的职业发展平台，以及在管理层面获得较为理想的投入产出比。

4.4　实施任职资格认证

在建立并完善了员工职业发展通道之后，企业需要制定每条通道内的任职资格标准并建立科学的任职资格认证体系，确定任职资格认证的流程和管理规范，明确认证参与人员的权限和职责，制定任职资格管理制度，确保高效、公平地对员工进行能力评价。

4.4.1　确定岗位的任职资格标准

在建立了员工职业发展通道后，企业还需要确定岗位的任职资格标准，为任职资格认证提供具体的标准。任何职位都要有明确的任职资格标准，并且标准必须细化，这样才能有效衡量任职者是否有资格和能力承担相应的责任，完成相应岗位的工作任务。

如图 4-8 所示，任职资格标准分为基础标准、核心标准和能力标准三个部分。基础标准是员工认证相应职级的基本要求；核心标准能够体现职类和职级的关键任职要求；能力标准是对基础标准和核心标准的重要补充，通过对能力的评估确保员工胜任力的可持续性。

基础标准中的"学历要求"主要用于员工招聘和对现有员工的初始认证，是门槛要求。在设计岗位的学历要求时，既可以结合岗位工作任务设计最低标准，也可以在同等条件下设计优先条件，如在同等条件下优先考虑重点院校研究生及以上学历者。

培训时数能够反映员工的学习情况，企业通常可以针对不同职类和职级的员工设计不同的培训课程，员工只有完成相关培训课程的学习并通过考试才可能晋升。

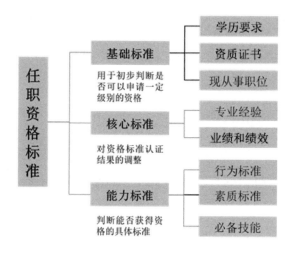

图 4-8　任职资格标准

　　资质证书主要包括从业资格、专业资质证书和其他专业资质证书三类。从业资格是所有员工晋升的门槛条件，只有获得从业资格的员工才有资格晋升；专业资质证书与部门要求直接相关，是员工晋升部分岗位和职级的门槛条件；其他专业资质证书是员工晋升的加分项，员工若获得某些专业资质证书，则可以在同一职级的员工中获得优先晋升的资格。岗位任职资格的基础标准如表 4-10 所示。

表 4-10　岗位任职资格的基础标准

基础标准	岗位		
	财务经理	出纳	税务会计
学历要求	①本科及以上学历。 ②如果有 5 年以上会计工作经验且工作能力强，学历要求可降为大学专科	①大学专科及以上学历。 ②如果有 2 年以上出纳工作经验且工作能力强，学历要求可降为高中毕业或中专	①大学专科及以上学历。 ②如果有 2 年以上总账会计工作经验且工作能力强，学历要求可降为高中毕业或中专
资质证书	①具有中级会计职称证书。 ②如果有 8 年以上会计工作经验，标准可放宽为初级会计职称证书	①不需要职业会计职称证书。 ②必须熟悉账务处理流程	①具有初级会计职称证书。 ②必须熟悉账务处理流程
其他	……	……	……

　　核心标准中的"专业经验"重点关注员工在本业务领域内积累的经验，一般通过定量方法衡量，具有明确的界定标准；"业绩和绩效"主要衡量员工创造

价值的综合能力，能够充分反映员工能否达到岗位要求。岗位任职资格的核心标准如表 4-11 所示。

表 4-11 岗位任职资格的核心标准

核心标准	岗位		
	财务经理	出纳	税务会计
专业经验	① 有 5～8 年相关工作经验。 ② 有中大型企业全盘账务处理经验。 ③ 熟悉生产型企业的账务处理流程。 ④ 熟悉 ERP（Enterprise Resources Planning，企业资源计划）系统的账务处理流程	① 有 1～3 年相关工作经验。 ② 有小型企业收付款处理经验。 ③ 了解 ERP 系统的账务处理流程	① 有 1～3 年相关工作经验。 ② 有小型企业全盘账务处理经验。 ③ 了解一般纳税人免抵退税的账务处理流程。 ④ 了解 ERP 系统的账务处理流程

能力标准可以结合岗位的能力素质模型，对岗位的必备技能和行为要求制定标准，企业必须确保这些标准是清晰明确的，可以作为判断员工能否达到岗位要求和员工胜任力的具体标准。

4.4.2 设置任职资格管理机构

在确定了岗位的任职资格标准后，要想确保任职资格认证过程的公正性和公平性，企业有必要设置任职资格管理机构，从整体上把控企业晋升管理的公平、高效运作，并且让各部门的相关人员参与进来，确保任职资格管理体系的有效落地。

在通常情况下，任职资格管理机构包括任职资格管理委员会、各体系领导、认证评审小组和人力资源部，不同机构的人员在认证的过程中承担着不同的责任，通过相互协作确保认证结果的公平、有效。

任职资格管理委员会通常由企业的总经理、副总经理、总监、人力资源部负责人和秘书构成，有些大企业在任职资格管理委员会下还会设置分委会，通常由各体系的副总经理、总监、认证员工的上下级、人力资源部负责人和秘书构成。此外，部门层面的认证管理组织通常由部门总监、直接主管、相关业务主管和部门秘书等构成。任职资格管理机构如图 4-9 所示。

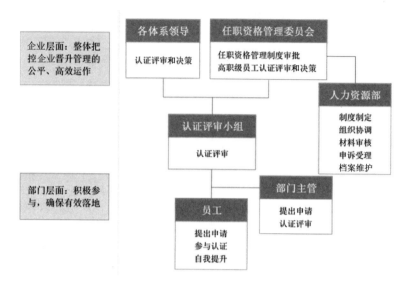

图 4-9　任职资格管理机构

在任职资格的认证评审阶段，对于不同层级的员工，认证评审的主体是不同的。对于一般员工，通常由部门主管和岗位专家根据任职资格标准对员工进行测试，并且对照标准完成主观打分；对于中高级员工，任职资格认证的要求会更高一些，在具体的认证过程中，认证评委一般包括岗位专家、部门主管和人力资源部负责人。

首先是岗位专家。在一般情况下，专家的级别应该比待认证职位高一个级别，这样才可以向认证员工提出改进建议。

其次是部门主管。在实际的工作中，员工对管理者的信服在很大程度上是对管理者专业能力的信服，而不是其管理职权。因此，部门主管参与认证评审的前提是自身的专业能力水平必须高于员工，其专业级别应该达到所在职位等级的中级以上。

最后是企业的人力资源部负责人。一方面，人力资源部对员工比较熟悉，可以从人力资源的角度给予员工建议；另一方面，人力资源部是认证工作的组织者，可以借此机会考察认证程序的公正性和公平性。任职资格的认证评审体系如表 4-12 所示。

表 4-12　任职资格的认证评审体系

认证级别	初级审核	主导认证	评委组成	结果评审	备注
4 ~ 5 级（企业级）	直接主管、部门主管、项目组	HR	专家评委 4 ~ 6 人、客户评委 1 人、HR 评委 1 人	任职资格管理委员会	至少 4 名评委
3 级（产品线级）	直接主管、部门主管、项目组	由各产品线负责实施，HR 把控关键节点	专家评委 3 ~ 5 人、客户评委 1 人、HR 评委 1 人	任职资格管理委员会	至少 3 名评委
1 ~ 2 级（部门级）	直接主管、部门主管、项目组	由各部门负责实施，HR 对关键节点进行指导	专家评委 3 ~ 5 人、客户评委 1 人、HR 评委 1 人	任职资格管理委员会	—

从表 4-12 中可以看出，在任职资格的认证评审过程中，客户也会参与进来，这与岗位工作有关，如果岗位工作与客户消费、客户服务等方面有很大的关系（如销售工作），那么在认证评审时可以考虑将客户纳入评审小组。

4.4.3　建立任职资格认证流程

在确定了员工职业发展通道和任职资格标准后，要想解决让员工进入任职资格系统和定期进行任职资格升降、转换等问题，企业还需要建立任职资格认证流程。

任职资格认证流程包括"资格审查"和"等级认证"两个阶段。在资格审查阶段，先由主管推荐或个人申请等级认证，再由相关人员对相关信息进行审查；审查通过后进入等级认证阶段，对认证人员进行胜任特征认证、行为认证和知识技能考试；在认证完成后，对认证结果进行审批并反馈给相关人员。具体流程如图 4-10 所示。

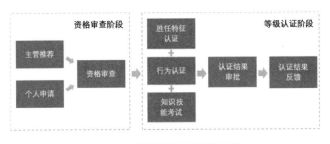

图 4-10　任职资格认证具体流程

企业进行任职资格管理的目的之一是通过认证的形式审视员工的能力现状，找到员工能力与岗位要求之间的差距，进而帮助员工找到提升能力的方向和重点，促使员工主动学习，提升个人能力。从这个角度来看，员工主动参与是任职资格管理的重点，因此，任职资格认证流程的起点是让员工在进行自我评价之后主动申请等级认证。

申请等级认证，需要员工根据所在岗位的职责和自身的能力水平，确定自己可以申请的专业序列和等级，然后与直接主管沟通，确定是否提出任职资格认证申请。在确定提出申请之后，员工可以在规定时间内填写《任职资格认证申请表》并举证相关信息。

在员工提交了《任职资格认证申请表》和相关举证信息后，需要由部门任职资格评审小组根据员工所申请职位等级的任职资格标准，对举证材料进行审查，审查的内容主要是学历、资质证书和员工提交的专业经验等相关材料，以及员工的业绩和绩效结果材料。如果审查结果是不合格，那么需要将审查结果反馈给员工；如果审查通过，就可以将审查结果反馈给人力资源部，让人力资源部对员工的举证材料和初步审查结果进行复核。

在人力资源部复核完毕之后，就可以将相关材料整理、汇总并上报给分管领导，让领导决定是否批准员工晋升。领导批准之后签字确认，根据相关材料，在审批后确定最终的认证结果。此外，在认证的整个过程中，无论每一次审查是否通过，都要将审查结果备案并传达给员工。

在具体的认证过程中，不同层级职位的认证方式可能会有所不同。对于低层级的职位，采用个人申请或主管推荐的方式，填报职位晋级申请表，先由部门级专家或部门主管评定，再提交给上一级专家委和人力资源部进行审核；对于高层级的职位，认证人员还需要参加职位晋级答辩，由企业级专家委员会决议，企业级专家委员会中的业务专家来自不同部门，由人力资源部指派参与评审。

最后，对于达不到任职资格标准的员工，企业可以通过加强培训力度和丰富培训形式（如课堂学习、项目训练、在岗实践和导师带教等）提升员工相应的能力和素质。

4.5　发挥任职资格的作用

在任职资格标准体系构建完毕后，企业人力资源管理的各项工作就有了统一的、可衡量的标准，选拔人才、绩效考核和人才培训等工作可以更具科学性、公平性和有效性。

4.5.1　基于胜任特征选拔人才

在人才制胜的时代，选拔人才是企业非常重视的一项工作，不过现实中很多企业面临着找不到合适人才的困境。为什么找到合适的人才会如此困难呢？有很多原因造成了这样的困境，从企业内部来看，缺乏明确、具体的人才选拔标准是一个不容忽视的原因。

要想选拔合适的高质量人才，企业必须要有科学、明确的标准，充分利用任职资格标准就是一种有效的方式，其原理如图 4-11 所示。企业要根据空缺岗位的胜任素质要求选择合适的候选人，并通过适当的手段（如面谈、试题考核和案例分析等）确定候选人是否具备岗位要求的素质特征，科学地进行人员筛选，只有这样做，招聘的人才才能符合岗位的要求，最大限度地做到人岗匹配。

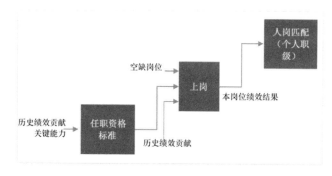

图 4-11　任职资格标准的原理

基于岗位特性进行差异化的任职资格管理，能够及时、直观地体现对员工绩效贡献的评价，为部门选人、用人提供重要参考。基于胜任特征选拔人才，如果人才的胜任特征与岗位的任职资格要求相匹配，该人才就是适合岗位的人才。基于胜任特征选拔人才的步骤如下。

①选择专业的招聘人员，组建招聘小组。

② 进一步明确企业发展的战略目标和任务，确保空缺岗位的任务目标与企业的发展方向保持一致。

③ 对空缺岗位的岗位说明书进行更新、修订。

④ 确定招聘人才的来源或渠道。

⑤ 根据空缺岗位的胜任特征制作申请表，申请表的内容需要包含个人基本信息、个人经历信息、与胜任特征相关的问题等。

⑥ 筛选候选人，设计、准备和实施面试；全面分析空缺岗位信息，选择必要的胜任特征指标，对筛选出来的候选人进行面试和评估，确保面试的可信度和有效性。

⑦ 借助其他辅助方法验证候选人的信息，如采用背景调查等方法对已经获得的信息进行考证，通过故事也可以对尚未完全弄清楚的问题进行深入的追踪和调查。

因为胜任特征大多来源于绩效优秀员工的行为和表现，所以选拔出来的人才往往质量较高，不但能够完成本岗位的工作，而且很有可能在本岗位表现突出。

在为隆平高科设计关键岗位赋能项目时，我们充分考察了隆平高科相关岗位的业务和职责，通过构建胜任力模型，为企业关键岗位的人才选拔和培养打牢基础。

如图 4-12 所示，以构建大区经理的岗位胜任力模型为例，我们进行了以下操作。

① 通过对照标杆企业、参考素质词库等提取了关键岗位胜任力的能力要求。

② 通过与标杆人员进行 BEI 访谈，对经验进行场景化定义，提取了关键岗位胜任力的素质要求。

③ 基于关键岗位胜任力的能力和素质要求，对胜任力进行解码，并通过企业内部的调研确定了关键岗位的专业胜任力。

④ 构建了关键岗位的胜任力模型。

我们通过上述方法构建了关键岗位的胜任力模型，帮助隆平高科更准确地分析了关键岗位的工作，为企业招聘与岗位高度匹配的人才提供了依据，帮助企业准确定位培训需求。

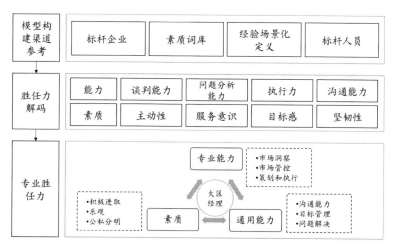

图 4-12　构建大区经理的岗位胜任力模型

　　企业如果想在现有的员工群体中选拔高绩效的人才，也可以借助能力素质模型分析员工与关键岗位的匹配度，匹配度更高的员工更有可能是高绩效的人才。企业可以将选拔出来的优秀员工安置在重要的关键岗位上，让他们发挥出更大的价值。

4.5.2　基于能力素质模型确立考核指标

　　在建立了人才标准之后，企业一定要将其与员工的切身利益结合在一起，这样才能确保人才标准得到贯彻执行。基于能力素质模型确立考核指标，有利于充分发挥员工的核心专长和技能价值，强化企业对人才潜能的开发力度。

　　企业构建能力素质模型的前提是找到区分优秀员工与普通员工的指标，因此能力素质模型描述的是与完成任务密切相关且至关重要的知识、技能、个性特质要求。以能力素质模型为基础确立的考核指标，不但能真实地反映员工的综合工作表现，而且能让员工明确企业对他们的期望，指引员工实现有计划的能力成长。

　　同时，企业可以将绩效考核与员工的能力素质发展结合起来，让绩效考核更有针对性和引导性。具体来看，就是将能力素质模型作为重要的考核工具，以其为标准对员工表现出来的素质进行考核，根据员工在各方面的行为表现是否达到能力素质模型的要求，做出比较客观的判断。如果员工的行为表现与要求相符，说明该员工已经达到了相应的能力要求或掌握了相关的技能。

　　1996年，华为的员工人数发展到了2000多人，秘书也有三四十个。这些秘书的学历参差不齐，既有大专学历、本科学历，也有研究生学历。从工作的结果来看，学历越高者，工作的结果反而越差。经过调查分析后发现，研究生进入企业以后常常想着换工作，或者忙于经营与领导的关系，希望去研发、销售等部门，对本职工作反而不上心。而对于大专学历的员工来说，他们对这份工作已经很满意了，所以会很投入、很认真地完成工作。在这种情况下，华为的管理者开始思考"秘书应该做什么""究竟什么样的秘书才是好秘书"等问题。

　　经过一番研讨，华为为秘书制定了胜任标准，分为1～5级，包括打字的速度必须超过每分钟80字，熟练掌握Word和Excel等基本技能。除此之外，华为还对会议通知、会议组织、会场布置、会议纪要和文档归档等方面制定了详细的标准，根据部门之间的共同机制设计了秘书工作的五大模块，让秘书工作有了具体的胜任标准。

　　在建立了胜任标准之后，华为便根据这些标准考核秘书的工作，如一级秘书需要考试，没有通过者需要再次考试；从一级秘书晋升为二级秘书可以涨工资，五级秘书可以晋升为部门经理。华为基于胜任标准考核秘书，并将考核结果作为岗位晋升、薪酬调整的依据，这样不但能让秘书清楚自己在哪些方面可以提升，而且有动力提升自己。

　　建立胜任素质等级标准和各等级对应的薪酬标准，并为员工提供职务晋升通道之外的薪酬晋升通道，能够有效地激励和留存优秀员工，让工作表现好、绩效高的员工及时得到回报，提高员工的工作积极性；对于工作绩效不够理想的员工，企业可以根据考核标准和能力素质模型找到胜任差距，并通过培训或其他方式帮助员工改善工作绩效，达到企业对员工的要求。

4.5.3　基于胜任差距开展人才培养

　　企业中的每位员工都是独立的个体，在各方面的能力素质水平是参差不齐的，企业要想实现高效运转，有必要通过培训、实战等手段提升员工相应的能力素质。企业开展培训的目的是培养员工达成高绩效的某些特质，弥补员工能力素质的不足，从而达到岗位的要求。培训有一个重要原则，那就是投入最小化、收益最大化。

基于胜任差距开展人才培养，指的是在明确员工能力素质与岗位任职要求之间差距的基础上，针对这些差距打造全面提升员工能力素质的计划，使每个岗位的员工都可以达到岗位的任职要求。基于胜任差距开展人才培养的步骤如图 4-13 所示。

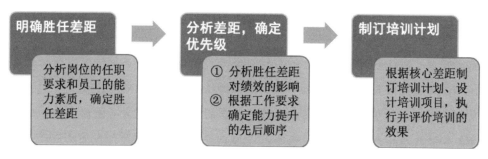

图 4-13　基于胜任差距开展人才培养的步骤

要想真正做好人才培训工作，第一步就是找准培训需求。能力素质模型体现了高绩效员工的知识、能力和经验特征等，基于岗位的胜任特征和员工的实际胜任情况，企业能够识别出有潜力的可培训对象及其胜任差距，准确定位培训需求，如项目经理在团队管理方面的能力普遍较弱，那么培训的内容可以定位为团队管理。

在明确培训需求之后，企业可以有针对性地设计并实施培训计划和培训项目，有的放矢地把关注点放在让员工弥补自身的短板和不足上。企业培训员工的方式有很多种，如课堂学习、在线学习、360 度反馈和行动学习项目等，在选择培训方式时，要充分考虑培训内容与培训方式的适配性，这样才能有效降低培训成本，同时增强员工培训的效果。IBM 会对不同层级的员工设置不同的培训项目和方式，如表 4-13 所示。

表 4-13　IBM 对不同层级的员工设置不同的培训项目和方式

层级	培训项目	培训方式
基层员工	领导人基础培训	个性化学习 + 辅助式学习 + 教练式辅导
	领导人准备项目	线上学习 + 线下课程
	"明日之星"领导力发展课程	商业模拟课程 + 个性化学习 + 学习实验室 + 高级主管分享
新经理	新领导人基础培训	360 度领导力问卷 + 学习实验室
	新领导人快速培训	线上学习 +2 天学习实验室
经理人的管理者	领导力发展模块	辅助式学习 +PARR 行动学习
	针对中层经理的战略匹配模块	2 天学习实验室

PARR 行动学习包括四个步骤，分别是准备（Prepare）、实践活动（Act）、自我反思（Reflect）和分享回顾（Review）。"准备"指的是进行实践活动必要的知识和技能准备；"实践活动"指的是根据任务设计有步骤地开展工作；"自我反思"指的是对实践活动中的行动及其背后的原因进行思考并及时记录心得体会，加深对所学知识和技能的理解；"分享回顾"指的是与导师或团队成员一起回顾行动并发表各自的看法，从他人的见解中收获经验和指导，让既有的学习经历得到升华。

PARR 行动学习为在岗员工的学习提供了一种简单的、可操作的结构化任务说明，能够有效提高在岗员工的学习效率。

人才尤其是关键人才的培养和发展，是让个体能力素质与企业岗位要求之间更加匹配的有效手段。只有基于员工能力与岗位要求之间的胜任差距培养人才，才能在最短的时间内提升员工对岗位工作的胜任力，促进"人与岗"的能力匹配，真正做到人尽其才。

第 5 章
人才盘点

　　随时掌握组织中的员工信息、确定人岗匹配度、决定人才发展方向，是企业进行人才盘点的核心目的。参照企业的人才标准，运用人才评估工具，对各级人才进行全方位的评价，明确人才的能力、绩效、潜力等分布情况，并且在此基础上输出人才地图，发现优秀、高潜力人才，是做好人才"选、用、育、留"工作的基础。

5.1　人才盘点的前期准备

人才盘点是企业管理人才的一项重要工作，涉及的环节和流程比较多，为了保证人才盘点的顺利进行，前期的准备环节必不可少，包括确立人才盘点的时机、做好人才盘点的培训和召开人才盘点项目启动会议。

5.1.1　确立人才盘点的时机

VUCA 时代带来全行业的巨变，行业技术、行业生态、商业模式和经济模式等产生了新的转变，出现了新的玩法。例如，"工业 4.0"时代推动制造业变革，信息化和数字化的普及使企业陷入"缺乏新型人才""人才断层""人才转型难"的人才管理困境。随着人才管理理论和技术的日渐成熟，数字化的人才管理已是大势所趋，企业管理者迫切希望建立更加全面的人才地图，对人才进行有效的管理成为企业的核心竞争力，越来越多的企业希望通过人才盘点解决相关问题。

近年来，我国在高科技领域受到外部打压的情况愈演愈烈，为了改变这种受制于人的状态，我国企业开始在全球范围内招募高精尖人才。

在这场招募高精尖人才的行动中，我国企业将目标对准了某芯片制造头部企业的高层人员，高薪聘请他们，并通过该企业高层人员这条线索进一步吸引芯片研发领域的关键人才。与此同时，我国企业还在全球范围内"广撒网"，各省市纷纷响应号召，推出吸引海外高层次人才落户的有利政策。

上海市某区实施了高精尖导向的人才引进政策，鼓励和支持企业根据发展需要面向全球广泛吸纳人才，对引进和培育高精尖海内外创新创业人才（团队）、建立正式劳动关系、签订劳动合同且持续 1 年及以上的企业按照区域经济发展贡献度给予奖励，对引进和培育诺贝尔奖获得者、两院院士等国内外顶尖人才的企业给予最高不超过 500 万元的一次性奖励。

分析组织发展与人才发展之间的关系，如果人才发展落后于组织发展，造成人才缺失，企业发展就会受阻；如果组织发展落后于人才发展，造成人才过剩，企业的人才就会流失。人才盘点的作用就是适时洞察组织发展与人才发展之间的动态匹配状态，做好人才发展规划，推动企业整体健康发展。

企业管理者和人力资源工作者应关注企业的发展情况，分析企业人才差距的关键问题，明确发起人才盘点的最佳时机。

1. 根据企业发展阶段的需要，发起人才盘点

企业的发展阶段可分为发展期、稳定期和困境转型期，如图 5-1 所示。企业所处的发展阶段会影响企业发起人才盘点的时机。

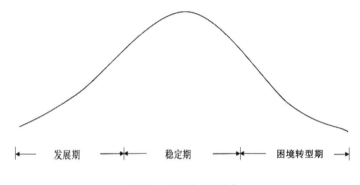

图 5-1　企业的发展阶段

处于发展期的企业，这一阶段的主要目标是在市场大环境中存活下来，不被外部环境击垮，这一阶段的企业会尽可能多地吸收各类人才，发起人才盘点的机会较少；而处于发展期后期和稳定期阶段的企业，已经拥有了比较稳定的市场范围，面临着快速扩张和转型的迫切需求，只有审视自身，做好人才管理，才能有效支撑业务，因此这些企业发起人才盘点的概率比较大。企业在不同发展阶段的盘点期望如表 5-1 所示。

表 5-1　企业在不同发展阶段的盘点期望

发展阶段	盘点期望
发展期	关注战略、重点项目、产品、市场
稳定期	关注预算、人工成本、政策
困境转型期	关注现金预算、支付能力、市场

企业的发展阶段不同，对人才的需求不同，对人才盘点的期望也不尽相同：处于快速发展期的企业更关注市场和战略，期望有更高效的人才供应支撑企业

的业务扩展；处于稳定期的企业更倾向于把人才盘点作为日常工作，每年进行一次，梳理清楚企业内部的人才，激活人才潜力；处于困境转型期的企业更关注现金流量，期望人才盘点能够高效完成人才重塑和升级，帮助企业实现变革和转型。

2020 年 8 月 13 日晚，我国的"贝壳找房"正式在纽交所挂牌上市，发行价为每股 20 美元。上市当日，贝壳找房股价大涨 87.2%，报收每股 37.44 美元，总市值超过 422 亿美元。新型冠状病毒肺炎疫情（以下简称"新冠肺炎疫情"）期间，贝壳找房积极转变经营模式，2020 年全年营业收入为 705 亿元人民币，同比增长 53.2%，全年净利润为 27.78 亿元人民币。

作为一家生活服务类的互联网平台企业，贝壳找房的线下渠道拓展需要以大量的人力资源为支撑。处于快速发展期的贝壳找房，整个 2020 年都在快速扩充人员。

贝壳找房面临的一个典型问题是，刚刚装修完的办公大楼，人员才搬进去就不够用了。各个城市分公司的人力资源负责人苦恼于如何做好组织发展与人才发展的协同工作。面对这样的情况，企业必须根据组织发展需要做好人才盘点和规划，不但要做好人才盘点，而且必须做好组织盘点。组织盘点与人才盘点之间的交叉点在一些人力需求变化较大的岗位上，组织盘点的结果最终要落实到组织运行的基础单元上，也就是岗位上不断涌入的人员，完成这些工作需要人力资源工作者做好前瞻性规划。

2. 管理变革和转型，发起人才盘点

若企业处于战略变革和转型时期，寻求"变"意味着当前的资源无法满足企业的需求。在变革的道路上，企业会不断面临管理岗位人才缺失的状况。缺失的人才从何处补充？如果从外部引进，那么意味着大量的财力和物力消耗，还可能出现引进人才与内部文化不和的现象；如果从内部培养，那么企业需要考虑三个问题：企业转型需要什么样的人才来推动？这样的人才在哪里？如何培养这样的人才？为了解决这些问题，企业往往会发起人才盘点项目。

上海家化的前身是 1898 年成立的香港广生行，拥有超过百年的发展历史，是我国日化行业中历史最悠久的企业之一。在我国经济日新月异的变革背景下，日化行业表现出消费者市场扩大、消费方式向线上转变、行业内竞争对手增多等特点。外部环境带来的挑战和机遇，促使上海家化提出了"立足差异化"的转型战略。为了应对外部环境变化、满足企业发展需求，上海家化于 2016 年发起了总监和经理层级人员的人才盘点项目，期望通过对中高层管理人员的盘点发掘、培养有潜力的人才，增强企业的核心人才竞争力，让企业在新一轮竞争中保持优势。

"兵马未动，粮草先行"，核心人才是企业打赢变革战的"粮食"。培养出有效支撑企业变革的核心团队，是企业实现转型目标的先决条件。

3. 企业管理者发生变动，发起人才盘点

在某些互联网头部企业中，通过对员工日常工作和团队互动等数据的收集和分析，检测员工工作状态、预测员工离职倾向并及时向上级预警的技术已经落地应用。在企业层面，随着业务的扩张或转型，企业的高层管理者和 HR 高层迫切希望获得更加全面、宏观的人才全景视图。在这些诉求之下，越来越多的企业期望通过人才盘点了解关键人才画像和人才全貌，以更好地支撑企业战略。

高层管理者的更迭会驱动企业发起人才盘点。除了应对企业内外部的各种复杂因素，还有一种人才盘点是基于一种朴素的需求，即新任管理者希望了解企业的人才现状。企业并购后的空降管理者、新上任的家族企业接班人或新任企业 CEO 等，这些新上任的管理者往往具有迫切了解企业人才现状的需求。在这样的背景下，发起人才盘点项目可以帮助新任管理者了解企业的人才现状，以便其胜任新职位。

4. 人才盘点准备程度判断，适时发起人才盘点

要想让人才盘点工作真正产生效果，企业在发起人才盘点前，要先结合自身的战略目标和人才管理等实际情况，判断、分析企业是否做好了人才盘点前的准备。

第一，高层管理者是否支持？

高层管理者是否支持是决定人才盘点成功与否的重要因素。例如，在企业文化相对保守、高层管理者的开放性不够强时，他们很难支持企业发起大规模的人才盘点。

第二，是否有清晰的业务战略？

人才盘点工作的目的之一是明确企业的人才能力、人才储备等能否满足战略目标落地的需要。没有清晰业务战略的企业对人才队伍的要求是不清晰的，在这样的企业内部发起人才盘点的意义不大。

第三，是否有明确的目的和期望成果？

没有目的的人才盘点就像航行的船只没有罗盘一样，漫无方向。企业在发起人才盘点项目前必须明确人才盘点的目的和期望成果，确保人才盘点工作有的放矢、取得实效。

5.1.2　做好人才盘点的培训

人才盘点是一个技术性较强的项目，在项目推进的过程中，参与人员对专业知识的把握和对项目的管控能力会对人才盘点的效果产生影响。因此，做好企业内部人才盘点的培训、提高参与人员对人才盘点的认知度和能力水平极为重要。

1. 通过培训让业务领导者掌握人才盘点的方法

许多企业的管理者对人才盘点概念的认识不清晰，只是简单地把人才盘点当作一次性的项目，或者认为人才盘点应该是 HR 独立完成的项目。事实上，人才盘点的真正主角是企业的业务领导者，每一个业务领导者都应该熟练掌握人才盘点的方法，这样才能发挥人才盘点的真正作用。企业可以成立由核心高管组成的人才发展委员会，做好业务领导者的培训，让业务领导者认识到人才盘点的重要性、掌握人才盘点的方法，以便保证人才盘点工作的落地。

业务领导者作为人才盘点项目中的主要评价者，应掌握评价下属的方法，并为需要盘点的岗位选择合适的方法，做到透彻地评价下属，从而提高人才盘点的质量和效率。常用的人才盘点工具如表 5-2 所示。

表 5-2　常用的人才盘点工具

人才盘点工具	具体内容
胜任力模型	基于特定工作岗位或层级，将绩效优异者的动机、特质、技能和能力作为考评指标
情景模拟评价	让被评价者扮演符合实际工作的角色并处理问题，判断其是否满足拟任岗位的要求。常用的方法有公文筐处理、案例分析等
综合笔试	一般用于事业单位内的晋升，通过选择题、填空题、问答题等形式考察晋升者的能力和理念认识
360 度能力评估	通过被评价者本人、上司、同事、客户的评价，全方位地了解其个人能力
九宫格	通过对人才潜力和业绩的评价，把人才分到九个区域中，对不同区域的人才采取不同的盘点方式
素质风格测试	通过一系列科学的手段和方法，测试被测试者的工作风格、思维观念和心理素质等。常用的方法有 MBIT 职业性格测试、PDP 性格测试等
潜力测评	一般用于相对成熟的企业，通过经验评估被测试者的个人意愿、管理他人的能力和是否具备管理思维等

除了选择合适的工具和方法，业务领导者在评价下属时还应该思考一个问题，那就是下属与当前岗位的匹配度如何。如果匹配度较低，那么业务领导者的评价焦点应该放在如何帮助下属提升能力和岗位匹配度上，或者通过对下属的分析适当调整下属的岗位，从而提升下属与岗位之间的匹配度；如果下属完全可以胜任当前岗位，甚至展现了优秀的工作能力，那么业务领导者的评价焦点应该放在考虑是否把其纳入潜力人才、如何进行培养、提升何种能力等问题上，这些问题需要在盘点会议上讨论清楚。

2. 通过培训让参与人员明确人才盘点的流程

明确如图 5-2 所示的人才盘点流程，可以从宏观的角度帮助参与人员了解具体的盘点步骤、各步骤的意义和各步骤需要完成的事情。

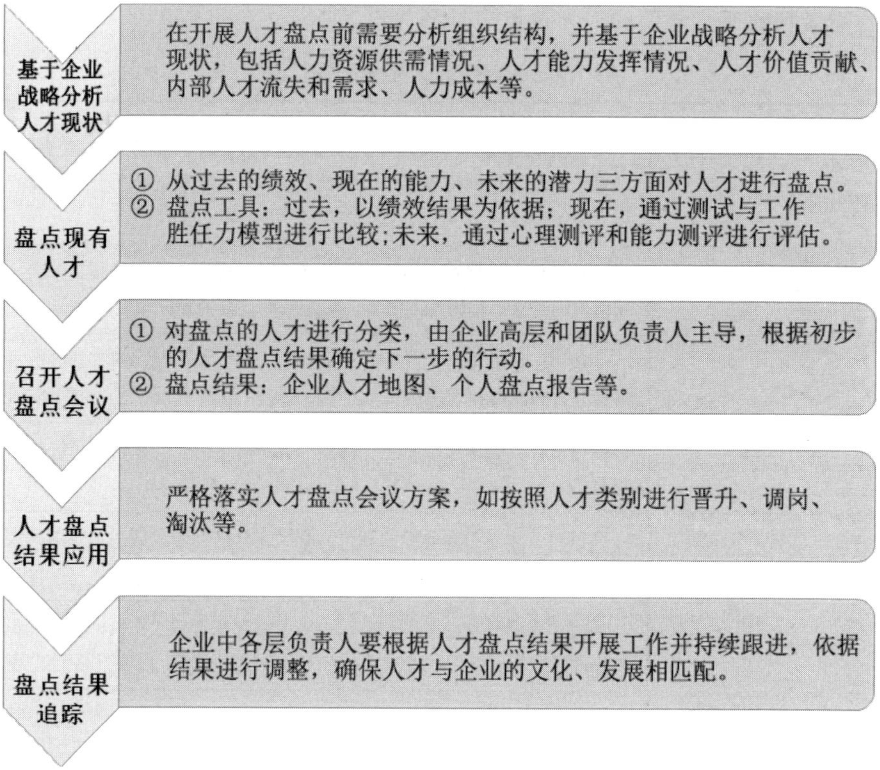

基于企业战略分析人才现状	在开展人才盘点前需要分析组织结构，并基于企业战略分析人才现状，包括人力资源供需情况、人才能力发挥情况、人才价值贡献、内部人才流失和需求、人力成本等。
盘点现有人才	① 从过去的绩效、现在的能力、未来的潜力三方面对人才进行盘点。 ② 盘点工具：过去，以绩效结果为依据；现在，通过测试与工作胜任力模型进行比较；未来，通过心理测评和能力测评进行评估。
召开人才盘点会议	① 对盘点的人才进行分类，由企业高层和团队负责人主导，根据初步的人才盘点结果确定下一步的行动。 ② 盘点结果：企业人才地图、个人盘点报告等。
人才盘点结果应用	严格落实人才盘点会议方案，如按照人才类别进行晋升、调岗、淘汰等。
盘点结果追踪	企业中各层负责人要根据人才盘点结果开展工作并持续跟进，依据结果进行调整，确保人才与企业的文化、发展相匹配。

图 5-2　人才盘点流程

　　人才盘点是在企业战略的基础上展开的，具体流程需要根据人才盘点的岗位特质来确定。在完成个人评估后，参与人员需要生成个人的综合评价表并召开人才盘点会议。

　　在人才盘点会议上，参与人员需要根据个人评估结果对人才进行分类（经常使用"业绩－能力"九宫格），并根据分类结果拟定高潜力人员名单和员工个人发展培养方案等。人才盘点方案的实施路径如图 5-3 所示。

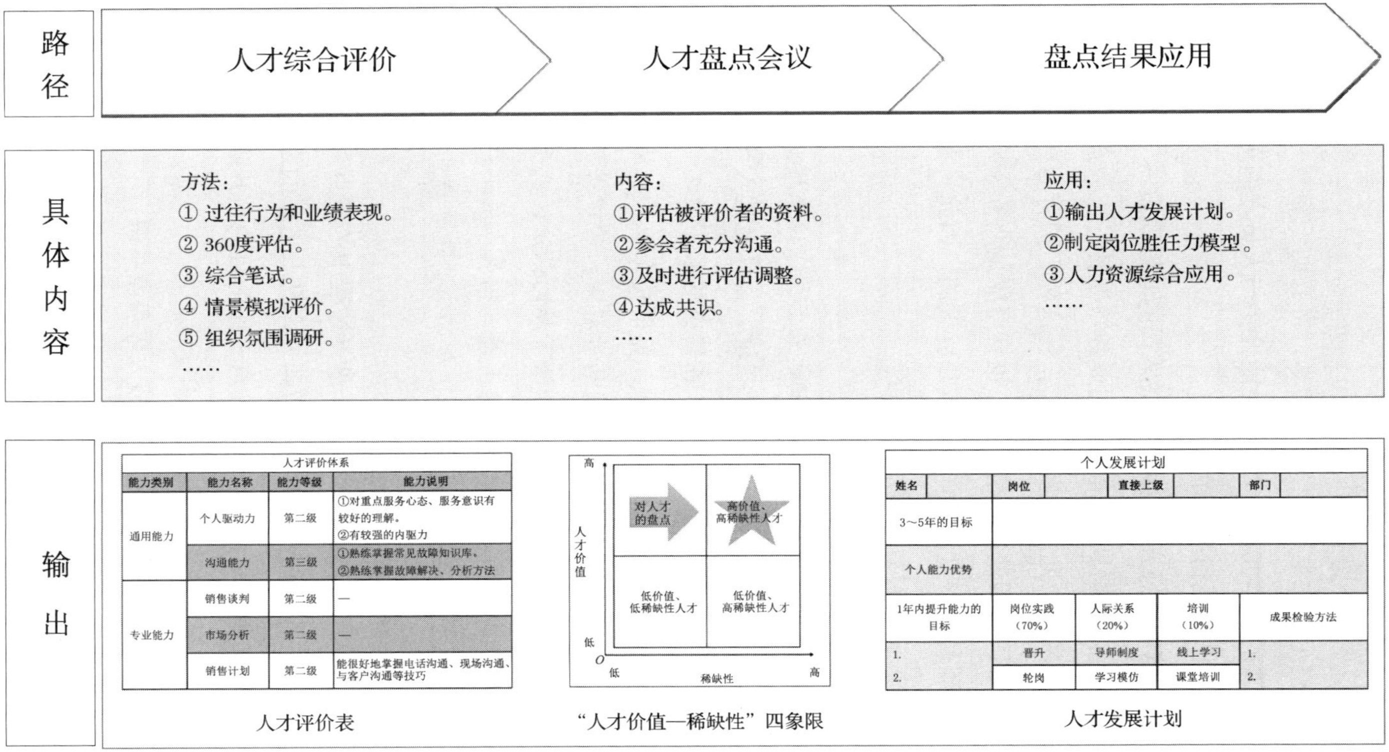

路径	人才综合评价	人才盘点会议	盘点结果应用
具体内容	方法： ① 过往行为和业绩表现。 ② 360度评估。 ③ 综合笔试。 ④ 情景模拟评价。 ⑤ 组织氛围调研。 ……	内容： ① 评估被评价者的资料。 ② 参会者充分沟通。 ③ 及时进行评估调整。 ④ 达成共识。 ……	应用： ① 输出人才发展计划。 ② 制定岗位胜任力模型。 ③ 人力资源综合应用。 ……

输出

人才评价表

能力类别	能力名称	能力等级	能力说明
通用能力	个人驱动力	第二级	①对重点客户无服务之心态，服务意识有较好的理解。②有较强的内驱力。
	沟通能力	第二级	③熟练掌握常见攻南知识库、分析方法
专业能力	销售谈判	第二级	—
	市场分析	第二级	—
	销售计划	第一级	能根据客事据电话沟通、现场沟通，与客户沟通等技巧

"人才价值—稀缺性"四象限

个人发展计划

姓名		岗位		直接上级		部门	
3～5年的目标							
个人能力优势							
1年内提升能力的目标	岗位实践（70%）	人际关系（20%）		培训（10%）		成果检验方法	
1.	晋升	导师制度		线上学习		1.	
2.	轮岗	学习模仿		课堂培训		2.	

人才发展计划

图 5-3　人才盘点方案的实施路径

在完成人才盘点方案后，参与人员要实施拟定的员工培养方案，并对人才盘点结果进行追踪反馈。

如果对整个人才盘点流程了如指掌，将有助于参与人员在实际的人才盘点中兼顾各步骤的整体性和连贯性，也能让参与人员之间更好地协调和配合，确保人才盘点工作的顺利进行和实施。

3. 通过培训做好人才盘点中相关人员的心理建设

在人才盘点中担任盘点者角色的业务领导者，作为盘点对象的直属上级，比较容易出现的一个问题是袒护下属，在这种袒护背后存在多方面的原因，既有可能是日常工作相处的感情使然，也有可能是业务领导者本身的个性使然，这一问题对顺利开展盘点工作的挑战是巨大的。因此，在盘点工作开始前，做好盘点者的心态转变培训是极为重要的。

新华保险在 2017 年调整业务结构之后，为了追求增收提效，获得更好的发展，脱离员工思想固化、流程僵化的困境，选择通过人才盘点为自身减负，期望建立新的人才管理机制，转变原来在国企背景下员工"吃大锅饭"的意识。然而，人才盘点工作的进展并不顺利，原因是企业管理者大多不理解也不能很好地配合人才盘点工作。在盘点评价的过程中，管理者更倾向于对下属有利的评价，不愿意批评下属，更不赞成开除下属的做法，以至于让盘点评价工作一度陷入停滞状态。为了顺利推行盘点工作，相关人员不得不停止评价工作，转而为企业的高层管理者设计相关活动，帮助他们理解盘点工作的推行标准。

在盘点工作开始之前，对于人才盘点过程中的盘点对象，也要通过培训做好他们的认知工作，让盘点对象认识到人才盘点工作的主要目的是帮助员工提升自己，不能让盘点对象认为人才盘点工作的目的是开除员工，导致员工产生消极抵触心理，不能积极配合盘点工作。

4. 通过培训做好沟通工作，达成人才盘点共识

人才盘点工作能否顺利推行取决于各方参与人员是否配合，人才盘点工作的推行效率和效果取决于各方参与人员的配合程度。在人才盘点工作开始之前，企业要做好参与人员的沟通工作，让各方达成如表 5-3 所示的人才盘点共识，规避

后期人才盘点过程中因意见不合而可能造成的问题，防止人才盘点工作走入误区。

表 5-3　人才盘点共识

共识	问题描述	处理原则
避免产生争议	出现大的争议，打断和批评他人	民主原则：少数服从多数 专业原则：专家拥有一票否决权
避免多次核验数据	数据失真	谨慎原则：再次验证
各方积极配合	管理者不配合盘点工作	合作优先原则
盘点有序进行	现场节奏混乱、无序	主持人控场原则

在人才盘点培训中，HR 要把可能会发生的状况向各方参与人员讲清楚，并提前说明处理原则。只有遵循人才盘点中的各项原则，才能有效推进人才盘点项目的流程。

5.1.3　召开人才盘点项目启动会议

"良好的开端是成功的一半"，召开人才盘点项目启动会议可以将人才盘点项目公之于众，参与人员需要在项目启动之前向各部门确认项目要素、阐述项目任务，同时解答大家的疑问，避免在项目过程的中后期产生过多不必要的沟通成本。人才盘点项目启动会议的形式取决于企业规模的大小，如果企业规模较大，那么可以考虑从高层管理者开始分批次召开会议，将会议任务逐渐分解到中层（事业部层级）；如果企业规模较小，那么可以一次性召集所有中层以上的管理者参与会议。

人才盘点项目启动会议一般需要阐述以下几点。

1. 项目背景

项目背景指的是为什么要启动人才盘点项目。对于企业来说，人才盘点项目既可以促进战略落地、实现经营目标，又可以帮助企业发现内部人才、健全人才体系，并将其作为人事决策的依据；对于员工来说，人才盘点项目可以激励员工成长，明确个人发展方向。

2. 项目目标

项目目标指的是希望通过人才盘点项目解决什么问题、达到什么项目期望，既可以是解决企业内部人员冗余的问题，也可以是构建企业潜力人才库的目标，参与人员要向大家描述清楚项目目标，避免项目在中后期被业务人员带偏方向。

3. 项目范围

项目范围包括实施项目的时间、范围和重点方向。人才盘点项目的时间通常不建议安排在年终，因为人才盘点项目难免涉及对员工的"选、育、用、留"，如果选择在年终进行盘点，那么在人才盘点项目启动会议环节可能会遭到员工的抵触，影响项目的参与度。界定人才盘点项目的范围，即明确盘点要从哪里入手。对于企业内的不同层级，盘点的重点是不一样的，一般不建议企业进行全员盘点，这样容易导致盘点流于形式，难以取得成效。

4. 项目成员和组织结构

项目成员和组织结构指的是盘点项目由谁发起、职责如何分工。盘点项目由不同的人发起，会产生不同的价值。如果盘点项目由业务部门负责人发起，那么项目的推进往往会比较顺利，因为当业务部门负责人迫切希望满足自己的需求时，员工对项目的配合度会更高。

马云曾说过："我们的企业越来越大，资产中的桌子、椅子，每天盘点一遍，为什么我们不把人盘点一遍？第一，人也是企业的资产，所以每年要盘点一遍，看一看人到底有没有增值；第二，树挪死人挪活，要把人'挪一挪'，从企业的角度、从发展人才的角度，思考怎么把他们'挪活'。"

在我国企业家中，马云是对人才盘点给予高度重视的企业家之一，马云将人才盘点比喻成"理牌"的过程，人才盘点的目的就是梳理清楚自己手中有多少张"王牌"，做到心里有数。作为处于成熟发展阶段的企业，阿里巴巴会每年启动一次人才盘点项目，其安排如表5-4所示。

表5-4 阿里巴巴人才盘点项目安排

盘点目的	梳理手中的"牌"
启动时间	1月中下旬至2月
持续时长	4 ~ 5个月
时间分配	上一年11—12月准备； 当年1—3月开始正式盘点和校准； 当年4—5月做好盘点结果的应用

阿里巴巴的项目启动会议是如何召开的呢？据阿里巴巴前HR副总裁黄旭描述，阿里巴巴会对人才盘点项目进行分工，分层、分级地安排下去。在人才

盘点项目启动前，黄旭会先向当时任职的 7 个事业部负责人和 HR 负责人逐一介绍人才盘点项目的流程，告诉他们在人才盘点工作中需要做什么、怎么做，在确定各个事业部负责人和 HR 负责人清楚项目流程以后，再将工作逐级安排下去。阿里巴巴人才盘点项目分工如表 5-5 所示。

表 5-5　阿里巴巴人才盘点项目分工

职位	角色	盘点职责
事业部负责人	监督者	人才盘点第一负责人
总部人力资源负责人	制度解释者	人才盘点的专业支持
各事业部中层干部	积极配合者	人才盘点的最大受益人
各事业部人力资源负责人	落实者	人才盘点的实际执行人

5.2　确定盘点对象和内容

盘点对象的选择既受到企业战略目标的影响，又决定着盘点工作的后续安排。因为处于企业不同层级的员工处理的工作内容不同，胜任工作需要具备的能力素质不同，盘点的标准和重点也不尽相同，所以盘点的首要工作是确定盘点对象和内容。

5.2.1　了解盘点对象

企业在选择盘点对象时，通常会将层级作为切入点，按照层级划分对管理者进行评价。根据这一盘点思路，我们可以对管理者的岗位层级、岗位范围和岗位特点等岗位信息（见表 5-6）进行初步了解，为建立多元化的评价标准做好准备。从岗位特点的角度来看，大多数企业会选择将中层管理者作为盘点对象，因为中层管理者的岗位比较特殊，上可作为高层管理者的储备人才，下可领导基层人员开展业务，所以盘点中层管理者的直接收益更明显。

表 5-6　管理者的岗位信息

岗位层级	岗位范围	岗位特点
高层管理者	经营决策层，企业经营决策人员	关注企业发展的全局性、长远性、系统性问题

续表

岗位层级	岗位范围	岗位特点
中层管理者	部门总监、经理、主任等	承上启下、上传下达，既要关注全局性问题，又要关注细节性问题
基层管理者	科长、主管、组长等	关注细节性、短期性问题

除了按照层级划分来评价管理者，企业在选择盘点对象时还要注意另一点，那就是关注企业的核心人才。有些核心人才也许层级不高，但是他们在实现企业战略目标或经营生产等环节起着重要的作用，如对于互联网企业，应该盘点研发团队中的技术性人才。很多大型企业建立了管理和技术两条职业发展通道，在技术类岗位中也会设立不同的层级。

针对技术类岗位，阿里巴巴以技术水平为依据设置了 P 序列职级，不同职级的岗位范围和工作特点存在差异。专业技术和管理属于两个领域，大多数人较难同时成为专业技术和管理领域的双重人才，而专业技术人员的工作也起着不可替代的作用。为了更好地评价专业技术人员的工作能力，提升员工在专业技术领域的努力程度，阿里巴巴基于职位类型，将职位划分为 P 序列和 M 序列，它们的级别如表 5-7 所示。

表 5-7　阿里巴巴 P 序列和 M 序列的级别

P 序列级别	定义	对应的 M 序列级别
P10	研究员	M5 高级总监
P9	资深专家	M4 核心总监
P8	高级专家	M3 高级经理
P7	技术专家	M2 经理
P6	资深工程师	M1 主管
P5	高级工程师	—
P4	初级专员	—
P3	助理	—
P1，P2	通常是空缺的，为低端岗位预留	—

从表 5-7 中可以看出，P 序列从 P6 开始与 M 序列的级别一一对应。P6 级别能够独立解决复杂问题，在工作中有一定的创新能力，并且能够指导和带领新员工；P7 级别不但要具备 P6 级别的能力，而且是专业领域的资深人士，具有一定的业务领导和规划能力，能对企业某方面的专业技术或管理产生影响；P8 及以上级别是一个分水岭，需要具备的经验和机遇是不可多得的，此处不再一一赘述。

了解盘点对象，不但要了解其所在的岗位和岗位特点，而且要了解盘点对象的个性特征和价值观等隐性信息，这样才能全面、多维度地评价人才，获得更科学合理的评价结果。

5.2.2　确定盘点的维度

确定了盘点对象，企业还需要根据评价目的确定评价内容和评价方法。评价内容指的是在盘点工作中希望获取人才哪些方面的信息，主要包括评价维度、评价要素和评价的具体标准；评价方法指的是用于评价的技术、工具和手段等。评价内容和评价方法的选择，会对评价结果的信度和效变产生直接影响。

信度：评价的可靠性、一致性和稳定性。信度高表示利用良好的评价工具进行多次重复测评，评价的结果会保持不变。

效度：评价的有效性和精确性，即某个评价对其需要测评的特质测评的准确程度，准确度越高，效度越高。

在通常情况下，无论某个评价的信度有多高，若效度很低也是没有意义的，即可信的测评未必有效，但是有效的测评必定可信。

确定评价内容，首先需要确定从哪些维度对人才进行评价，即确定评价维度。在实际的操作中，对人才的评价一般可以从三个维度进行，即业绩、能力和潜力，如表 5-8 所示。三个维度分别对应人才过去展现出来的部分、现在展现出来的部分和未来可能会展现的部分。

表 5-8　人才评价维度 [①]

业绩	能力	潜力
①着眼于过去。 ②主要表现为员工个人达成的业绩。 ③有结果不代表有能力或潜力	①着眼于现在。 ②主要表现为有助于达成结果的行为。 ③未来可能会指向结果	①着眼于未来。 ②强调企业和员工双方的需求。 ③未来可能会展现的行为（能力）

在传统的"业绩至上论"中，企业对优秀人才的评价仅限于高业绩。事实上，业绩的高低不只与员工的个人能力相关，受行业大环境和企业整体业务优先级的影响更深。借助人才盘点，管理者可以清楚地通过业绩、能力和潜力这三个维度厘清部门中人才所处的位置。有别于完全根据业绩评价人才的传统方式，人才盘点能够兼顾员工的表现和潜能，更接近于对人才的全面评价，从而有效避免评价偏差。在确定了评价维度之后，企业就可以根据评价目的，结合能力素质模型的标准，分解每个维度中具体的评价要素了。

确定了评价内容，企业还需要选择合适的评价方法。人才评价方法主要是根据评价内容决定的，如对结果方面的评价可以根据业绩等级进行判断，在评价能力方面时常用的评价方法是 360 度评估反馈，而对潜力方面的评价更适合运用各类心理测评工具。

人才评价的方法有很多种，常用的评价方法包括 360 度评估反馈、面谈法、心理测评法和调查法等，不同的评价方法具有不同的适用场景。

5.2.3　分类、分层设计评价方案

人才盘点项目通常涉及企业中多个层级的员工，由于企业中不同层级员工的工作性质不同，因此不同的工作岗位对员工能力和素质的要求也不相同。如果只对某一特定领域内职位要求相同的人才进行评价，那么这些人才可以共用一套评价方案；如果在企业内部进行大范围的盘点，涉及多种职能岗位，那么企业在推进人才评价工作时应有的放矢，对各种职能岗位上的盘点对象分门别类，有针对性地设计评价方案。

在广义上，业绩、能力和潜力这三个维度的评价内容适用于所有员工，是

---

① 北森人才管理研究院 . 人才盘点完全应用手册 [M]. 北京：机械工业出版社，2019.

通用的人才盘点内容，而对于不同的岗位，企业还可以进行针对性的细分。例如，在"业绩"这一维度中，业务类员工只需要注重绩效本身，即工作完成的结果；操作类员工还要注重完成任务过程中的行为标准；而中高层管理者既要有个人绩效结果，又要承担部门绩效考核的结果，HR 在评价过程中需要考虑该管理者所辖团队整体的敬业度表现，这也是管理者的工作任务之一。人才盘点中分类、分层的评价方案如表 5-9 所示。

表 5-9 人才盘点中分类、分层的评价方案

层级	评价内容		评价方法
业务类员工	个人绩效	基于工作计划的完成情况进行工作职责评价	绩效评价表
	团队绩效	—	
操作类员工	个人绩效	基于操作流程或绩效标准的行为进行评价	绩效评价表
	团队绩效	—	
中高层管理者	个人绩效	基于关键指标的落实工作进行评价	述职会议
	团队绩效	所辖团队整体的敬业度表现	敬业度调查

分类、分层设计评价方案，除了有针对性地设计人才评价内容，还要根据不同职位选择合适的人才测评方法。企业在进行人才盘点时，要综合考虑各种因素选择最优方案，分析各种人才测评方法自身存在的优劣势，以及不同岗位的评价内容、评价重要性，选用不同的测评方法，争取用最低的成本达到满意的效果，及时有效地获取人才盘点所需的信息。

普通员工是人才盘点过程中规模最大的群体。对于这个群体，盘点工作不需要过分追求精准度和细致度，只要能大致区分出最优和最劣人才就可以了，应该将工作重点放在高效完成盘点上。在通常情况下，评价普通员工可以采用线上问卷测评的方法，以便进行规模化管理，如 360 度测评或 90 度测评。

中层管理者通常是人才盘点工作中的重要盘点对象。企业希望通过盘点工作得到所有人才的基本画像，以寻找有潜力的优秀人才，因此，对中层管理者的评价工作要更加准确和全面。评价中层管理者既可以采用 360 度测评，也可以根据具体岗位采用性格测评和述职会议等方法。

高层管理者虽然人数较少，但是对企业的影响举足轻重，所以对高层管理

者的评价不需要考虑节省时间和成本，更重要的是确保盘点工作的精确度和全方位评价。评价高层管理者应该综合使用多种测评方法，必要时可以使用在所有测评工具中准确度较高但是比较耗费时间的评价中心技术。

在完成了分类、分层评价方案的设计并根据不同职位选择了合适的人才测评方法后，企业需要拟定人才盘点内容模板，如表 5-10 所示。

表 5-10　人才盘点内容模板

基本信息				能力素质		
姓名				维度	具体指标	指标解读
所在部门	①照片			商业（业务）推理能力	复杂信息理解	了解市场需求并在服务过程中动态适应
所在组					批判性评估	④接受他人的建设性意见和建议，也能接收团队的建设性意见和建议
职级					概念性推理	
职位		年龄			策略性推理	
性别		司龄			社交自信	外部社交和企业内部（部门内、跨部门）社交
上季度绩效	②			管理个性	同理心	感知力、敏感度
三年内主要的工作成就					权利动机	责任心的强弱、是否愿意承担责任
					影响力	分享、认同感
个人潜力和优势	③				透明度	信息的有效传达
				管理技能	有效沟通	沟通的方式是否积极主动
					自我认知	管理者的自我定位
					组织计划	⑤
					协调平衡	认可目标，达成共识，求同存异
待提升点					利他	正面影响力
					高效执行	
					复盘	善于总结
过去的工作经验				个人职业地图		
起止时间	岗位名称	所在部门和岗位职责⑥				

注："1"为基本信息，"2"为业绩成就，"3"为职业机会，"4"为能力素质，"5"为管理风格，"6"为工作履历。

如何进行人才盘点？人才盘点内容模板为我们提供了一个很好的思路，那就是从结果倒推过程。该模板分为六个区域，分别代表员工的基本信息、业绩成就、职业机会、能力素质、管理风格、工作履历，既能将员工的信息全方位地呈现出来，又能让业务领导者通过直观的形式对盘点内容了然于心。

5.3 盘点业绩和能力

业绩是员工过去凭借经验、能力、知识在工作岗位上创造出来的工作成果，是衡量员工能否胜任工作的重要指标；能力是员工胜任某项工作应该具备的素质特征，涉及许多无法用业绩衡量出来的隐性因素，如个性、价值观等，是影响员工持续性业绩的重要指标。企业应选用合适的评价方法，从业绩和能力两个维度对员工的现状进行分析。

5.3.1 业绩评价

企业通过战略解码获得了实施战略的关键成功因素，先将其细化为各部门的战略 KPI，再将各部门的战略 KPI 分解到员工个人，形成了个人绩效考核标准。业绩评价是评价人才的三个维度中比较容易的一项，因为有直观的数据可以考察。在对一般员工进行业绩评价时，企业通常会基于客观的工作计划完成情况，采用员工自我评价与上级评价相结合的方式。

业绩评价可以从工作任务价值（个人关键考核指标）、工作完成质量和工作完成效率三个维度来进行。工作任务价值可衡量员工工作内容的重要程度，员工的工作内容对整个部门完成战略指标的影响越大，员工承担的责任就越大，工作任务价值也越大；工作完成质量可衡量员工工作成果的达标程度，输出成果与标准要求的契合度越高，工作完成质量越高；工作完成效率可衡量员工能否按时完成工作计划，是否存在拖延情况。企业可以根据三个维度各自内容的重要性分配权重分值，设计如表 5-11 所示的业绩评价表，对员工三个维度的工作结果得分进行加权计算，得出总分，获得该员工的业绩评价。

表 5-11　业绩评价表

部门			被评价者			岗位	
评价者			评价时间			最终得分	
编号	个人关键考核指标（40%）	计划完成时间	实际完成时间	评分标准	权重分值（分）	自评	上级评分
1					5		

续表

编号	个人关键考核指标（40%）	计划完成时间	实际完成时间	评分标准	权重分值（分）	自评	上级评分
2					10		
……					……		
合计					100		

编号	工作完成质量（30%）	评分标准			权重分值（分）	自评	上级评分
1					5		
2					5		
……					……		
合计					100		

编号	工作完成效率（30%）	评分标准			权重分值（分）	自评	上级评分
1					10		
2					5		
……					……		
合计					100		
工作业绩评语							

评分方法：
满分为5分的项目，优秀为5分，良好为4分，一般为3分，较差为1分，差为0分；
满分为10分的项目，优秀为10分，良好为8分，一般为6分，较差为2分，差为0分

业绩评价需要遵循以下原则：一、评价结果要量化，实行业绩评分制可以让评价结果更直观、可靠；二、评价过程要多维度，在评价过程中，直接上级是主导，间接上级拥有审核权和监督权；三、评价结果要实用，上级的工作业绩评语要详尽实用，可以作为员工提升自己、选择发展方向的参考。

5.3.2 360 度能力评估

1993 年，美国学者莱尔·M. 斯潘塞和塞尼·M. 斯潘塞博士从特征的角度提出了素质冰山模型，如图 5-4 所示。

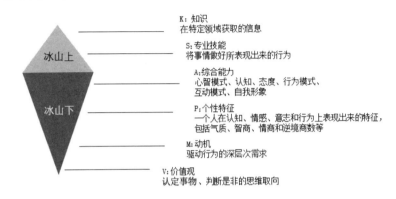

图 5-4 素质冰山模型

素质冰山模型将个人素质分为"冰山上"和"冰山下"两类，该模型的提出者认为"冰山上"的素质比较容易进行测量和培养，"冰山下"的隐性素质才是真正区分绩效优异员工和普通员工的关键因素。"冰山下"的个性特征、价值观等难以通过后天培养的个人素质，是员工在岗位和工作贡献方面能否取得长期成功的关键，也就是在实际工作中常说的"员工能力"。

1. 素质模型选择

不同岗位的员工需要具备的素质不同，以此为依据构建出来的素质模型也不同，根据盘点对象选择合适的素质模型作为评价内容是进行员工能力评估的第一步。在通常情况下，企业可以选择三类素质模型。第一类是通用素质模型，即所有员工共用一类素质模型，第 4 章提到的华为"五项个性特质"和阿里巴巴"新六脉神剑"就属于此类通用素质模型；第二类是针对员工所处的层级，按照基层员工、中层员工、高层员工的分类使用各自层级的通用素质模型；第三类是关键素质模型，即针对关键岗位的特定素质模型。不同素质模型的优劣势如表 5-12 所示。

不同的素质模型类型代表着不同的能力评价内容，企业需要从实际出发，考虑自身的情况，灵活选择最优模型。从未构建过素质模型的企业最好优先选择成本低、覆盖范围广的层级素质模型。

表 5-12　不同素质模型的优劣势

素质模型	优势	劣势
构建全员通用素质模型	全面，基本上覆盖了所有岗位所需的素质；范围广，全体员工通用；应用广泛，方便管理	成本高，需要投入大量的费用和时间来构建模型
针对层级构建素质模型	范围广，覆盖全体员工；操作简单，容易上手；成本低	类别划分粗糙，对同一层级内不同岗位所需素质的覆盖率低
针对关键岗位构建特定素质模型	精确，能够覆盖目标岗位 90% 的素质要求；针对性强，效果快速显现；成本低	范围小，只对目标岗位起作用

2. 评估方法选择

在评价员工的胜任能力时，企业可以采用"关键行为描述 +360 度评价"的评估方法。360 度评价，顾名思义，就是在评价过程中由被评价者本人、上级、同事、下级甚至客户等，从各方面、多角度对被评价者进行 360 度全方位评价的评估方法。评价内容就是关键行为描述，对能力的评价一般不建议采用主观的模糊评价，如企业希望评价员工是否善于与他人建立良好的关系，可以将该能力转化为关键行为描述"该员工是否经常对他人努力工作、追求更好工作成果的行为进行赞美""该员工能否欣赏他人的想法并给予回应"等。企业在评估员工的能力时，可以根据员工所处的岗位进行针对性设计，将某种能力分解为具体的评价指标，如表 5-13 所示。

表 5-13　将某种能力分解为具体的评价指标[①]

评价指标	关键行为描述	评分（分）
系统化思考	全面考虑问题的关键因素，避免以偏概全	1　2　3　4　5
	明确局部与整体的关系，通盘考虑问题	1　2　3　4　5
	结合当下和未来，以长远和发展的眼光考虑问题	1　2　3　4　5
	运用思维框架快速梳理脉络，形成分析思路	1　2　3　4　5
	从实践中提炼出一套方法，用于处理同类问题	1　2　3　4　5
评分方法： 　基于被评价者展示相应关键行为的频率，一贯为 5 分，经常为 4 分，偶尔为 3 分，不经常为 2 分，完全没有为 1 分		

[①] 北森人才管理研究院 . 人才盘点完全应用手册 [M]. 北京：机械工业出版社，2019.

360 度评价的主要形式有邮件评价、内部信息系统评价和现场评价等，企业应确保评价匿名进行，这样能够有效提高评价的可信度。

3. 人才盘点会议的现场讨论

人才盘点会议的参与者包括盘点对象的直接上级、间接上级、斜线上级，以及 HR 人员和记录者，如图 5-5 所示。

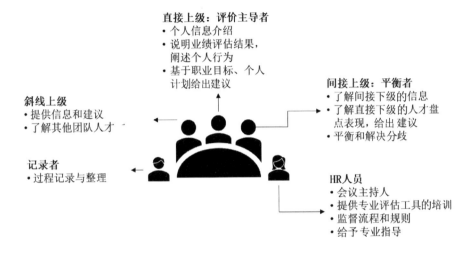

图 5-5　人才盘点会议的参与者

在人才盘点会议中，参与者由于角色不同，其发言的内容和阐述的侧重点也会有所不同。人才盘点对象的直接上级是会议的评价主导者，不但要对盘点对象的个人信息、业绩评估结果和个人潜力等进行说明，而且要给予盘点对象岗位任用建议和能力提升建议；间接上级是会议的平衡者，主要是通过人才盘点会议了解间接下级的信息和直接下级的人才盘点表现，平衡因不同的评价尺度造成的分歧，同时，间接上级在会议中还是赋能者，帮助直接下级厘清管理思路，提升其人才管理能力。

为了尽量客观、全面地评价盘点对象，讨论要围绕一定的主题展开，并制定统一的评价标准。当参与者在聆听过程中产生不同意见时，应该通过合适的方法恰当而及时地提出，通过多方交流、反复讨论最终达成一致的意见。人才盘点会议的现场讨论案例、步骤和要点如表 5-14 所示。

表 5-14　人才盘点会议的现场讨论案例、步骤和要点

现场讨论案例	步骤和要点
盘点对象资料： 邵 ××，负责企业的销售业务，于 2017 年 6 月加入企业，此前在 ×× 企业担任销售经理。三年来，他的工作表现…… 2019 年，邵 ×× 的业绩非常突出，连续三个月获得地区销售冠军，并且能与其他部门的同事协作，合作能力很强；他没有带徒弟的经验，其短板是不能将自己的经验方法进行沉淀和分享。 我对他的职业发展期望是希望他可以担任 ×× 岗位，就他目前的状态，在 ×× 方面已经做得很好了，但是 ×× 方面还需要加强。对于欠缺的能力，他可以通过在线学习、参与领导力培训等途径来提升	**步骤一：盘点对象资料呈现** ①个人信息。 ②业绩评估结果。 ③关键经历。 ④能力素质评价结果。 ⑤职业发展方向
提问： ①你能具体介绍一下他在业绩非常突出的三个月付出了哪些努力吗？ ②关于他的合作能力有没有具体事例？ ③你举的例子很好，不过市场部举了一个反面的例子，分数是不是需要调整一下？ **陈述：** 我给邵 ×× 的领导力评 3 分，这体现在他今年负责的销售项目中。作为整个团队的领导，在时间非常紧张、与目标差距较大的情况下，邵 ×× 非常努力，对自己的客户很用心，但是没有及时地稳定、鼓励团队成员。最终他获得了地区销售冠军，团队成员对他很敬佩，但是整个团队的业绩一般，所以我认为在这方面他还需要进一步加强和历练	**步骤二：充分讨论** ①提问： 个人信息是否清晰？个人能力与岗位是否匹配？个人评价是否与能力成正比？ ②回答陈述： 本人观点＋回答"谁在什么情况下做了什么事情，最后结果怎么样"
最终评定： 综合分析邵 ×× 各方面的能力，他在业绩和个人能力方面没有问题，但是团队精神和领导力不足，综合评分为 4.2 分，最终评定为"核心人才"，还需要进行领导力等方面的培训	**步骤三：输出"业绩－能力"九宫格**

5.3.3　输出"业绩－能力"九宫格

经过业绩评价和能力评估以后，企业已经获得了大量可用的数据，接下来可以通过分析工具对获得的数据进行梳理分类和结构化分析，科学合理地看待人才。如图 5-6 所示的"业绩－能力"九宫格是人才盘点中使用频率较高的分析工具，通过"业绩"和"能力"两个维度综合评价企业内部的员工。

如图 5-6 所示，对应九宫格中的序号，我们可以把员工分为以下六类。

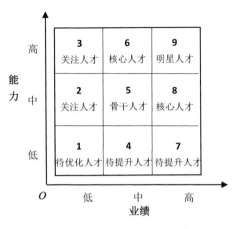

图 5-6　"业绩－能力"九宫格

① 明星人才：对应序号 9，业绩好且能力高的人。这类员工是企业的明星员工，能够创造超过岗位要求的价值贡献，引领企业发展。企业要随时关注他们的需求和动向，可以给予他们更高的职位。

② 核心人才：对应序号 6、8，胜任当前工作且可能创造更大价值的人。这类员工是企业的核心员工，企业可以进行针对性的培养，发挥优势作用、解决短板问题，向明星员工阵营输送潜力人才。

③ 骨干人才：对应序号 5，胜任当前工作且稳定贡献价值的人。这类员工是企业的中坚力量，通常在企业中的比例较高，是"沉默的大多数"。

④ 关注人才：对应序号 2、3，具备一定能力但是业绩不佳的人。这类员工的存在容易影响整体的业绩，形成懒散的氛围。

⑤ 待提升人才：对应序号 4、7，业绩表现尚可但是能力不足的人。这类员工是企业中的"氛围破坏者"，他们或者不认同企业文化，或者人际关系恶劣，总之容易破坏企业的稳定性。

⑥ 待优化人才：对应序号 1，能力和业绩都比较差的人。

在使用"业绩－能力"九宫格盘点人才时，企业可以灵活地根据自身实际情况做出调整。例如，阿里巴巴的人才盘点通过如图 5-7 所示的"价值观－业绩"九宫格，将员工分为五类，把每个类型的员工分别比喻为"明星""牛""野狗""狗""兔子"。

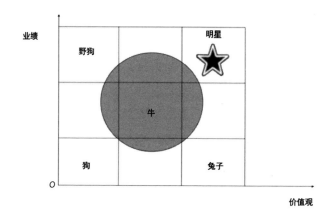

图 5-7   阿里巴巴的"价值观－业绩"九宫格

早期，阿里巴巴对人才盘点高度重视，提出了消灭"狗"和"野狗"、清除"兔子"的人才策略，以此激活企业内部的活力。

> **● 阿里巴巴的人才分类**
>
> 明星：个人能力强且对企业目标和价值观认同度较高的员工。对于明星员工，阿里巴巴在工作上提供支持、在精神上予以表彰，给予优厚的待遇，让他们成为企业内部的标杆。
>
> 牛：团队中最普遍的存在。他们最大的特点是"随风倒"，当团队中明星员工成为主导势力时，他们会向明星学习；反之，当团队中的"野狗"占上风时，他们会将"野狗"作为工作的榜样。
>
> 野狗：个人能力强，但是对企业目标和价值观认同度较低的员工。
>
> 狗：业绩不佳且价值观认同度较低的员工。
>
> 兔子：个人能力弱、业绩长期不佳，但是对企业目标和价值观认同度较高、工作态度较好的员工。

对于"野狗"型员工，阿里巴巴认为，如果不能让他们迅速提高对企业价值观的认同度，成为"明星"，那么他们会在企业内部产生极大的负面作用。在业绩数据的掩盖下，他们会给团队带来负能量，导致团队整体的价值观被削弱。因此，对于"野狗"型员工，企业要采取"零容忍"的态度，对其从严、从重、从快地公开处理。

"兔子"型员工人缘好，讨大家喜欢，但是长期业绩不佳，而且"兔子"的繁殖速度很快，喜欢找同类，生出大量"小白兔"，形成"兔子窝"，这对企业的发展是非常不利的，会让企业内部产生越来越多霸占岗位、资源和机会但是创造不出业绩的人。因此，对于"兔子"型员工，如果他们无法找到方法，迅速提升业绩，那么企业要把他们清除出去。

5.4　实施潜力评估

　　潜力指的是企业员工潜在的、还没有被开发或发挥出来的才能。通过业绩评价和能力评估的测试，企业可以了解员工在当前岗位上的业绩和能力，而潜力评估可以帮助企业识别员工未来发展的可能性大小，为企业的后续发展提供合适的领导者。

5.4.1　确定潜力评估的内容

　　潜力代表着人才的未来。不同企业关于潜力的定义因企业类型和盘点要求、目的的不同而不同，所以评估人才潜力的内容也各不相同。企业对潜力的定义包含学习能力、个人意愿和未来胜任力等多个方面，可以概括为："人才所具备的承担更复杂、更高层级工作的意愿和能力。"

　　《哈佛商业评论》对潜力的定义：高潜力员工会持续表现出高绩效水平，并且有能力和意愿承担更多责任，他们乐于并期望学习新技能和知识，以应对新环境的变化和挑战。

　　合益集团对潜力组成部分的定义：潜力＝员工当前能力与未来岗位职责要求的匹配度×潜在的成长因素÷阻碍因素。

　　DDI(美国智睿咨询有限公司)对潜力的定义：高潜力人才，有时也称为"顶端人才"或"人才加速池成员"，是快速发展能力强且最有可能胜任更高层级领导角色的人才。

　　在潜力评估的内容方面，大部分企业陷入了一个误区，即更重视高绩效员工。北森人才管理研究院（以下简称"北森"）发布的《2018—2019 中国企业人才管理成熟度调查报告》中的数据显示，企业对人才的清晰定位和评估标准在减少，人才管理的落地难度在加大。由另一家著名领导力咨询机构 CEB 发布的《准确定义高潜力人才 HR 实践指导》报告中指出："事实上，在高绩效员工中只有 1/7 是真正的高潜力员工。"高潜力员工很有可能在未来拥有高绩效，从这个角度来看，对高潜力员工的选拔评估尤为重要。受 VUCA 时代背景的影响，在评估高潜力员工时备受认可的一项指标是学习敏锐度，这项指标考核的是员工在面对未知的情况时会做什么。例如，华为对员工潜力的评估包括四个维度，即变革敏锐力、结果敏锐力、人际敏锐力、思维敏锐力。

在潜力评估中，企业可根据自身需要进行多维度的内容测评，这样可以对员工未来的绩效进行比较可信的预测。例如，北森针对高潜力人才，采用从"践行抱负、敏锐学习、人际通达、跨界思考"四大维度和 20 个子维度进行评估的 A-FAST 模型，如表 5-15 所示。

表 5-15　北森针对高潜力人才评估采用的 A-FAST 模型

四大维度	子维度
践行抱负	寻求挑战，追求曝光，主动承担，扮演领导角色，持续高产出
敏锐学习	好奇，有策略地学习，主动寻求反馈，从错误中学习，学以致用
人际通达	令人信赖，人际敏锐，施展影响力，建立人际网络，激发他人
跨界思考	多角度，前瞻，关联，洞察，策略性

5.4.2　选择合适的方法和工具

企业实施潜力评估通常会采用心理测评和评价中心两种评估方法。心理测评涉及各类心理测评工具，评价中心需要通过线上或线下开发有针对性的场景和题目来分析潜力，这两种方法的评估要求都比较高。评价者应由企业内外部的专家担任，对 HR 团队的专业性要求较高。两种潜力评估方法的优劣势如表 5-16 所示。

表 5-16　两种潜力评估方法的优劣势

评估方法	优势	劣势	适用范围
心理测评	成本低，效率高，不存在人为干扰因素	受环境影响，员工自我报告体验单一，数据缺乏实践证明	适用于大部分员工
评价中心	全面，精准	成本高，时间长，容易流程化	适用于少数高管

　　心理测评是一种有着上百年历史的、基于心理学的测评方法，根据测评内容可以分为性格测评、认知能力测评、管理技能测评和管理潜质测评等类型。心理测评作为一种相对客观的、标准化的、不太受人为因素干扰的评估工具，可以考察深藏在"冰山下"的隐性素质，由于使用便利、适用范围广，常常受到开展人才盘点项目企业的青睐。心理测评的具体操作方法是被评价者通过回答特定的问题生成自我报告结果，专业评价者根据预设的算法、逻辑，与常规模型对比，将被评价者安排到合适的位置上。企业的 HR 在设计心理测评模型时，要基于测评目的有针对性地设计合适的模型并选择问题内容。

　　评价中心是一种包含多种测评方法和技术，检验被评价者多维度素质的综合性、系统性工具，其主要测评方法如图 5-8 所示。评价中心最大的优势有两个：一是全面性强，方法多样且有针对性；二是精准度高，高相似度的情景模拟让其具有较高的效度和可靠性。评价中心对预测员工未来在目标岗位上的工作表现有较大的作用，是所有测评方法中效果最好的一种，沃尔玛、IBM 等多家著名企业都曾采用该方法测评核心员工。评价中心的测评方法包括问卷法、公文筐处理等多种方法，可以对被评价者的性格、能力、价值观和工作行为等方面进行综合考察，并根据各方面的预设权重得到被评价者的最终评分。评价中心全面、精准的优势，往往意味着其操作起来需要花费较高的成本和大量的时间，因此企业在人才盘点时要慎重选择岗位，建议只对高级管理层使用。

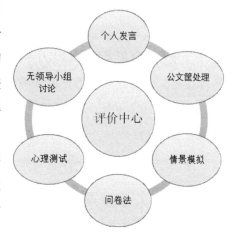

图 5-8　评价中心的主要测评方法

5.4.3 输出"绩效–潜力"九宫格

"绩效–潜力"九宫格着眼于未来，其盘点目标是为企业发现高潜力人才，了解未来的人才供应情况，适用于整体发展较稳定、内部业绩和员工能力水平较优秀的企业。"绩效–潜力"九宫格由"绩效"和"潜力"两个维度组成，如图 5-9 所示。

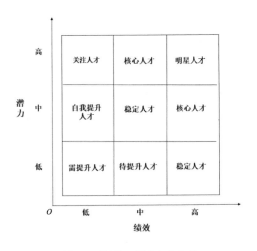

图 5-9 "绩效–潜力"九宫格

在"绩效–潜力"九宫格中，人才被分为四个梯队：第一梯队是高绩效、高潜力的明星人才，他们是企业的重点培养对象，资源和政策可以向此类人才倾斜；第二梯队是高绩效、中潜力和高潜力、中绩效的核心人才，他们是第一梯队的储备人才，企业可以进一步培养；第三梯队是高绩效、低潜力和中绩效、中潜力的稳定人才，以及中绩效、低潜力的待提升人才，中潜力、低绩效的自我提升人才，高潜力、低绩效的关注人才，直接上级可以进行适当辅导；第四梯队是绩效和潜力都比较低的员工，企业可以考虑适时淘汰。在运用"绩效–潜力"九宫格时，企业可以基于价值观对九宫格进行针对性调整。

5.5 召开人才盘点会议

人才盘点会议是人才盘点项目中不可缺少的关键环节，GE 每年的人才盘点会议是前 CEO 杰克·韦尔奇必须参加的，人才盘点会议是阿里巴巴每年最重要的三个会议之一，可见人才盘点会议的重要性。召开人才盘点会议指的是企业决策者通过对前期人才测评结果的数据进行科学、客观、量化的分析，围绕人才与岗位的匹配性展开深入讨论，同时为后期制定人才管理制度打下基础。人才盘点会议在整个人才盘点工作中起着承上启下的作用。

5.5.1 人才盘点会议的前期准备

人才盘点会议的目的是公开评估人才，力求达成共识并形成统一的人才标准，从上至下地完成组织内化，从而提升人才管理的水平。在整个会议过程中需要多方角色人员的参与配合，涉及的人员范围比较广，需要形成的讨论结果也比较多，因此需要投入大量的人员和时间。人才盘点会议的角色分工如表 5-17 所示。

表 5-17 人才盘点会议的角色分工

职位	角色	角色分工
间接上级	列席者和平衡者	了解间接下级的关键信息；了解直接下级的人才盘点表现；对有疑义的部分进行修正；平衡和解决分歧
直接上级	评价主导者	全面介绍下属；说明评估结果，提供行为事例；给出并优化发展建议
斜线上级	参与者	提供信息；了解其他团队的人才
HR 人员	主持者	引导讨论；监督流程和规则；给予专业指导或介绍第三方观点
	记录者	记录过程，整理资料

为了保证会议的高效、有序，减少会议过程中不必要的消耗，企业应在召开会议前做好周全的会议准备，尽可能在较短的时间内完成多场讨论。人才盘点会议的前期准备如图 5-10 所示。

参会者培训	被评价者的资料	和参与人员充分沟通	准备盘点工具
①形成统一的认知和标准。 ②认识到自己的角色分工和责任。 ③熟悉会议流程和注意事项。	①基本信息。 ②知识技能。 ③业绩成就。 ④关键经历。 ⑤能力素质评价结果。 ⑥个人发展潜力。	①协调时间安排。 ②确认会议流程设计和工作安排。 ③输出人才盘点会议计划表。	①人才盘点九宫格。 ②人才地图。 ③个人发展计划表。

图 5-10 人才盘点会议的前期准备

1. 参会者培训

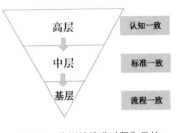

图 5-11　培训的推进过程和目的

在召开人才盘点会议之前，企业要对参与会议的评价者做好培训，培训的推进过程和目的如图 5-11 所示。通过培训，参会者要了解人才盘点会议的目的，认识到自己在会议中的角色分工和相应的角色责任，明确如何输出更有效的人才盘点评价内容，熟悉人才盘点的会议流程，清楚人才盘点的注意事项等。

培训应该按照职级从上至下进行，因为只有高层管理者明确了人才盘点的标准，形成了正确的识人、用人意识，人才盘点才能顺利地开展和推进，完成从上至下的能力内化，提升组织的整体意识，有效推动企业内部的宣传和贯彻执行。此外，培训还有利于参会者统一认知和标准，提高人才盘点会议的效率。

2. 被评价者的资料

被评价者的资料应该真实、有效、完整，有关人员可以制作"人才画像"，方便评价者查阅。人才画像如表 5-18 所示。

表 5-18　人才画像

基本信息				能力素质			
姓名		照片		维度	具体指标	指标解读	评价
所在部门				业务能力	客户导向	了解客户需求并在服务过程中动态适应	
职级					批判性评估	既能接受他人的建设性意见和建议，也能接受团队的建设性意见和建议	
职位					概念性推理		
直接上级		年龄			策略性推理		
性别		司龄		管理技能	有效沟通	沟通的方式是否积极主动	
上季度绩效					自我认知	管理者的自我定位	
三年内的主要成绩					组织计划		
					协调平衡	认可目标，达成共识，求同存异	
离职预估					利他	正面影响力	
个人特征					高效执行		
				个人经历			
优势				起止时间	岗位名称	所在部门和职责	经验累积
潜力							
待提升点				个人职业地图			

人才盘点会议需要在短时间内完成关于员工的绩效、潜力、优劣势评价、岗位发展建议和离职风险等众多内容的讨论，时间紧，任务重，材料准备得越充分，越能提升会议的效率。

3．和参与人员充分沟通

由于人才盘点会议涉及人员范围较广、参与人数较多，为了保证会议议程的有效推进，应和参与人员充分沟通，确认会议流程设计和工作安排、制订详细的人才盘点会议计划表。

此外，还要协调好各方参与人员的时间，保证会议的顺利召开，会议时间安排的参考原则是时间长度以岗位重要程度为判断依据，时间安排以上级时间为先。

4．准备盘点工具

人才盘点会议的讨论结果和校准信息需要在会议后尽快整理完毕，为了让盘点思路更清晰并保证信息的准确性、及时性，需要在人才盘点会议前准备好相关的报告和表格，以供参与人员填写。

5.5.2　充分讨论、校准"绩效－潜力"九宫格

人才盘点会议是一种结构化的会议，具有明确的流程设计，围绕确定的讨论内容和结构展开讨论、创造价值。

"绩效－潜力"九宫格是人才盘点会议中常用的评价工具，参与人员在认真分析人才特点后，需要综合考虑员工的绩效和潜力，从这两个维度出发把员工放到不同的方格内进行分类，对不同方格内的员工采取不同的评价方式。在使用"绩效－潜力"九宫格时，由于评价者的主观因素，很容易出现三种问题，如图 5-12 所示。

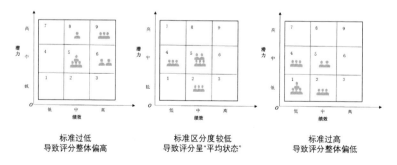

图 5-12　在使用"绩效－潜力"九宫格时很容易出现的三种问题

针对上述问题，在人才盘点会议中，评价者需要基于业务和岗位的要求，针对每一位被评价者进行充分讨论，校准、优化"绩效－潜力"九宫格。在一般情况下，这个过程包含以下几个部分。

①解读被评价者的测评报告，综合分析人才。人才盘点前期的评价工作，包括360度能力评估和心理测评等输出的测评报告，是人才盘点会议的主要信息来源，人才盘点会议的引导者首先要带领所有参与人员对测评报告进行解读，全面了解被评价者的大致情况，总结人才的关键行为描述和优劣势。

②素质模型分数校准。在对人才进行综合分析后，参与人员对被评价者有了整体印象，此时人才盘点会议的引导者可以带领其他参与者进行素质模型分数校准，进一步明确被评价者的信息。常见流程是"引导者提出某个关键行为描述—被评价者的直接上级根据得分校准原则重新审视、校准分数并提供关键行为的具体示例以提高可信度—其他参与人员（间接上级、斜线上级等）补充意见—集体讨论、校准被评价者的素质模型分数"。素质模型得分的校准原则如表5-19所示。

表 5-19　素质模型得分的校准原则 [①]

校准原则	具体内容
行为示例原则	基于被评价者的实际行为表现，参考素质行为描述评分，不因推测被评价者"应该能够做到"而给分，若评分为 0 ~ 1 分或 6 ~ 7 分，则必须给出具体示例
通关原则	例如，2 ~ 3 分的标准全部达到后考虑 4 ~ 5 分的标准
就低不就高原则	例如，2 ~ 3 分的标准没有全部达到，仅达到其中一部分，该项标准评 2 分
客观公正原则	根据事实情况评价，实事求是，杜绝个人偏见
近期原则	根据被评价者的实际表现、近期表现（1 年内）进行评价
整体原则	根据被评价者的整体表现进行评价，避免以偏概全
真诚、开放、充分讨论原则	在可靠的保密制度和职业操守的要求下，讨论必须是真诚和开放的，参与人员应充分讨论，直至达成一致意见
全局观原则	跳出所辖业务或职能的范畴，从全局的角度对人才进行评价

③"绩效－潜力"九宫格最终校准。参与人员在完成素质模型分数校准后，需要将被评价者校准后的分数重新划分为高、中、低三个等级，获得分数校准后的"绩效－潜力"九宫格，并且对被评价者所在的位置进行复核，如分数校

---

① 李祖滨、汤鹏、李锐 . 人才盘点：盘出人效和利润 [M]. 北京：机械工业出版社，2020.

准后被评价者位于九宫格中的"明星人才"方格，引导者可引导所有评价者再次讨论被评价者是否符合明星人才的标准，得出最终讨论结果。

5.5.3　输出人才盘点的结果

根据人才盘点会议的讨论内容，企业一般可以输出两个层面的人才盘点结果，一个是基于员工个人层面的个人盘点报告，另一个是基于企业组织层面的人才地图。

1. 输出个人盘点报告

在人才盘点会议中，参与人员重点讨论了员工的个人测评报告并达成了共识，总结了员工的个人关键行为和优劣势，基于这些信息，可以为每一个盘点对象输出如表 5-20 所示的个人盘点报告。

表 5-20　个人盘点报告

个人盘点报告					
一、基本信息					
姓名		年龄		最高学历	
入职时间		层级		最近一次晋升时间	
当前岗位		当前岗位任职时间		下一理想岗位	
二、重要职位经历					
入职前					
时间		公司		部门 / 职位	
时间		公司		部门 / 职位	
时间		公司		部门 / 职位	
入职后					
时间		公司		部门 / 职位	
时间		公司		部门 / 职位	

入职后					
时间		公司		部门 / 职位	
未来发展方向					

三、业绩、能力、潜力评估

时间	绩效分数（分）	状态
2019 年度		1 进步　2 原地踏步　3 退步
2020 年度		1 进步　2 原地踏步　3 退步
2021 年度		1 进步　2 原地踏步　3 退步
强项		待发展项
1.		1.
2.		2.
3.		3.
工作成就总体评价		
晋升潜力	A.　半年内有能力晋升 B.　一年内有能力晋升 C.　两年内有能力晋升 D.　在原层级发展 E.　需要终止合同，休长假 F.　新入职或调岗，暂不评估	

四、未来 6 ～ 12 月的培养计划

发展方向	行动计划	责任人
增加决策权		
领导力发展计划		

续表

发展方向	行动计划	责任人
团队管理技能培训		
专业技能培训		
通用技能培训		
同级辅导		
教练或导师		
在新的职能领域工作		
其他		

　　个人盘点报告可以采用图表的形式，如雷达图、折线图等，这样会更加直观有效；个人盘点报告需要涵盖员工的基础背景，如员工的过往业绩、个性能力等，更具体一点，还可以包括对员工进行评估的内容，如员工的能力素质评分、优劣势和发展建议等。

　　通过个人盘点报告，企业既可以直观地掌握每一个盘点对象的具体情况，促进人才培养计划实施，又可以形成可留存的人才档案，这对企业后续的员工管理和人才使用是非常有帮助的。

　　2. 输出人才地图

　　人才地图是基于整个组织架构输出的人才盘点结果。

　　人才地图可以帮助企业确定员工任职水平、识别人岗差距、发掘员工潜能等，为人力资源配置提供重要的参考依据；企业结合自身需求、岗位特点和人才地图，可以打造高精准度的关键岗位人才梯队，形成关键岗位人才储备库和继任计划。人才地图如表 5-21 所示。

　　由于企业的目标不同，人才地图的形式也分为很多种，常见的人才地图包括人才九宫格、继任型人才地图和整合型人才地图等。其中，人才九宫格是人才地图中最重要、最常用的形式，可以帮助企业根据人才盘点会议的评价结果对盘点对象进行分类，从企业整体的角度进行人才管理。

在人才盘点会议上，评价者基于岗位特点对盘点对象进行讨论和评价，把盘点对象的个人评价和盘点结果信息放到人才资源库中，这为企业了解关键人才的优劣势和人才调动、发展提供了依据，也为企业了解具体部门的人才状况、优劣势和储备人才提供了直观的依据。

表 5-21　人才地图

序号	个人基本信息					业绩评估		能力评估	潜力评估
	姓名	部门	岗位	职级	入职时间	上一年度月平均得分（分）	关键指标评估分析	满分5分	满分5分
1	××	××	经理	P6	2016-06-03	106.65	① 销售收入达成率100.48%。② 销售费用控制较好，未超预算，净利润率130%。……	4.4	4.3
2									
3									
……	……	……	……	……	……	……	……	……	……
部门平均得分									

5.6　应用人才盘点的结果

人才盘点工作是一个过程，而不是结果，人才盘点工作不应该在输出盘点结果后就结束了，更重要的应该是应用人才盘点的结果。人才盘点会议的输出结果为企业后续的一系列人才培养发展计划提供了强有力的信息依据，盘点会议的结束恰恰意味着人才管理工作的开始。

5.6.1　为制订绩效改进计划提供依据

绩效改进计划（Performance Improvement Plan，PIP），指的是与绩效有待

改进的员工进行沟通，为其创造条件、提供资源，与其共同制订的在一定时期内改进工作绩效、提高岗位产出的系统计划。

绩效改进计划的本意是帮助员工提升绩效，然而一些企业在制订、执行绩效改进计划时常常因为目标选择有误导致解雇员工的结局，一旦绩效改进计划与"解雇"相关联，员工就会抵触绩效改进计划，不愿配合，陷入恶性循环之中。基于人才盘点的绩效改进计划如图 5-13 所示。

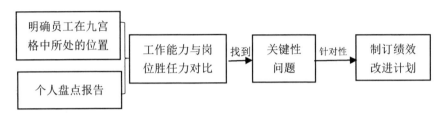

图 5-13　基于人才盘点的绩效改进计划

人才盘点结果打破了这种恶性循环，它不但能帮助员工回顾绩效表现，而且能为绩效改进计划提供依据。根据人才盘点的结果，绩效改进计划可以广泛而有针对性地用在大多数绩效有待提升的员工身上，激发他们的动力，培养出更优秀的员工；对于绩效较低的员工，人才盘点结果点明了他们的短板、潜力、与现任岗位的匹配程度，企业可以向他们提供更有针对性的培训和帮助，或者根据他们的潜力将其调换到合适的岗位上。

在华为，主管会基于员工的不同绩效结果进行针对性的绩效反馈沟通，其沟通侧重点如表 5-22 所示。

表5-22　基于员工不同绩效结果的沟通侧重点

绩效结果	沟通侧重点
A（杰出贡献者）	认可并鼓励，提出更高的目标和要求，并指出员工未来的发展方向和期望
B+（优秀贡献者）	认可、鼓励，指出不足并提出期望
B（扎实贡献者）	认可、鼓励，指出不足，摆出事实，提出期望
C（低贡献者，绩效待改进）	摆出事实，提出具体可行的改进期望
D（不可接受）	摆出事实，明确企业原则，确保合法、合理、合情

与华为类似，阿里巴巴的员工绩效面谈也会依据人才盘点结果，遵循"361"分布原则，对于分布在不同位置的员工，绩效面谈的侧重点有所不同。

针对前 30% 的头部员工，绩效面谈的侧重点是让员工思考自己优秀在哪里、能不能做得更好、还有哪些方面是可以提升的、能不能成为团队的标杆。

针对中间 60% 的中部员工，绩效面谈的侧重点是让员工思考自己的优点是什么、是否知道自己需要提升的点是什么。

针对后 10% 的尾部员工，绩效面谈的侧重点是帮助员工制订绩效改进计划，并确定实施这一计划的路径。

绩效改进在企业中极具挑战性，而人才盘点结果为其提供了良好的依据，既为员工提供了有针对性的方向，又在管理层与员工层之间搭起桥梁，增强对彼此的信任感，在企业内部营造和谐向上的氛围，推动企业不断向前发展。

不过，当人才盘点结果显示员工已经不能胜任当前岗位时，绩效改进计划确实会成为解雇员工的工具。事实上，绩效改进计划只适用于在"业绩－能力"九宫格（见图 5-6）中序号 2、3、4、5、7 代表的"关注人才""待提升人才""骨干人才"，而非序号 1 代表的待"优化人才"。

5.6.2　结合任职资格保留和培养人才

上文在介绍人才标准时提到建立企业的任职资格体系，任职资格代表着员工胜任某一岗位、实现岗位工作目标必须要具备的专业技能、知识储备和能力素质等。

人才盘点的结果是个人盘点报告和人才地图。其中，人才地图对每一位员工目前具备的专业技能和能力素质进行了全方位的量化记录，可以让高潜力的人才浮出水面，形成企业的人才库。通过标准的岗位任职资格和量化的员工能力，管理者可以将人才地图与岗位任职资格结合起来，两两匹配，对人才实施合适的保留和培养计划。"绩效－潜力"九宫格在保留和培养人才中的应用如图 5-14 所示。

"绩效－潜力"九宫格中的"明星人才"是整个企业的宝贵资产，他们不但能够胜任当前的工作，而且表现出巨大的潜力，是推动企业进步发展的核心力量，保留和培养核心人才是企业的重要任务。在明星人才的保留和培养计划中，除了适当提升薪酬和福利水平，企业更应该关注的是人才的价值取向和职业追求，满足他们实现自我价值的高层次需求。

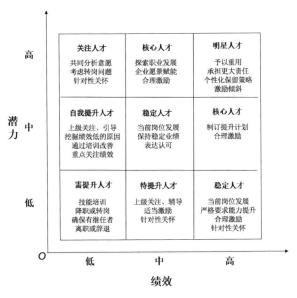

图 5-14　"绩效－潜力"九宫格在保留和培养人才中的应用

企业应根据人才盘点的结果和任职资格等级的要求，帮助明星人才认识自己的局限性，了解未来职位的任职要求，制订更高一级的个人发展计划，为其提供资源、创造条件，从根本上激励并留住这些关键人才。

此外，企业还可以根据人才盘点的结果挖掘新的潜力人才进行培养，尤其是离职风险较高的岗位，更应该培养有潜力的继任人才，保证关键岗位的人才储备。在一般情况下，关键岗位的人才应该从"绩效－潜力"九宫格内位于中等绩效和潜力以上的人才中选择，最好是离职风险低、潜力在中等以上、有成长空间的人才，企业可以将这些人才的个人盘点报告与岗位任职资格一一匹配，选择具有关键岗位要求的专业知识和基本技能的人才，查漏补缺，培养其缺少的关键能力。

5.6.3　为优化人才规划提供指导

如果从企业的核心战略可以大致倒推出企业需要多少人、需要什么样的人、需要设置什么样的岗位担任什么样的职责等一系列宏观的人才规划，那么人才盘点结果就是对人才规划的细节补充。人才盘点结果清晰直观地展现了企业当前人才质量的完整状态，更加明确了企业应该招聘什么人、培养具备什么能力的人和淘汰什么样的人等细节，有助于优化企业的人才规划，为人才规划的落地提供关键指导。

基于人岗匹配的人才地图如表 5-23 所示。

表 5-23　基于人岗匹配的人才地图

目标岗位：贸易部门总经理									
姓名	匹配维度								人岗匹配程度
	任职资格			领导力素质					
	专业知识	工作经验	绩效	领导力	市场意识	客户导向	组织意识	号召力	
候选人 1	●	●	◐	◐	●	○	●	●	
候选人 2	◐	○	●	◐	○	●	●	○	
候选人 3	●	●	●	○	●	●	●	●	
候选人 4	◐	◐	●	●	◐	●	●	●	
候选人 5	●	○	◐	●	●	●	●	●	

注：●表示完全匹配，◐表示部分匹配，○表示不匹配。

用好人才地图，稳定企业内部。企业不能只通过淘汰和招聘填补人才空缺，应该尽量减少人事调动对企业产生的负面影响。人才地图可以直观、清晰地展现员工的能力和潜力，帮助企业形成内部的人才供应链。企业可以根据人才盘点的结果优化岗位任职资格体系，构建完善的企业内部晋升培养通道，保证企业内部结构的稳定。

华为借鉴 IBM 的管理经验，根据继任人才的能力准备程度，将继任梯队的人才分为三个等级，分别是聚焦精准（Ready-now）、聚焦发展（One-job-away）、聚焦潜力（Two-job-away），并输出继任管理关键岗位表，如表 5-24 所示。

Ready-now：员工已经达到目标岗位要求的全部标准。对于达到 Ready-now 等级的人才，华为采取聚焦精准策略，基于关键岗位的关键职责为人才赋能，甚至直接让其履行岗位的职责，在实践中学习和提高。

One-job-away：员工与目标岗位的标准相比欠缺 1～2 项关键能力，不足以履行目标岗位的职责，还需要 1 ~ 2 年的时间进行提升。对于达到 One-job-away 等级的人才，华为采取聚焦发展的策略，为其制订未来 1 ~ 2 年的个人培养计划。

Two-job-away：员工与目标岗位的标准相比欠缺较多关键能力，虽然表现出一定的潜力，但是还需要 3 ~ 5 年的时间进行提升。对于达到 Two-job-away 等级的人才，华为采取聚焦潜力的策略，识别员工需要具备的关键经验和能力，并为其制订未来 3 ~ 5 年的职业发展计划。

表 5-24 继任管理关键岗位表

职位	岗位数量	现任员工	Ready-now 员工	One-job-away 员工	Two-job-away 员工
X1 地区部					
X2 地区部					
X3 地区部					
X4 地区部					
X5 系统部					

基于人才地图，华为在关键岗位继任梯队的基础上建立了关键岗位群，为关键岗位挑选优秀的候选人才，并为人才指派导师，为他们的发展过程提供指导，在岗位出现空缺时便能及时补充人才。这样既能让现任员工产生不断进步的动力，又能激励候选人才不断努力进步。

用好人才地图，淘汰企业冗余。通过人才地图（尤其是人才九宫格），企业可以清楚地识别业绩和能力都比较低的员工，具体表现为在"绩效 – 潜力"九宫格中绩效低、潜力低、成长空间小的员工。这样的员工无法胜任岗位的工作内容、创造价值，跟不上企业的发展速度，需要通过培训、调岗甚至辞退的方式来处理，避免企业无谓的消耗，同时为企业的招聘计划扫除障碍。

用好人才地图，满足企业需求。人才地图可以帮助企业精准定位分布在不同位置的员工，聚焦企业的业务战略，帮助企业找出缺失的关键人才或能力。企业在确定了具体需求后，对标人才特征，可以通过各种渠道明确企业希望招聘的人才分布在哪些行业、哪些企业和哪些岗位，制定针对性的招聘策略，吸引目标人才，为企业的发展增添活力。

第 6 章
人才获取

　　人才获取指的是遵照企业内部标准，通过人力规划、人才市场招聘、人员租赁或外包等人力资源业务，补充企业人力资源、增强企业活力、支撑企业长久发展的一项持续性人才工作。它在企业的人才管理活动中占首要地位。企业需要建立一套能够吸引并保留优秀员工的管理体系，这样才能在复杂多变的环境中始终保持竞争优势。

6.1 人才吸引策略

人才吸引指的是企业在确定了目标候选人的特征后，识别活跃或潜在的目标候选人，通过合适的渠道和方法宣传自身形象，让目标候选人知晓企业的特点并说服他们加入企业的过程。一家优秀的企业在人才吸引的过程中不但要招聘合适的候选人，而且要把握好为企业做品牌宣传的绝佳机会。

6.1.1 建立雇主品牌

树立旗帜鲜明、实事求是的雇主品牌形象，可以降低雇佣双方的适配风险。雇主品牌形象向应聘者传递了企业文化、雇佣关系等多方面的信息，既可以过滤一部分不符合企业价值观的员工，减少不必要的成本，又可以吸引真正与企业志同道合的伙伴。

一些企业在招聘网站上招聘员工时，为了吸引应聘者，可能会列出类似于"工作时间灵活，工作任务轻松，伙伴多，每天都有下午茶，不定期进行各种团建，欢迎你的加入"的口号。这类招聘口号存在一个很大的问题，那就是企业对雇主品牌的定位是不明确的。片面勾勒工作中美好的一面，往往会吸引充满活力但是缺少目标感、流动性较强的年轻人。先不考虑再次招聘的成本，企业通过这样的雇主品牌定位吸引人才，真的能找到期望的人才吗？当应聘者正式加入企业，发现了理想与现实之间的差距，真的能好好完成自己的工作吗？

反过来看，华为有着杰出的"狼性文化"，工作压力比较大，在这种情况下，华为如何招到愿意奋斗的员工，或者如何激发出员工愿意奋斗的一面呢？基于战略，华为明确企业文化是"以客户为中心，以奋斗者为本"，在招聘工作中也以此为标准吸引人才。这意味着如果应聘者不是奋斗者，那么即使进入华为，也会因受不了实际的工作压力而离开。在某种程度上，如果企业的员工不愿意奋斗，原因很可能是企业没有成功地吸引愿意奋斗的人才。

雇主品牌体现的是雇主对待员工的方式，由员工在企业中的工作满意度、文化认同感和工作责任感决定，既能影响企业的产品和服务质量，又能影响企业对人才的吸引程度。

海底捞成立于 1994 年，经过二十多年的发展，已经成为国内著名火锅品牌，于 2018 年上市。海底捞全年 24 小时营业，且能持续为客户提供优质的服务，保持着较高的员工满意度和较低的员工流失率，这是为什么呢？

餐饮服务行业对员工的学历水平要求较低，大多数餐饮服务企业会尽可能地减少一线人员的雇佣成本；而海底捞的创始人张勇将传统服务业的"客户第一"转变为"员工第一"，为员工提供高于同行业水平的薪资、创建公平公正的工作环境、实施人性化和亲情化的管理模式，并通过员工授权、组织学习等方式提升员工价值，建立了良好的雇主品牌形象。

餐饮服务行业的人员流动性是非常大的，且人员招聘的门槛较低，招聘的员工质量普遍偏低。而基于良好的雇主品牌形象，海底捞往往能吸引更多可选择的、质量更高的应聘者，同时提高了员工的工作满意度，让员工对工作充满热情。通过处理好最根本的"人"的问题，提升整体服务质量，海底捞赢得了良好的口碑和忠实的客户。

企业建立雇主品牌的四个步骤如表 6-1 所示。

表 6-1　企业建立雇主品牌的四个步骤

步骤	具体解释
识别企业战略对优秀人才的要求和驱动因素	基于企业未来的愿景和实现目标的关键成功因素，识别目标候选人的工作驱动力，如个人成长、薪酬绩效、工作氛围等
提供满足目标候选人需要的工作体验	在识别出目标候选人的工作驱动力后，企业应提供满足其需要的工作体验，以便吸引和保留人才
建立合适的雇主品牌	定位雇主品牌应基于企业独特的文化和工作场景，不能为了吸引目标候选人而刻意打造绝对的正面形象，可以通过简洁的文字传递企业形象，如西南航空的"自由从我开始"
选择合适的渠道进行雇主品牌推广	雇主品牌也需要像产品品牌营销那样，通过印刷品、网络媒体、员工口碑和社交媒体等渠道来进行推广，参与公益活动也能很好地提升雇主品牌形象

虽然雇主品牌形象的建立需要投入大量的时间和物力成本，但是研究表明，具有较好雇主品牌形象的企业能够更加有效地吸引、激励和保留优秀人才，从而减少企业在人力资源方面的成本；良好的雇主品牌形象还可以正向影响员工的文化认同感和工作行为等，从多个方面提高客户满意度，这是企业竞争优势的基石。

雇主品牌应该真实、准确，遵循实事求是的原则，不同阶段雇主品牌的建立维度和侧重点如表 6-2 所示。

表 6-2　不同阶段雇主品牌的建立维度和侧重点

阶段	建立维度	侧重点
招聘阶段	招聘渠道多元化	内部推荐与外部招聘相结合，线上线下多渠道招聘
	招聘信息生动化	①招聘信息有趣、有活力。 ②形式多样，如 HTML5 页面和视频等，最好让人眼前一亮
	招聘过程智能化	①面试邀约、现场管理、面试结果反馈等过程运用科技元素。 ②HR 与应聘者高效、及时互动，可以将回复与人工智能技术相结合
选拔阶段	面试官专业化	①外在职业形象与内在专业素质兼备。 ②亲切的欢迎开场 + 高效的沟通互动过程 + 真诚的致谢收尾。 ③认真聆听，全面观察。 ④除了提问，也要给应聘者了解企业和提问的机会
	面试方法定制化	①对于不同的应聘者，在面试的方法上要有所区别。 ②在社会招聘中要考虑应聘者的职场安全，对于来自同一单位或有关联的应聘者，应该错开面试时间，保证私密性。 ③对高端人才的面试可以安排在开放性地点或让人才自定，放松的环境有助于展现他们更真实的一面
	选拔手段创新化	在校招中可以设置游戏化、场景化的项目，提高企业的新潮度
	背景调查合法化	对于社会招聘的人才，只有在得到应聘者的书面授权后，才能进行相关的背景调查
录用阶段	录用及时	录取通知书的发放速度和方式能够体现企业的诚意，在确定录用后应尽快通知应聘者
	辞谢得体	①应体现对应聘者的尊重，可以通过电话、短信或 E-mail 的形式通知应聘者。 ②感谢应聘者的参与，肯定其优点，解释未被录用的原因，表达后续合作的愿望
评估阶段	试用期关怀和培养	①对新人及时跟进，给予关怀和帮助。 ②建立导师制，帮助新人尽快适应岗位，快速融入集体。 ③建立生涯发展档案，开展相关生涯培训和一对一生涯咨询，帮助新人明确职业目标，匹配合适的职业发展通道。 ④提供轮岗机会，促进新人全面发展
	面试官评估流程化	①选拔层面：什么人可以胜任面试官的岗位？面试官的胜任模型是什么？ ②培训层面：面试官需要具备哪些知识和技能？ ③评价层面：为什么要评价面试官？由谁评价面试官？从哪些维度评价面试官

在招聘市场中，良好的雇主品牌形象就像一面鲜明的旗帜，能够吸引更多优秀人才加入企业，为企业的发展积蓄力量。不过，企业不能为了吸引更多的应聘者而刻意打造绝对的完美形象，应该让应聘者全面了解工作中轻松的一面和辛苦的一面，确保应聘者明确在加入企业后他们需要完成的工作是什么样子的，从长远的角度来看，这样更有益于企业的发展。

6.1.2　赋予工作意义和机会

提供良好的职业发展平台已经成为企业吸引高层次人才的主要方法。阿里巴巴的管理者曾提出"三明治理论"，把个人的职业发展比喻为一个三明治，包括"追求收入、工作乐趣、自我实现"三个层面。一开始，收入确实是很重要的，而在获得一定的收入以后，人们会追求工作乐趣，当达到一定的境界、工作乐趣已无法满足需求时，人们就会追求自我价值的实现。

如今的应聘者，尤其是在招聘市场中占据主要地位的年轻一代，他们成长于经济快速发展的时代，享受了更优质的教育资源，拥有更丰富的精神世界，对他们而言，工作不但是为了维持生计，而且要让他们感受到自我价值。

图 6-1 所示为"90 后"除了薪资更看重的因素。

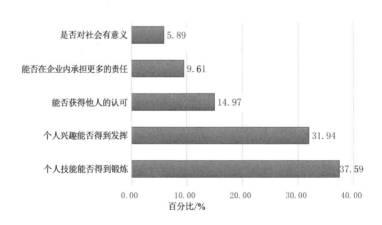

图 6-1　"90 后"除了薪资更看重的因素

大数据显示，招聘市场中的年轻一代除了薪资，更看重的前五项因素分别是"个人技能能否得到锻炼""个人兴趣能否得到发挥""能否获得他人的认可""能否在企业内承担更多的责任""是否对社会有意义"。从中可以看出，除了薪资因素，新一代员工更注重在企业内的职业成长空间、个人价值体现和可持续发展等，他们朝气蓬勃，期望实现自我价值。对于这样的情况，如表 6-3 所示，企业可以基于马斯洛需求层次理论匹配核心人才需求，通过调整内部机制，为目标候选人提供充满吸引力的条件。

表 6-3　基于马斯洛需求层次理论匹配核心人才需求

马斯洛需求层次理论	核心人才需求
自我实现需求	职业发展
尊重需求	精神激励
社交需求	人性管理
安全需求	工作稳定
生理需求	薪酬体系

除了年轻的应聘者，在招聘市场中还有一部分再就业的应聘者，职业发展同样是这部分应聘者优先考虑的因素。这部分应聘者通过一段时间的工作已经积累了一定的财富，可以满足基本的生活需求，对相关领域有一定的知识积累，他们再就业的目的是找到比上一个岗位更能发挥自我价值的工作。在发起人才招聘的项目之前，企业可以先审视一下内部资源，找出为人才提供发展机会的优势并广而告之，吸引与企业匹配的人才。

2019 年，华为推出了一个名为"天才少年"的人才吸引计划，该计划的宣传口号是"拖着世界往前走，然后用科技的力量造福人类"。华为承诺将为"天才少年"提供"挑战世界级难题、享有全球研发资源、与牛人同行、创造行业标准"的平台。公开资料显示，在 2019 年，全球仅 4 人拿到该计划最高档 201 万元年薪的录取通知书。

值得一提的是，在这 4 人中有一位名叫张霁的优秀人才，他放弃了多家企业的高薪录取通知书，其中不乏年薪超过 360 万元的录取通知书，最终选择了华为。张霁表示，之所以最终选择加入华为，是希望能够和一群志同道合的人做一些有意义的事。

绝大多数员工不希望自己只是一台"大型机器"中的一个"齿轮"，他们希望感受到自己的重要性，以及自己的工作正在对周围产生影响，这种成就感对于顶级人才来说是尤为重要的。因此，如果企业想招揽更多的良将，那么应该让核心人才感受到自己的价值，拥有成长的机会，最好能亲眼看到自己的工作具体是如何影响所在部门、企业，甚至更广泛的社会环境的。企业可以制订提升硬技能和软技能的培训计划，挖掘员工专业技能的深度，或者通过轮岗制度拓宽员工的知识领域。企业应在招聘过程中充分、详细地介绍企业可以给予人才的成长机会和路径，确保人才能够主导自己的职业生涯，并为他们提供需要的支持，帮助他们向目标迈进。

提供诱人的职业发展平台是吸引优秀人才的一大法宝，企业如果希望吸引并留住卓越人才，就应该把职业发展策略融入人才招聘战略之中。

6.1.3　完善配套体系和福利政策

仅仅依靠情怀和梦想无法支撑长久的人才供应，为人才提供没有后顾之忧的环境和诱人的职业发展机会同样重要，这需要完善的薪酬绩效体系和福利政策的支持。

现代职场的核心骨干"80后""90后"正处于"上有老、下有小"且背负着车贷、房贷的阶段，在这个经济快速发展的时代，他们不但要关注个人的成长和发展，而且要承担家庭生活的开销。"脚踏实地，才能仰望星空"，对于初入社会的懵懂少年来说，"脚踏实地"是对知识领域的不断开拓，是业务能力的实践、复盘和成长；而对于职场的核心骨干来说，"脚踏实地"除了意味着对专业知识的不断打磨，还需要他们立足实际生活，承担为人儿女、为人父母角色背后的责任。无论是初入社会的懵懂少年，还是已成为家庭顶梁柱的职场骨干，都需要承担自己的生活责任。在招聘人才时，企业要充分考虑人才作为"人"需要的是什么，通过科学的薪酬绩效体系提供丰富的报酬和人性化的福利制度，以此吸引人才。

华为员工的薪酬远远高于同行业平均水平，不过任正非认为，只靠物质吸引、留住人才是不够的，还要让员工对企业有依托感和归属感。对于在海外工作的员工，华为会组织以家庭为单位的旅行和度假活动。以"阳光之旅关怀计划"为例，华为会组织在阿富汗等艰苦地区连续工作五年的员工及其家属度假观光，为其定制专属旅行路线，旅行结束前还专门留出几天时间让员工及其家属购物。这样做既可以让员工的家属加深对企业和员工工作的了解，也可以让员工更加安心地在海外做好自己的工作。

华为对员工的福利保障进行了系统的设计，以福利政策管理理念（见表 6-4）为指引，充分考虑企业的国际化发展情况，制定了多层次、多类别的福利保障政策。

表 6-4　华为的福利政策管理理念

管理理念		具体内容
保障性福利	属地化管理	按照属地的管理标准和要求进行管理
	确保合法合规	遵循所在国家和地区的社会保障和相关法律法规
	提供基本保障	在养老、医疗、生命保障等方面为员工提供基本保障和合理补偿
	福利水平管理	综合考虑保障性福利的定位水平，原则上应设置为所在国家和地区内同行业的中等水平
非保障性福利	尊重当地实践	充分尊重、参考当地的行业实践和业界做法
	个性化设计	政策设计要充分体现非保障性福利的个性化和差异化特点
	福利成本管理	作为整体薪酬的重要组成部分，在符合当地整体薪酬竞争性定位的前提下，综合考虑非保障性福利的定位水平，将非保障性福利的成本纳入工资性薪酬包，作为刚性工资成本的一部分

基于指导性的福利政策管理理念，华为确定了独具特色的福利分配方式（见图 6-2），实现了对理念内容的落地执行。

华为通过多元化的福利分配方式和获取分享制，为员工，尤其是优秀的奋斗者提供了充足的保障。为了让一线员工安心工作，华为制定了家属探亲、家属陪同的政策，通过报销探亲往返机票、解决吃住等福利，极大地鼓舞和稳定了"军心"。随着企业的不断发展，华为的福利保障体系也在不断完善，确保员工能够踏踏实实地工作，增强员工的归属感。

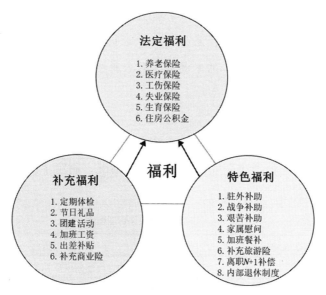

图 6-2　华为独具特色的福利分配方式

聪明的企业家会尽可能地为核心人才打造无忧之境。要想吸引顶级人才，企业应该在员工为企业奋斗之前帮助他们卸下沉重的负担，既要指明员工远航的方向，又要建好员工归航的港湾。

6.2　人才招聘渠道

谷歌的招聘信条是"招聘最优秀的人，永远不在质量上将就"。应该去哪里找到企业需要的人才呢？选择合适的招聘渠道，会对企业获取合适的人才起到事半功倍的作用。

6.2.1　挖掘内外部渠道

"条条大路通罗马"，企业可以充分挖掘各种渠道，获取所需人才，常见的人才招聘渠道分为内部招聘和外部招聘。

1. 内部招聘激活人才

内部招聘指的是企业通过内部渠道获取所需人才。企业本身就像一个"人才仓库"，由于不同员工入职的渠道、岗位和时间等客观因素不同，以及过往经验、知识积累、努力程度和悟性等主观因素不同，企业内部的人才状态往往是动态的，有些人勤奋刻苦、一日千里，有些人因循守旧、原地徘徊。当企业需要管理人才或专业人才时，可以优先从企业内部获取，让更多的人才被发现并被提拔到关键岗位上。

索尼前董事长盛田昭夫一直有在员工餐厅就餐的习惯。某一天，他看到了一名郁郁寡欢的年轻员工，盛田昭夫主动与他交谈了起来。在谈话过程中，员工表达了自己入职后内心的落差："我在进入索尼之前，对索尼非常崇拜，我以为这是我一生中的最佳选择。可是现在我发现，我不是在为索尼工作，而是为科长干活。事实上，我的小发明和建议不但得不到科长的支持，他反而只会挖苦我！这就是我崇拜的索尼吗？！"

这番话让盛田昭夫大为吃惊，他意识到企业中可能还有不少类似的问题，作为管理者应该了解员工的想法并为他们铺好向上之路。于是，他提出了改革人事管理制度的提案并在索尼内部推行。

之后，人力资源部门每周把需要招聘的岗位信息通过各部门的"小报"进行公示，员工可以自由而私密地前去应聘。在索尼实行内部招聘制度后，很多有能力的人才找到了适合自己的岗位，大大提升了企业的活力。

从内部渠道提拔上来的员工可以更快进入角色，不但能节省招聘费用，而且能激励员工不断地成长学习、提升效率。

从内部获取人才具体包括以下四种方法，分别是企业内部的人力资源管理系统、职业生涯开放和管理系统、主管推荐、竞聘上岗。

①企业内部的人力资源管理系统，对员工的基本资料、特征资料和在企业中的表现三方面信息进行收集整理。当岗位出现空缺时，企业可以根据岗位对专业和能力的要求，在企业内部的人力资源管理系统中基于人岗匹配原理寻找候选人，通过与候选人面谈、了解候选人的意向获取所需人才。

②职业生涯开放和管理系统通常是企业针对高潜力员工开发的系统，在员工的职业生涯中，根据特定目标对员工进行全面培养，优先提供针对性培训和

轮岗训练等，当岗位出现空缺时，培养对象便可补充相应岗位。

③主管对所辖范围内员工的个性、表现和胜任力等信息是最了解的，当岗位出现空缺时，可由主管向人力资源部门推荐人选。

④竞聘上岗指的是将空缺岗位的信息通过通告的形式告知全体员工，设计报名、评审程序，通过客观公正的方法获取所需人才。

在国内，由于工作量大和条件不成熟等因素，能够在内部搭建完善的人力资源管理系统、职业生涯开放和管理系统的企业还不是很多，而主管推荐容易造成新的不平衡，使员工产生不公平感，前三种方法在实践中存在较大困难。目前，竞聘上岗是国内企业从内部获取人才最常用的方法。

2. 外部招聘广纳英才

外部招聘是很多企业获取所需人才的主要渠道，也是我国在改革开放后对原有企业进行人事改革时颇具创造性和挑战性的工作。

阿里巴巴把对企业的宣传落实到了每一个员工的身上，每个员工都是企业的"前台"，即使在财务、技术部门工作的员工，也肩负着为企业做宣传的义务。他们认为人才需要"三顾茅庐"地请，不是只靠高薪就能招来的。

在早期，人才招聘是项目经理和产品经理的工作。在阿里巴巴，经常会看到以下场景。

用人部门的经理问："我去哪里招人？"

HR回答："你可以在网上分享、参加线下活动或利用自己的朋友圈。"

用人部门经理说："我还是不知道该怎么招人。"

HR说："那你可以参加人力资源部门组织的人才招聘培训。"

在阿里巴巴，HR更多的是问用人部门的经理："我们最近有时间，你能不能约一些人来面试？"

大多数企业的HR是人才招聘工作的直接实施者，而在阿里巴巴，HR是人才招聘管理流程的参与者、推动者、监控者和管理者。

后来，阿里巴巴制定了"政委制度"，人才招聘工作落在了部门的"政委"身上，"政委"扎根业务部门，既懂业务，又了解部门内部的情况，还懂人力资源管理，对人才的选择更精准，招聘效率也更高。善于利用内部成员的人脉也是企业获取所需人才的好方法。

从外部获取人才通常采用以下五种方法，分别是企业面向社会公开招聘、网络招聘、企业员工举荐、校园招聘、寻求就业代理机构和猎头公司（Head Hunter）的帮助。

①企业面向社会公开招聘指的是企业通过与各种媒体合作发布招聘广告，吸引符合条件的应聘者前来应聘。

②网络招聘指的是企业通过网络媒体、招聘网站或 App 发布企业的招聘信息，通过网络对应聘者进行筛选并与其交流，这是当前最受欢迎的招聘方法之一。

③企业员工举荐指的是企业内部员工根据招聘要求推荐合适的朋友或亲属，企业通常会对推荐合适候选人的员工给予奖励，这也是获取中高端人才的常用方法之一。

④校园招聘指的是企业从应届毕业生中招聘所需人才。

⑤对于特殊的顶尖人才，企业可以通过就业代理机构和猎头公司获取，由就业代理机构和猎头公司完成寻找和筛选应聘者的任务。

与内部招聘相比，外部招聘面向的人群更广泛、更多元，是企业获取高精尖人才的主要渠道。大型企业往往通过校园招聘获取储备性人才，通过就业代理机构和猎头公司寻找稀缺人才。

6.2.2 校园招聘

校园招聘是外部招聘的一种方法，指的是企业直接与高校合作，定点、定向地获取毕业生，或者通过各种方式招聘各类、各层次的应届毕业生。

一提到应届毕业生，人们很容易将其与"没经验""一张白纸"这些形容联系起来。研究表明，应届毕业生在工作中容易出错、受批评后情绪波动大、没有明确的目标、容易因为工作与预期不符而离职等，尽管如此，由于人工成本低、学习能力和可塑性强、综合素质高等优势，应届毕业生依然受到众多企业的青睐。

2021 年，小米公司启动了名为"繁星计划"的应届毕业生入职培训项目，这是小米公司一次大规模的校园招聘，一次性招聘了 5000 名应届毕业生，通过系统化的培训，帮助应届毕业生快速从学生转变为本领过硬、能打胜仗的小米"新军"。

2021 年 5 月，小米公司进行了一次大规模的集中培训，CEO 雷军对新员工表示："在加入公司半年时间内，对公司战略和业务先不要提意见，等真正了解了公司后，期待你们尽情地表达想法、指点江山，用热情和行动推动改变的发生。"面对台下的新员工，雷军希望在未来十年内，他们中间能出现在各个关键岗位独当一面的主心骨，"甚至，我一直期待，是否有一天小米公司能出现 30 岁的集团高管"。这是小米公司开始大规模、系统性培养"纯血小米人"的里程碑，标志着小米公司进入了一个人才队伍建设和壮大的新纪元。

"十年树木，百年树人"，最适合企业的人才往往来自企业内部的历练和培养。虽然应届毕业生缺乏经验，但是刚刚毕业的他们深知自己能力的不足，在工作和人际关系方面往往有着谦逊的态度，更容易接受并认同第一份工作的工作思维和文化理念；初入社会的他们往往拥有比经验丰富的职场骨干更高涨的热情和更积极的工作态度，他们受过高等教育，有较强的学习能力和可塑性，整体综合素质也比较高，能够快速适应不同类型的工作内容并迅速成长；同时，他们往往具有天马行空的想象力，思维更活跃，创新能力强，愿意试错，也能够跳出固定的思维定式，为企业带来新的创意和灵感，激发企业更多的活力。越来越多的企业开始从应届毕业生中寻找合适的人才，以企业文化和价值观为土壤，培养出一批批符合企业要求、具有高素质的储备性人才。

校园招聘有三种常见的形式，分别是企业到学校招聘、学生到企业实习或企业与学校联合培养。

企业到学校招聘在每年的春秋两季达到高峰，这是各大企业寻找合适人才的黄金时期，也是一场人才争夺赛。企业会派出招聘人员到学校进行宣传和讲解，方便学生咨询有关企业的问题，做到双向了解，或者通过高校的"云就业"平台进行双向选择。企业到学校招聘的流程如表 6-5 所示。

表 6-5　企业到学校招聘的流程

流程	具体内容
准备工作	① 准备介绍企业的书面或电子文档。 ② 选择进行校园招聘的学校和专业。 ③ 组建招聘小组并选择成员
拟定面试考题	1. 拟定开放性考题 ① 你最喜欢的一本书是什么？说说理由。 ② 你的座右铭是什么？说说理由。 2. 拟定针对性考题 ① 你是如何设定目标并完成的？请举例说明。 ② 你为这次面试做了哪些准备？我们为什么要录取你
了解学生表现	向学校相关部门的老师、辅导员了解应聘学生的在校表现
初步筛选	设计进一步的测试，如公文筐处理、头脑风暴法、无领导小组讨论等，为初步决策做准备
初步决策	如果招聘小组中有能够做出录用决定的领导，那么可以与特别满意的学生签约

企业通过与学校的合作关系，或者通过媒体、网络宣传实习和培养计划，邀请学生到企业实习，通过筛选简历、测试或导师推荐的形式，有针对性地选择一部分符合条件的学生在毕业前到企业实习或参与培训计划，通过测试的学生可以在毕业后直接成为企业的一员，从而让企业提前锁定优质人才。

● 拓展知识

管理培训生（Management Trainee）是一个外来术语，指的是"以培养企业未来领导者"为主要目标的特殊项目，是一些大企业自主培养中高层管理人员的人才储备计划。培训对象一般是毕业三年内的大学生，以应届毕业生为主，企业通常会先让他们在不同部门实习以了解整个企业的运作流程，再根据个人特长安排工作，他们往往可以胜任部门和分公司负责人的岗位。

企业和学校联合培养一般是培养某些特殊专业的专门人才，或者为经济较落后地区输送人才，或者是大中专院校等职业教育院校为谋求自身发展而采取与企业合作的形式。通过这种形式培养出来的学生可以解决部分专业、企业和地区的问题。

6.2.3　获取高端人才

随着经济的迅速发展，企业对高端人才的需求呈爆发式增长，借助猎头公司寻找稀缺人才是企业获取高端人才的主要方式。

　　猎头公司指的是近年来为满足企业对高端人才的需求，专门招聘中高级管理、技术人才的公司，它们主要通过搜寻和挖掘在其他企业工作的优秀人才来填补有人才需求企业的空缺。2021年我国十大内资猎头公司如表6-6所示。

表6-6　2021年我国十大内资猎头公司

公司名称	成立时间（年）
嘉驰国际	2005
锐仕方达	2008
CGL	2018
CGP	2012
展动力人才集团	2000
埃摩森	2007
一合人力集团	2003
对点咨询	2011
猎益猎头	2008
仲望咨询	1998

　　高端人才的引进关乎企业的长远生存和发展，通过传统渠道往往很难获取高端人才。要想走得远，企业必须要将高级技术人员和管理人员放在合适的位置上引领企业前行，而猎头服务的最大优点就是推荐的人才素质较高。

　　猎头公司会通过个人简历数据库、工作接触、以往档案和个人人脉等手段建立强大的人才库，企业只需要在沟通过程中把对候选人的具体要求传达给猎头顾问，由猎头顾问在强大的人才库中搜索并精准匹配，采用面试、资料核查和标准化测试等方式评价潜在的候选人，为企业筛选出一批合适的候选人。与常规的招聘方式相比，委托猎头公司招聘能够更精准、高效地获取优质人才。猎头公司的收费通常是企业招聘岗位年薪的15%～30%，如果把企业自行招聘人才的时间成本和人才素质差异等潜在成本计算进去，那么猎头公司的服务确实是一种经济而高效的招聘方式。

　　目前，猎头行业处于完全竞争市场状态，市场中提供猎头服务的公司很多，不过服务模式单一，客户黏性和附加值较低，产品和服务没有显著的差异化特点，因此没有足够大的猎头公司来规定服务价格。企业在选择猎头公司时，需要综合考虑多方面的因素进行取舍，具体关注维度和侧重点如表6-7所示。

表 6-7　企业选择猎头公司的具体关注维度和侧重点

关注维度	侧重点
企业需求	① 根据企业需求选择擅长相应领域的猎头公司。 ② 不同猎头公司的人才库聚焦的领域往往是不同的，HR 可以与同行沟通，了解同行委托过的公司和服务体验
招聘预算	① 基于招聘预算选择合适的猎头公司和服务。 ② 猎头公司的规模大小和服务项目决定着价格的高低，收费方式通常分为按照过程收费、按照结果收费、按照打包价格收费和招聘外包
服务体验	① 关注服务体验以便达成长期合作。 ② 猎头公司提供的是一种高端服务，HR 需要通过具体沟通和多方打听，了解猎头公司提供的服务项目和质量，根据服务体验决定是否达成长期合作

在选择好猎头公司后，企业的负责人要及时与猎头顾问对接，打破"信息壁垒"，在此基础上充分向猎头顾问阐明企业的用人需求和用人标准，积极参与对候选人的评估工作，做好以新姿态迎接新成员的准备。

除了委托猎头公司，企业也可以建立自己的人才库，将过去优秀的应聘者、离职员工、行业顶尖人物和各种合作渠道的优秀人才纳入企业的人才库中，在有需要时及时进行联系和安排。

6.3　面试的组织和实施

企业虽然对应聘者完成了初步筛选，但是简历不足以全面反映应聘者的信息和能力，企业和应聘者还需要对彼此进行深层次的了解。绝大多数企业会通过面试的方法对应聘者进行测试，这对企业是否做出录用决策和应聘者是否加入企业至关重要。

6.3.1　面试前的准备

在开始面试前，招聘小组需要基于面试目标和招聘的岗位确定合适的面试官，以及面试轮次、类型和结构，科学地设计面试问题和面试评分表，并进行面试场所的选取和布置等。常见的面试官面试应聘者的维度和具体内容如表 6-8 所示。

表6-8　常见的面试官面试应聘者的维度和具体内容

维度	具体内容
真实性	考察简历是否存在虚假信息，面试官针对应聘者简历中的某些经历进行提问和确认，这一环节也能营造融洽的氛围，让应聘者进入较好的面试状态
闻味道	了解个人的性格和品德，分析与企业文化、岗位的匹配程度
查能力	考察应聘者是否具备胜任岗位的能力，如语言表达能力、组织能力、应变能力、执行能力和相应技能等
看意愿	观察应聘者对企业和岗位的意愿，意愿决定态度，态度和能力决定应聘者能走多远，没有意愿是很难把一件事情做好的
问薪资	了解应聘者的期望薪资

1. 确定合适的面试官

不同岗位需要的胜任能力不同，面试小组一般由1～2名人力资源部门人员和1～2名相应岗位的领导组成，至少1人为主面试官、1人负责记录。在面试过程中，面试官既是考试的"判卷人"，又肩负着树立企业良好形象的任务，需要兼顾以下工作。

① 营造良好的面试氛围，让应聘者可以正常发挥自己的实力，即使在压力面试中可以步步追问，也要注意不能步步紧逼。

② 让应聘者更深入地了解应聘岗位信息、企业的文化和价值观等实际情况。

③ 充分考察应聘者各方面的能力，给出真实、公正的评分。

面试高端人才和稀缺人才，更重要的是考察人才的能力，企业需要精心组建面试小组，可以由用人主管、本业务领域和相关领域专家、人力资源专家组成4～5人的面试小组进行面试。

2. 确定面试轮次、类型和结构

在完成面试小组的组建后，企业需要根据应聘岗位确定面试轮次。一般中小型企业的面试轮次为1～3轮，第一轮是团体综合面试，采用无领导小组讨论（Leaderless Group Discussion）的形式，考察团队协作能力、语言表达能力和领导力等；第二轮是HR面试，考察信息真实性、个人品质和期望薪酬等；第三轮是业务主管面试，考察业务能力和个人态度等。也有一些企业只组织后两轮面试，或者将后两轮的面试内容融入第一轮面试。

考虑到人力成本因素，企业规模越大，招聘员工所需的面试流程越长、轮次越多，对应聘者能力的考评范围越广、颗粒度越细，招聘高端人才尤其如此。

对于具体的一对一面试或一对多面试，根据面试的结构化程度可以分为结构化面试、非结构化面试和半结构化面试，各自的优缺点如表 6-9 所示。

表 6-9　不同结构化程度面试的优缺点

结构化程序	定义	优点	缺点
结构化面试	在开始面试前已有固定的框架或问题清单，面试小组根据固定程序进行提问	① 便于比较分析。 ② 减少主观因素。 ③ 提高面试效率	① 转折突兀。 ② 收集信息的局限性较大。 ③ 过于程序化
非结构化面试	在开始面试前没有固定的框架，面试官可以随意地与应聘者讨论各种话题	① 过程自然。 ② 全面了解应聘者。 ③ 应聘者更易敞开心扉	① 结构性较差。 ② 缺少一致性。 ③ 应聘者之间的可比性不强。 ④ 对面试官的能力要求较高
半结构化面试	介于结构化面试与非结构化面试之间，包括两种方式：一是面试官提前准备重要问题，不过不要求按照固定次序提问；二是面试官按照事先准备的问题展开提问，为不同岗位设计不同的评分表	结合上述两种面试的优点，避免了单一方式的不足	对面试官的能力要求高，如果面试官控场能力弱或对时间的流逝不敏感，就会形成不同的面试时长，面试的信度和效度也会受到影响

半结构化面试在很大程度上避免了单一方式的不足，能够让面试官和应聘者进行双向沟通，过程更流畅自然。应聘者可以更好地展示自己的真实水平，面试官也可以获得更丰富、完整和深层次的信息，充分结合了面试的结构性和灵活性特点，越来越受到企业的欢迎。

3. 设计面试问题和面试评分表

有水平的面试问题不能只是泛泛而谈，应该结合应聘岗位所需的胜任能力和应聘者积攒的经验进行巧妙的设计，让应聘者在面试过程中充分向面试官展示自己。

得到 App 的 CEO 脱不花认为，考察应聘者只需要以下四个问题。

① 如果突然有半个月的带薪休假，但是有一个条件，那就是必须研究一件事情，那么你会研究什么？

② 关于你正在做的事情，行业内最顶尖的人是谁？他们是怎么做的？

③ 你在之前的人生经历中做过什么重要的取舍？

④ 对于某个很重要的项目或工作，如果你有机会重新做一遍，那么哪些地方会不一样？

上述四个问题分别从个人的内在驱动力、自我期望和目标感、关系偏好、反思能力四个维度考察应聘者。事实上，这四个维度在很大程度上决定了应聘者是否有能力担当大任，面试官应该基于应聘者的回答理性而准确地做出相应的判断。

有时候，最佳面试问题的模型未必有理性数据作为支撑，看上去好像是一个莫名其妙的组合。其实，这是企业长期磨合、沉淀得出的规律，在每一个问题的背后都包含了很多隐性经验。

在面试题目的设计过程中，除了将应聘岗位的胜任能力融入面试题目，还需要把面试时长、题目数量和能力考核占比纳入考虑范围。

X 公司的面试考题如表 6-10 所示。

表 6-10　X 公司的面试考题

一、个人情况（考察语言表达能力、了解应聘者、营造轻松氛围）
① 请你自我介绍一下。
② 你最喜欢的一本书是什么？
③ 谈一谈你的一次失败经历。
④ 为什么辞掉上一份工作？
⑤ 你在之前的人生经历中做过什么重要的取舍？
二、应变能力
① 你是应届毕业生（或未从事过该工作），缺乏经验，如何胜任这份工作？
② 对于这份工作，你有哪些胜任能力？
三、专业知识（考察专业知识储备）
① 人力资源的"三支柱模型"是什么？
② 绩效面谈中的"汉堡原则"是什么？
③ 你怎么看待 HR 这个职位？
④ 公司要组织一次招聘，由你作为负责人，你会如何准备？
四、其他（态度、对公司的期望值）
① 你如何看待之前的那场笔试？你是如何对待的？
② 除了本公司，你还应聘了哪些公司？

面试小组需要根据不同岗位所需的不同胜任能力设计题目。在半结构化面试中，除了面试小组设计的问题（不一定全部提问），面试官还可以根据应聘者现场的反应和表现随机提问，以更好地了解应聘者。

面试评价表的指标需要根据评价指标体系、权重体系和招聘岗位的具体情况来确定。X 公司的面试评价表如表 6-11 所示。

表 6-11　X 公司的面试评价表

应聘者姓名：　　　　年龄：　　　　　性别： 学历：　　　　　　应聘岗位：　　　　原工作岗位：

注意：

① 面试官根据考察内容在相应的打分项目后填写字母 A、B、C、D、E，分别代表优秀、良好、一般、
　合格、不及格。

② 面试官根据应聘者的表现，尽量客观评价，不一定对所有的项目都进行考核、打分，应视具体情况
　随机应变。

③ 在"综合考评"后填写字母 A、B、C，分别代表优先录取、再议、拒绝录取。

④ 在"备注"中可以自由填写关于应聘者的任何信息，既可以是好的方面，也可以是差的方面。

打分项目	得分	备注
做事有条理		
高效地完成工作		
善于分析（有主见、负责任）		
建立合作双赢的伙伴关系		
团队精神		
个人品德		
感恩		
宽容		
自省		
自律		
积极阳光		
逻辑清晰		
穿着打扮是否得体		
是否有礼貌		
表情是否自然		
辩论、说服能力		
语言表达能力		
情绪稳定性		
迁移能力		
领导力		
决策力		
心理素质		
其他		
综合考评		

面试官签名：

X 公司的面试综合评价表如表 6-12 所示。

表 6-12　X 公司的面试综合评价表

应聘者姓名：	年龄：	性别：
学历：	应聘岗位：	原工作岗位：

面试综合评价表

评价指标	权重（%）	评分
举止行为和仪表	0.15	
语言表达能力	0.20	
对应聘岗位的认知	0.25	
专业知识和文化素养	0.25	
个人修养	0.15	
加权评分（记分员填写）		

面试官签名：

日期：

如表 6-11 所示的面试评价表是面试过程的记录表，由若干评价要素构成，是对应聘者各方面素质的考评，面试官在面试过程中不需要对所有项目都进行考核、打分，只要做好记录即可。在完成面试后，面试官在如表 6-12 所示的面试综合评价表中进行打分，客观表述录取意见，由记分员统一填写评分。

4. 其他准备

在开始面试前，面试官要浏览应聘者的简历，对应聘者的经历有一个大致的了解，在面试过程中有针对性地进行提问。

面试既是企业了解应聘者是否与企业文化契合、与岗位匹配的过程，也是应聘者了解企业的过程。面试小组需要经过人力资源部门的面试培训，并提前确定介绍企业的要点或准备企业文化读本，以充分解答应聘者可能提出的问题。

6.3.2　面试方法和问题设计

除了常规的一对一或一对多面试模式，情景模拟法也常被用于高端人才的面试。情景模拟法指的是设计模拟的管理系统或工作情景，让应聘者进入模拟情景，面试官通过多种技术评价方法观察应聘者在模拟情景压力下的表现和心理状态，从而达到测评效果。

常用的情景模拟法有无领导小组讨论、案例分析和公开演讲、公文筐处理。

1. 无领导小组讨论

无领导小组讨论指的是一种无角色的、群体自由讨论的测评方法，应聘者一般会组成一个 5 ~ 10 人的临时性工作小组，他们需要在规定时间内通过讨论解决一些棘手的问题。由于这个工作小组是临时拼凑而成的，因此面试官不会指定负责人，也不会提醒时间，目的是考察应聘者的综合能力，通过观察每个应聘者的表现分析其是否符合岗位要求。整个讨论过程一般由 2 ~ 3 位面试官全程跟进，并对应聘者的行为进行打分评价。无领导小组讨论的具体流程如图 6-3 所示。

图 6-3　无领导小组讨论的具体流程

在整个无领导小组讨论的过程中，面试官作为观察者，以第三方的视角观察每个应聘者的表现，通过具体的表现充分考察应聘者的语言表达能力、问题分析能力、团队精神、灵活性、创新性、感染力和领导力等。

● **知识拓展**

无领导小组讨论中的五种角色如下。

① 破冰者：在小组自由讨论中第一个发言的人。在无领导状态下，需要有很大的勇气才能打破沉寂，所以破冰者一般是性格比较外向的人。破冰者这一角色的风险是自认为转变为领导者，甚至被其他人误认为是领导者，但其不一定能成功转换角色。

② 时间掌控者：注意时间进度、提示小组讨论进程的人。优秀的时间掌控者不但要提醒大家注意剩余时间，而且要提醒大家注意讨论进程，以及还有什么问题没有讨论、下一个时间段主要做什么、需要多少时间完成等。

③ 领导者：引导整个讨论并不断进行总结和升华的人。领导者需要有快速提炼新观点并形成完整逻辑体系的能力，看清整个任务，确保讨论不偏离方向并控制讨论节奏，适时地推动讨论、升华观点。

④ 组织者：调动气氛、调和意见、调配发言权的人。组织者一般要有较强的亲和力，能够营造良好的讨论氛围，充分调动大家的积极性。

⑤ 总结者：代表小组进行汇报总结的人。总结者需要有较强的抗压能力和归纳概括能力。

无领导小组讨论的题目最好是大家比较关心的热点问题，这样更容易让应聘者加入讨论，并且问题的答案应该是开放式的，不设标准答案，这样才能激发大家讨论的热情。无领导小组讨论的问题形式可以从开放型问题、两难问题、多项选择题和资源争论问题中选择，如表 6-13 所示。

表 6-13　无领导小组讨论的问题形式

问题形式	定义	考察要点	示例
开放型问题	无固定答案的问题	全面性、针对性、创新性的逻辑思维能力	古代的哪个人物最像从现代"穿越"过去的
两难问题	答案各有利弊的问题	语言表达能力、分析能力、说服能力	轨道选择问题（是否让火车改变轨道）
多项选择题	有多种选择，只要能自圆其说即可	分析问题的能力、说服能力、创新能力	航海求生问题（10 选 3，如何选择）
资源争论问题	向应聘者提供有限的资源，让应聘者在有限的时间内尽可能多地获取资源	快速反应能力、敏感性、资源整合能力	提供一定数量的积木，看谁能在有限的时间内搭建最大的房子

通过无领导小组讨论，面试官可以了解应聘者三个方面的状态和能力。一是应聘者在团队工作中的表现，是否有团队合作能力和领导能力；二是应聘者在遇到问题时是否有处理实际问题的思维分析能力和应变能力；三是应聘者的个性和行为风格。面试官可以根据不同的招聘岗位，确定各方面能力在整个能力指标体系中的权重并进行评分。X 公司的无领导小组讨论评分表如表 6-14 所示。

表6-14　X公司的无领导小组讨论评分表

应聘者	测评要素（分）						备注
	分析能力	领导能力	应变能力	表达能力	合作能力	创新能力	
	20	20	15	15	20	10	
1							
2							
3							
4							
5							
6							
7							
8							

面试官签名：　　　　　　日期：　　年　月　日

2．案例分析和公开演讲

案例分析和公开演讲指的是让面试者阅读案例，了解企业和个人面临的问题，并根据问题进行案例分析或公开演讲。在分析案例时，面试官一般会将信息内容复杂、有待决策的事件作为案例，让应聘者分析，通常是财务问题、管理过程分析问题或公关问题等。也有一些企业直接让应聘者就自己擅长的领域进行30～45分钟的公开演讲。

华为对高端人才十分重视，尤其是行业的领军人才。通过引入高端人才，华为逐渐补上了在技术领域的能力短板，尤其是在专业和新业务领域。

这类高端人才往往是著名跨国企业或技术领先企业中的"被动求职者"，收入水平较高，常规的面试方法和流程往往不适用于这类人才。华为基于业界的实践经验，对高端人才的面试采取"以用促招"的策略，设计面试方案。

华为从真正发挥人才的价值出发，由主管和多个专家组成面试小组，精准识别能够融入华为并充分发挥价值的高端人才。具体面试流程如下。

①基于业务战略诉求和应聘者确定招聘的岗位。

②综合应聘者过往的经历和成就精心选择，由用人主管、本业务领域和周

边领域专家、HR 专家组成 4 ~ 5 人的面试小组，展开全面的考察。

③ 应聘者围绕自己最擅长的领域进行主题演讲，并阐明自己的优点和优势。

④ 面试小组根据应聘者的演讲内容进行 30 ~ 45 分钟的互动交流，对应聘者的专业能力和文化适应性等进行深入的考察。

⑤ 面试小组集体讨论，充分发表各自的意见，最终达成共识。

华为的面试流程打破了传统面试的层层通关模式，应聘者可以在更大程度上与企业的管理团队交流，比较全面地了解企业的管理风格。

案例分析能够考查应聘者的综合分析能力、归纳提炼能力、判断决策能力和总结问题的能力；公开演讲除了考察应聘者的快速反应能力和思维能力，还能对应聘者的语言表达能力、言谈举止、感染力和抗压能力等方面进行考察。

3. 公文筐处理

公文筐处理指的是一种通过管理者熟悉的、具有代表性的工作情景测评应聘者的方法。在公文筐处理的工作情景中，面试官会将管理者工作中可能会遇到的、有待处理的问题整理为十几份书面材料交给应聘者，要求应聘者在有限的时间内，借助个人的知识和能力完成对材料的分析、推理、比较、判断，对公文筐内的文件一一给出文字处理意见或报告。

公文筐处理的操作流程如图 6-4 所示。

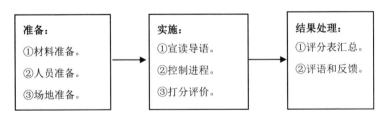

图 6-4　公文筐处理的操作流程

公文筐处理主要测试应聘者对企业的人、财、物、时间等多个方面的分析、控制能力，综合考察应聘者的分析计划能力、资源整合能力、协调授权能力、决策能力和抗压能力等。

面试官在设计题目之前，需要对相应的应聘岗位进行深入的能力分析，行业特点、企业内外部环境和企业文化等内容也要在题目中有所体现，公文筐处理的题目如表 6-15 所示。

表 6-15　公文筐处理的题目

背景：某家代工厂拥有 1200 名员工，由董事会成员李 ×× 创建，你于 3 个月前担任该代工厂的人力资源部门经理。由于临时有公务，你必须出差，在出差前只有 1 小时的时间处理公文筐内的文件。今天是 ×× 年 8 月 12 日，你在两周后回来。 　文件一 　李 ××： 　目前，我司员工流失问题比较严重，特别是一线工人的流失率高达 50% 以上。我们适当提高了一线工人的薪酬水平，并适当降低了对工作经验和技术能力的要求，但是依然无法满足员工需求。我希望就这个问题尽快和您讨论一下。 　　　　　　　　　　　　　　　　　　　　　　　　　　　　　　　　　　　　　×× 　　　　　　　　　　　　　　　　　　　　　　　　　　　　　　　　　×× 年 8 月 12 日   　文件二 　…………

　　面试官在设计题目时，需要对整体情景进行描述，包括事件背景、企业概况、日期、应聘者所处的职位和拥有的权限等，在完成题目设计后，对题目编号并准备相应的公文筐处理答题纸（见表 6-16）和公文筐处理评分表（见表 6-17）。

表 6-16　公文筐处理答题纸

应聘者编号		题目编号	
重要程度	□很重要　　　□重要　　　□一般　　　□不重要		
紧急程度	□很紧急　　　□紧急　　　□一般　　　□不紧急		
处理意见： 　　　　　　　　　　　　　　　　　　　　　　　　　　应聘者签名： 　　　　　　　　　　　　　　　　　　　　　年　　月　　日			
处理理由： 			

表 6-17　公文筐处理评分表

应聘者姓名：	年龄：		编号：
评分项目	得分（满分 10 分）	权重（%）	单项评分（分）
分析判断能力		15	
组织协调能力		20	
决策能力		20	
创新能力		15	
计划能力		15	
抗压能力		15	
评语：		总分：	
		面试官签名：	

6.3.3　面试流程和过程组织

进入正式面试阶段，面试官代表企业与应聘者直接交谈，从多个方面对应聘者进行考察，按照精心设计的面试流程有条不紊地组织面试；同时，这也是应聘者在入职前了解企业文化和个人发展前景的重要阶段。常规的面试流程如图 6-5 所示。

图 6-5　常规的面试流程

在常规的面试中，"问""听""观""评"是面试官重要而关键的基本功，如在提问时，面试官应该先从应聘者能够预料的、熟悉的问题开始提问，包括过往经历和个人爱好等，再过渡到其他问题，这样有助于消除应聘者的紧张感，营造良好的氛围，面试官也能更充分地观察应聘者的表现。面试官的常用技巧如表 6-18 所示。

表 6-18　面试官的常用技巧

技巧		具体内容
提问技巧	开放式提问	让应聘者自由地发表意见或观点，一般在面试刚开始时使用。 ① 你今天是怎么过来的？ ② 你最喜欢的一本书是什么
	封闭式提问	让应聘者就某一问题给出明确的回答。 ① 你是否有过与应聘岗位相关的工作经验？ ② 你有会计从业资格证书吗
	压力式提问	让应聘者感受到一定的压力，测试应聘者的心理素质。 ① 你缺乏实际的行业经验，怎么胜任工作？ ② 经过今天的面试，我认为你要求的薪资与你的实际能力不成正比，你怎么看
	假设式提问	鼓励应聘者从不同角度考虑问题，答案不分对错。 ① 你的两位下属获得加薪的机会，你倾向于选择区别对待还是同等对待来加薪？ ② 如果你处于 ×× 的状况，你会如何处理
	重复式提问	让应聘者知晓面试官接收的信息，检验信息的准确性。 你的意思是 ××，我理解得对吗
	举例式提问	又称为行为描述提问，指的是通过一系列问题证明应聘者提供的事例，以此判断应聘者是否真的拥有其描述的工作经历，也可以通过这个过程和结果预测应聘者在未来会如何处理类似的情况。 在过去三年中你负责过的最困难的项目是什么？当时主要面临的问题是什么？你是如何解决的？采取了什么措施？结果怎么样
倾听技巧		① 在倾听时表情要自然，不要有多余的动作，不能俯视、斜视或盯着应聘者，以免给应聘者带来过多的心理压力。 ② 慎用带有倾向性的肢体语言，如摇头或点头，以免对应聘者造成误导。 ③ 应该保持客观的态度，不能夸大、低估、添加、省略应聘者的观点
观察技巧		应聘者的音量、音高、用词等可以体现其内在素质水平和性格特质。 在讲话时常用"嗯""啊"等语气词的人往往自我感觉良好，期望得到他人对自己的肯定

　　面试官除了密切关注应聘者的回答、行为和反应，在面试结束前，还应该给应聘者一个问问题的机会，或者询问应聘者是否还有需要补充和说明之处。

　　需要注意的是，即使面试官在交流中发现应聘者的能力与工作要求明显不符，也要尊重应聘者，不能在语气和肢体语言上流露出怠慢或不耐烦，无论是否录用应聘者，都要在和谐友好的氛围中结束面试。如果对录用对象有不同的意见，那么可以安排二轮面试。此外，面试官要仔细整理面试记录表格，为后期的录用决策提供依据。

6.3.4　面试效果评估

在面试结束后，人力资源部门要对面试效果进行评估，包括对面试中采取的各种甄选方法进行信度和效度的评估，对面试官的招聘过程进行评估。

> ● 拓展知识
>
> 信度：指的是测试结果的可靠性、一致性和稳定性，即对同一对象进行多次测试，多次测试的结果很接近。信度一般被分为稳定系数、等值系数和内在一致性系数。
>
> 效度：指的是测试结果的有效性和精确性，即实际测试的应聘者的有关特征与期望测试的特征之间的符合程度。

1．对甄选方法进行信度和效度的评估

对甄选方法进行信度和效度的评估是有一定难度的。由于招聘周期较短，企业一般不会让应聘者在短时间内对相同的测试内容进行多次测试，甄选方法的实际信度很难评估，因此在选择时可以借用同行比较成熟的测试方法和试题来保证甄选方法的信度。对于甄选方法的效度，人力资源部门可以将多次面试的结果与应聘者入职后的实际表现进行比较，在应聘者工作一段时间以后，让参与面试的主管通过访谈或问卷的形式对甄选方法进行效度的评估，并对面试方法和具体的面试题目进行优化。

2．对面试官的招聘过程进行评估

面试效果除了受到甄选方法的影响，也会受到面试官主客观因素的影响。因此，人力资源部门在评估面试效果时，需要对面试官的招聘过程进行评估，找到长处和不足，这样才能在以后的面试培训中更有针对性地进行培训。

1）提问的有效性

这指的是评估面试官在面试过程中所提的问题是否对录用决策具有重要的参考价值，可以通过问卷的形式让面试官对面试问题的合理程度评分，基于

"非常合理、比较合理、一般、不太合理、完全不合理"五种程度做出评估。提问的有效性评估表如表 6-19 所示。

表 6-19 提问的有效性评估表

维度	问题	评分
个人情况	请你自我介绍一下	非常合理　比较合理　一般　不太合理　完全不合理
	你最喜欢的一本书是什么	非常合理　比较合理　一般　不太合理　完全不合理
	谈一谈你的一次失败经历	非常合理　比较合理　一般　不太合理　完全不合理
	为什么辞掉上一份工作	非常合理　比较合理　一般　不太合理　完全不合理
应变能力	你是应届毕业生（或未从事过该工作），缺乏经验，如何胜任这份工作	非常合理　比较合理　一般　不太合理　完全不合理
	对于这份工作，你有哪些胜任能力	非常合理　比较合理　一般　不太合理　完全不合理
专业知识	绩效面谈中的"汉堡原则"是什么	非常合理　比较合理　一般　不太合理　完全不合理
	××岗位上的顶级人才是否很难留存	非常合理　比较合理　一般　不太合理　完全不合理

2）面试官是否有意避免心理偏差

面试官作为面试的把控者，处于优势地位，其心理状态会对面试结果产生较大的影响，应尽可能减少心理偏差造成的不客观评价。人力资源部门可以设计如表 6-20 所示的面试官面试行为评价表，请面试官根据面试过程进行自我评价。

表 6-20 面试官面试行为评价表

心理偏差	是否理解偏差含义	自我评价
首因效应	□是 □否	完全可以克服　　　　　　　　　　无法克服
类我效应	□是 □否	完全可以克服　　　　　　　　　　无法克服

续表

心理偏差	是否理解偏差含义	自我评价
晕轮效应	□是 □否	完全可以克服　　　　　　　　无法克服
刻板印象	□是 □否	完全可以克服　　　　　　　　无法克服
定式心理	□是 □否	完全可以克服　　　　　　　　无法克服
疲劳心理	□是 □否	完全可以克服　　　　　　　　无法克服

● **面试官常见的心理偏差**

（1）首因效应。

首因效应也称为第一印象效应，指的是对应聘者的第一印象影响了面试官对应聘者的整体判断，也就是"先入为主"造成的影响。

（2）类我效应。

应聘者与面试官有相同的经历，如毕业于同一所学校、来自同一个地方等，这些经历可能会让面试官对应聘者产生特别的好感，从而影响客观评价。

（3）晕轮效应。

当面试官发现了应聘者某种特别突出的品质或特点后，可能会影响其对应聘者其他品质和特点的客观评价。

（4）刻板印象。

刻板印象指的是对特定人群形成的一种概括而固定的看法，如对来自某一地区的人贴上固定的标签、性别歧视等。

（5）定式心理。

定式心理指的是面试官以主管的思维惯性判断和评价应聘者，在判断中添加了个人色彩，从而削弱评价的客观性。

（6）疲劳心理。

疲劳心理指的是面试过程中的重复性操作所引起的面试官的困倦倾向。

3）面试官对技巧的使用

通常在面试开始前，人力资源部门会对面试官进行面试技巧的培训，以保证面试效果，在面试结束后也可以邀请面试官进行自我评价。面试官面试技巧评价表如表 6-21 所示。

表 6-21 面试官面试技巧评价表

面试技巧	自我评价
事先了解应聘者的背景	完全掌握　　　　　　　　　　　　无法掌握
提问发言清晰	完全掌握　　　　　　　　　　　　无法掌握
认真倾听	完全掌握　　　　　　　　　　　　无法掌握
严格按照标准打分	完全掌握　　　　　　　　　　　　无法掌握

6.4 面试资格人管理和录用决策管理

面试只是考察人才能力的一个环节，其最终目的是帮助企业找到合适的人才。录用作为招聘的最后一个环节，对企业能否做出正确的决策，找到与企业、岗位高度匹配的人才起着重要的作用。

6.4.1 面试资格人管理

录用决策是建立在面试官评价的基础上的，面试质量与面试官的专业度密不可分。要想找到"千里马"，企业必须先找到合适的"伯乐"来严格把控面试质量。

成为面试资格人是修炼为"伯乐"的前提，它指的是企业中通过岗位面试官资格认证的人。面试资格人一般可以分为业务面试资格人和综合面试资格人两个类别，不同的类别有不同的管理方法。面试资格人管理指的是对面试资格人的职责实行分层、分级管理，比较典型的例子是国企单位的应聘和晋升面试。

面试资格人管理需要根据企业规模和岗位职级来确定，不但要明确面试资格人的准入要求，而且要明确面试资格人的职责和分级管理规则。中小型企业规模较小、职级较少，一般直接由 HR、部门主管或企业负责人担任面试官。

● **华为的业务面试资格人管理**

1.业务面试资格人的职责

① 考察应聘者的知识、技能、经验与应聘岗位的吻合度。

② 考察应聘者的专业技能表现，判断业务匹配度，给出具体的考核意见、考核结果和工作岗位安排建议。

2.业务面试资格人的准入要求

① 职级在 15 级及以上，具备本专业领域丰富的专业知识和技能。

② 在企业内工作一年以上，熟悉企业文化、组织结构、岗位要求和用人标准。

············

3.业务面试资格人的分级管理规则

① 基层业务面试资格人可以面试岗位职级在 14 级及以下的应聘者，需得到 BU（Business Unit，业务单元）/BG（Business Group，业务群组）或一级部门干部部部长的审批，并在人力资源管理部门备案。

② 中层业务面试资格人可以面试岗位职级在 15 ~ 18 级的应聘者，需得到 BU/BG 或一级部门干部部部长的审批，并在人力资源管理部门备案。

············

基于职责、准入要求和分级管理规则，面试资格人管理明确了面试官的标准，也实现了跨部门成员的合作，有助于更好地开展企业内部员工的推荐、晋升、任用，以及员工招聘、评议、激励的相关工作，通过集体负责制确保晋升和录用的客观性、全面性，提高晋升和录用决策的质量。

6.4.2　录用决策管理

录用决策指的是对面试过程中产生的信息进行综合分析评价，确定每位应聘者的能力和素质特点，并按照提前设计的录取标准进行挑选，选出合适人员的过程。

录用决策者在做录用决策时，应该达到"应聘者的信息真实可靠、综合分析应聘者的资料、招聘程序科学、面试官素质高、应聘者能力与岗位匹配"五个方面的要求，为了确保评价应聘者的信息是可靠的，还需要进行一系列的信息整理和分析。录用决策流程如图6-6所示。

图6-6 录用决策流程

一般情况下，在录用决策中可以采取诊断法或统计法。

1. 诊断法

诊断法指的是决策者根据对某项工作和岗位要求的理解，在分析应聘者资料的基础上，凭主观印象做出决策。这种决策方法的结果与决策者有极大的关联，换一个决策者可能就会有不同的决策，因此这种方法对决策者的要求非常高，决策者的经验和素质在做出录用决策的过程中起着决定性的作用。

2. 统计法

与诊断法相比，统计法的决策结果往往更加客观。采取这种决策方法，首先要基于岗位分析，为不同的评价指标赋予不同的权重，然后用统计的方法对评分结果进行加权运算，最后按照分数从高到低的顺序做出录用决策。

统计法包括以下三种模式。

① 补偿模式：一些评价指标的高分可以弥补另一些评价指标的低分，最终根据应聘者的总成绩做出决策。例如，对应聘者进行了笔试和面试，为两场考试的题目赋予不同的权重，按照总成绩录用。

② 多切点模式：应聘者在每次测试中都要达到规定的要求，否则不能通过。例如，会计、人力资源等职业资格认证考试每项测试都必须及格。

③ 跨栏模式：类似于闯关，只有完成前一项测试才能进入下一项测试，对于通过所有测试的应聘者，根据最终的面试或测试分数排名做出录用决策。这种模式对评价指标体系的设计要求是非常高的。

在确定好决策方法后，决策者根据招聘岗位讨论决策层级，通过综合评估应聘者的优缺点，做出最后的决定并反馈给人力资源部门，人力资源部门在完成录用背景调查后发放录取通知书并办理录用手续。

● **录用背景调查方法**

① 档案调查。

② 电话调查：需要提前制作电话调查表、培训调查员，在确定好调查对象的时间后根据调查表进行询问，并记录调查对象的回复。该方法具有简单易行、省时省力的优点，是目前较常使用的录用背景调查方法。

③ 当面询问：由访问员直接向调查对象调查。该方法的调查质量和回复率较高，不过耗时、成本高，并且需要培训访问员。

④ 发函调查：包括调查问卷和邀请证明人写评论信两种方式，调查员通过电子邮箱或邮寄的方式把评论应聘者的材料发送给证明人，证明人写完后以同样的方式反馈给人力资源部门。该方法系统性较强，不过回复率较低。

⑤ 委托调查公司调查。

● **注意事项**

① 对应聘者的隐私保密。

② 对调查对象的态度应该友好、亲切。

③ 力求客观公正，不偏听偏信。

④ 对于背景比较复杂的应聘者，可以从侧面向本人求证。

⑤ 进行背景调查，一方面要求证资料的真实性，另一方面要始终对应聘者保持充分的尊重，本着爱惜人才的原则，尽量多收集正面信息。

6.4.3 录用和特殊情况处理

在确定了最终的录取名单后，由人力资源部门发放录取通知，为录取者办理入职手续。不过，这个环节并不简单，优秀的应聘者可能面试了不止一家企业，或者被不止一家企业录取，所以录用决策也是一个"抢人"的环节，企业要尽力争取甄选出来的合格应聘者。

企业可以从以下几个方面提升应聘者对自身的好感度。

① 让优秀的应聘者更全面地了解企业的真实信息。一方面，这样可以让他

们了解企业的前景，增强对企业的信心；另一方面，也可以让他们明确进入企业后可能面临的挑战，更加斗志满满地工作。

② 让应聘者看到自己在企业中可能获得的机会和工作的意义。积极向上的人才往往拥有自己的目标和理想，而企业正是承载这些目标和理想的载体，在人才的目标与企业的目标之间建立连接非常重要。

③ 提前确定应聘者的薪酬待遇。对于重要职位，要想吸引并留存优秀人才，企业必须提前确定相关职位的薪酬，除了薪酬，还可以提高非薪酬因素的吸引力。

④ 在确定录用应聘者后快速行动，不要让应聘者等待的时间太长，尽快通知录取。向应聘者传递一种"我们非常重视你"的信息，可以提升应聘者对企业的好感度。

录取结果一般通过电话通知，这种方式比较及时，也能最快得到反馈或交流问题，在电话通知后还需要以电子邮件或信件的方式正式发放录取通知书。

1. 录取通知

企业应对通过甄选的应聘者发放录取通知书。根据应聘者的综合表现和意愿程度，录取通知书可以分为以下三类。一是对岗位匹配性良好且具有稳定性的应聘者，发放正式录取通知书（见表 6-22）；二是对岗位匹配性良好但是没有稳定性的应聘者，发放有条件录取通知书（见表 6-23）；三是对岗位匹配性一般但是具有稳定性的应聘者，发放候补录取通知书（见表 6-24）。

表 6-22　正式录取通知书

录取通知书

尊敬的　　先生 / 女士：

上周与您的会面非常愉快，我们很高兴地通知您，经过审核，您通过了我们所有的面试。在此，我们郑重地邀请您加入本公司！

有关职位和薪资的说明如下。

部门：

职位：

薪资：试用期　　元，转正　　元。

试用期限：　　月，根据适应情况可提前转正或延长。

我们非常希望您能够接受该职位，我们会为您提供良好的发展机会和工作环境。希望在　　年　　月　　日之前得到您是否接受该职位的信息，如果您有任何想了解的情况，请尽快与我联系，我的电话是　　，期望尽快得到您的答复。

人力资源部门经理：

年　月　日

表 6-23　有条件录取通知书

录取通知书

　　尊敬的　　　　先生 / 女士:

　　恭喜您获得我司本次招聘的有条件录取名额(岗位:　　　　)。您在应聘过程中的优秀表现给我们留下了非常深刻的印象。

　　不过,基于对本岗位匹配性的考虑,公司希望再给您一次思考的机会,也是公司再一次考察的机会,人力资源部门将根据您应聘的岗位为您安排　天 / 周的实习体验(具体时间请等待后续通知)。

　　请您在岗位实习结束后的两天时间内,将您的思考结果以邮件形式发送到 ×× 邮箱,我们将综合您的评分和实习表现,给出正式的录用结果。

人力资源部门经理:

年　月　日

表 6-24　候补录取通知书

录取通知书

　　尊敬的　　　　先生 / 女士:

　　感谢您对我司的认可并投入时间参与本次招聘,您在应聘过程中的优秀表现给我们留下了深刻的印象。不过,本次招聘的录用名额非常有限,您通过了所有的测试环节,但是综合评分略微靠后。

　　因此,我们向您发放一份候补录取通知书,有效期至　年　月　日。

　　请您继续关注我们,我们会与您保持沟通,一旦有合适的录用名额,我们将第一时间告知您并确定录用。

人力资源部门经理:

年　月　日

　　人力资源部门要及时发放录取通知书,在欢迎新员工的同时,明确说明报到的起止时间、地点和程序,可以在附件中详细说明如何抵达报到地点和需要携带的物品等。

　　录取通知书中可以添加关于企业的介绍,让录取者认识到他们的到来对企业的发展具有重要意义,展示出企业对他们的尊重和期待。录取通知书一般应以正式文本的方式通知,加盖公章更为严谨。

2. 辞谢通知

　　在考核结束后,除了录取通知书,人力资源部门还要向未通过甄选的应聘者发放辞谢通知书(见表 6-25)。得体的辞谢既可以帮助企业树立良好的形象,又可以对后续的招聘产生正面的影响。每一次招聘都是企业做宣传的机会,企业应该以礼貌的方式通知未被录取的应聘者。

表 6-25　辞谢通知书

辞谢通知书
尊敬的　　　　先生 / 女士： 　　十分感谢您对我司的认可并投入时间参与本次招聘，对于您的支持，我们不胜感激。您的学识、资历、修养和气质给我们留下了良好的印象，可惜本次招聘的录用名额有限，暂时不能对您委以重任。我们已将您的资料列入人才储备档案，期待未来有机会合作。 　　最后，对您应征本公司的热诚再次表示感谢，也希望您能继续关注我司的发展。 　　预祝事业顺利！ 　　　　　　　　　　　　　　　　　　　　　人力资源部门经理： 　　　　　　　　　　　　　　　　　　　　　　　　年　月　日

3．拒聘处理

在完成录取结果的通知后，可能会出现录取者没有就职的特殊情况，也就是拒聘。企业在遇到拒聘后采取的行为与企业形象密切相关，对于拒聘人员，人力资源部门不能用消极态度来应对，可以主动联系对方了解具体原因，并反思招聘过程中可能存在的问题，为后续的招聘积累经验。

当然，如果拒聘人员是企业迫切需要的优秀人才，那么人力资源部门或高层主管应该主动与其联系，采取积极态度努力争取。如果无法挽留优秀人才，也可以让企业的领导以个人名义与拒聘人员保持联系，可能在某个时刻，拒聘人员会选择曾经拒绝过的企业。

6.5　人才融入管理

帮助人才融入企业是人才获取的重要课题。有些企业虽然通过各种途径招揽了高端人才，但是高端人才进入企业没几天就离职了，企业大费周章却一无所获。实际上，影响企业发展的关键不只是找到合适的人选，更重要的是通过合适的方式帮助人才融入企业并在企业中成长起来。

6.5.1　新员工的入职引导

入职引导指的是通过一系列活动帮助入职的新员工快速适应岗位、了解企业文化、熟悉规章制度等，以便让他们高效产出绩效结果的过程，整个过程一般需要 1 个月到 1 年的时间。

对每一个新员工进行入职引导的效果，需要基于企业的目标设定相应的评估标准，以便判断是否实现目标。例如，华为有 6 个月的在岗辅导期，这是帮助新员工快速融入企业的时期，在结束在岗辅导期后还有一个答辩环节，新员工只有完成答辩才能转正。

如何设定完成新员工入职引导的目标呢？目标应该体现对个人与企业共同发展的追求。有些企业的人才融入是比较低效的，这些企业往往急于看到成效，希望通过打卡式、灌输式的短期培训快速提高员工的业务能力，这种方式往往缺少定制化的设计。事实上，在新员工对企业文化和业务背景还没有较深了解的情况下，短时间内向新员工灌输大量有关工作项目的信息，是很难让他们真正理解和内化需要接收的信息的，并且大部分企业在完成新员工的入职培训后，便不会进一步强化培训内容了。早期／延期推送项目信息对员工价值贡献的影响如图 6-7 所示。

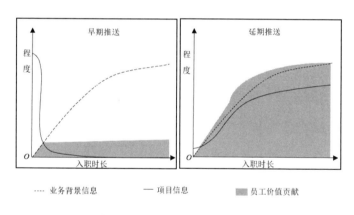

图 6-7　早期／延期推送项目信息对员工价值贡献的影响

从图 6-7 中可以看出，将入职引导推迟到新员工具备了吸收和内化相关项目信息的业务知识后再实施，与在新员工刚入职时就灌输信息相比，员工为企业创造的价值会更多。

那么新员工的入职引导期限设置为多长时间比较合适？需要实现哪些目标呢？

在如图 6-8 所示的 OM 框架[1] 中，整个入职引导的期限是 1 年，企业可以根

---

[1] Kaiser Associates 公司的入职引导 Onboarding Margin 框架。

据自身的规模适当缩短或延长这个期限。基于该框架，对新员工的入职引导需要实现以下四个目标：驾驭组织文化、发展人际关系网络、给予早期业务发展支持、强化战略学习和方向引导。

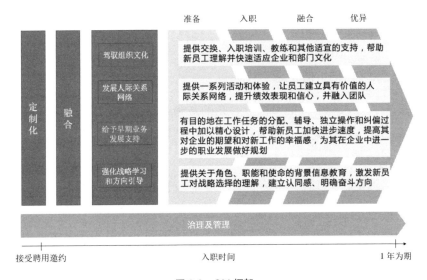

图 6-8　OM 框架

　　入职引导中的四个目标不是按照"闯关"的顺序来设定的（只有实现上一个才能开始下一个），而是把四个目标融入入职引导设计，让员工通过日常工作的综合体验，从各个方面融入企业。

　　华为的"全员导师制"是在中研部党支部开始实行的，当时制定了以党员为主的"思想导师"制度，对新员工进行帮助和指导，后来该制度被推广到整个企业。

　　华为的导师职责范围非常广，不但包括业务、技术层面的"传、帮、带"，而且包括思想层面的指引和生活细节上的引领等。新员工可以在导师的带领下更好地了解华为的文化和业务领域的知识，更好、更快地融入集体，建立人际关系网络。导师在相关岗位上已经有了一定的经验，在新员工规划自己的职业生涯时，导师可以给予更客观、中肯的建议。

华为的"全员导师制"是一项非常符合国情且能为其他企业提供良好借鉴经验的新员工入职引导制度。一方面,新员工可以在思想上和感情上尽快认可企业的制度和文化,在导师的带领下迅速融入企业的大家庭;另一方面,"全员导师制"可以增强导师的荣誉感和责任感,让导师自觉发挥模范带头作用,在企业内部形成良好的环境氛围,提高员工的执行力。

6.5.2　入职培训和价值引导

入职培训是入职引导的一部分,指的是企业通过一系列活动,帮助新员工了解企业历史、工作流程、行为规范、组织结构和人员结构等,从而让新员工融入企业的培训。

入职培训是新员工融入企业的第一步,也是决定新员工能否融入团队、能否适应企业文化、能否留在企业中不断成长和能否为企业创造价值的关键。根据企业规模的不同,新员工的入职培训为期1天到1个月不等,主要由人力资源部门负责。入职培训流程如图6-9所示。

图6-9　入职培训流程

在进行入职培训内容设计时,培训负责人要提前与各个用人部门的主管沟通,预测新员工可能面临的困难,确定需要培训的内容,并通过跨职能部门的协作共同完成培训内容的设计。具体的培训设计过程需要根据不同的培训内容选择合适的培训模式,不能为了追求高效率、低难度而一味通过多媒体讲授的传统模式进行培训,缺少互动的培训会极大地限制培训内容的有效传递。

入职培训的主要模式如表6-26所示。

在进行培训设计时,哪些设计可以帮助新员工提高学习效率、尽快认同企业文化,从而更好地融入企业呢?

表 6-26　入职培训的主要模式

模式	内容	优缺点
多媒体讲授	通过"多媒体＋讲授"的模式，帮助新员工全面了解企业	① 比较传统的培训模式，以讲授者为主，培训效果受讲授者水平的影响较大，新员工以聆听为全，参与度较低。 ② 如果能与案例讨论、角色扮演等模式适当结合，加强团队合作，会对启发新员工产生更加显著的成效
案例讨论	设计有关企业文化或岗位工作情境的案例，让新员工分组讨论	① 鼓励新员工对特定场景进行独立思考，通过讨论激发新员工之间的思想碰撞，帮助新员工更好地理解和吸收培训内容。 ② 鼓励团队交流、重视双向交流。 ③ 新员工的知识储备和思维方式等可能会影响讨论方向，对培训负责人的时间把控能力有一定的要求
角色扮演	在培训情景中给予新员工实践的机会，让他们在真实的模拟情景中体验某种行为的具体实践	① 充分调动新员工的积极性。 ② 通过实践可以发现新员工行为中存在的问题，及时对相关行为做出有效的修正。 ③ 帮助新员工了解自己、取得进步，可应用于操作性较强的能力素质的培训，如推销业务培训、谈判技巧培训等。 ④ 如果没有较强的设计能力，那么在情景的设计上可能会出现简单化、表面化、人工化等问题
户外素质拓展	以培养团队凝聚力、感知企业价值观为目的的户外团队竞技活动	① 通过体验式学习锻炼新员工的心理素质，传递企业价值和文化内容。 ② 培养新员工的团队合作意识
自我学习	新员工自主观看与企业有关的视频、文件、制度等，并通过观后感或演讲等形式分享感想	① 培训效果受具体学习方式和新员工自觉性的影响较大。 ② 给予新员工充分的时间和空间，鼓励并启发新员工进行独立思考和感悟分享

1. 互动：营造氛围，加深新员工的理解

除了培训师的讲授，在培训过程中还可以设计一些互动的环节，调动新员工的积极性，激发他们进行独立思考，加深新员工对培训内容的理解。培训师与新员工、新员工与新员工之间的互动，还可以营造良好的团队氛围。

2. 反馈：督促新员工思考和提炼重点

华为的企业文化培训设在深圳总部，为期一周，白天是集体培训活动，晚上新员工要自主完成"一二三"学习。

"一"是看一部电影，即《那山那人那狗》，该电影讲述的正是华为追求的敬业精神。"二"是看两篇文章，第一篇是任正非的《致新员工书》，该文章将华为的文化和对新员工的要求阐述得淋漓尽致；第二篇是《把信送给加西亚》，讲述了一名士兵信守承诺，穿过重重障碍将信按时送给加西亚将军的故事。"三"是看三本书，即《黄沙百战穿金甲》《下一个倒下的会不会是华为》《枪林弹雨中成长》。

在完成培训后，新员工要就集体培训内容和自主学习部分撰写读后感，或者通过演讲的形式分享自己的观点。

这种设计通过及时而有效的反馈，督促新员工在独立思考时形成清晰的学习网络图，帮助新员工复盘培训的学习成果、提炼培训重点、优化培训效果。

3. 仪式：让新员工获得归属感

在雀巢的入职仪式中，新员工会与负责人手挽手"走红毯"，新员工的社长也会在红毯的尽头等候，让新员工在满满的仪式感中充分认识到职业身份的转换。

据一位三星前高管介绍，三星的新员工在完成五天四夜的入职培训后，会收到一块专属木牌，他们要在木牌上写下自己在企业未来十年的目标，写完后木牌会被分成两半，一半由新员工保管，另一半统一挂到前台的"文化墙"上。带着对未来的憧憬，三星的新员工完成了这一简单而郑重的仪式，成为三星的一员。这面"文化墙"在员工每天上班的必经之路上，可以提醒他们自己是带着怎样的期待和目标进入三星的。

有仪式感的活动，既可以让新员工充分感受企业文化，也可以让他们通过意义深刻的仪式意识到自己已经成为企业的一员，对企业的发展肩负着光荣的使命。

新员工的入职培训在很大程度上与企业的文化、价值观有关，新员工在入职培训中对企业文化形成的感知，会在很大程度上影响新员工后续的团队融入和能否为企业创造价值。入职培训作为企业文化落地和传承的重要环节，其传递的企业文化和价值观会成为新员工日后工作的导航。

6.5.3　在实践中成长

根据"721"学习法则，员工在学习中吸收的知识，70% 来自亲身实践，20% 来自他人的经验传授和行为指导，10% 来自培训学习。

虽然入职培训已经让新员工在思想上与企业保持一致，对自己的岗位也有了基本的认识，并且建立了一定的人际关系网络，但是仅凭入职培训让新员工顺利融入企业是非常困难的，企业还需要为新员工提供实践的机会，促进新员工在行为上的融入和成长。

从培养方式的角度来看，新员工可以通过在岗训练和参与短期工作项目等进行工作实践。在实践过程中，企业要对新员工给予支持，如整个团队应该营造一种开放、包容、互助的氛围，鼓励新员工在遇到问题时主动询问前辈。另外，企业也可以采用为新员工指定导师的方式，协助新员工解决工作实践和生活中的问题。

企业有必要通过可展示的成果或可量化的指标对新员工的实践结果进行考评，判断新员工是否真正具备了相应岗位的胜任力，或者是否需要对新员工进行调岗或重新培训。

新员工的实践成过检验方式应该根据岗位特征来确定。例如：对于业务人员，需要通过多个业务周期的指标达成情况、业务增长情况进行考评；对于项目成员，可以在完成项目后通过书面报告或多媒体报告的形式展示成果和心得；还有一些企业会在试用期结束后通过答辩的方式确定新员工能否转正。

除了一般新员工的融入，对于企业来说，更重要的是高端人才的融入。有些企业虽然通过猎头公司招揽了很多高端人才，但是高端人才进入企业没几天就离开了，这可能是因为高端人才对企业文化"水土不服"，或者因为无法在企业中发挥自己的价值而感到沮丧。高端人才在初入企业时，往往是一种跃跃欲试、希望尽快崭露头角的状态，根据如图 6-10 所示的领导生命周期理论，对于这些高意愿、高能力的人才，企业应该多多给予表现机会，让他们充分施展自己的才华。

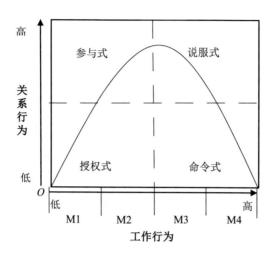

图 6-10　领导生命周期理论

● 领导生命周期理论：研究领导者的工作行为、关系行为与下属的心理、工作成熟度的关系。

赫西和布兰查德根据下属的工作意愿和工作能力，定义了"下属成熟度"的四个阶段。

第一阶段（图 6-10 中的"M4"）：下属对执行某项工作任务既无能力又不情愿，他们既不能胜任工作，也不能被信任。

第二阶段（图 6-10 中的"M3"）：下属缺乏能力但是愿意执行必要的工作任务，他们有积极性，不过目前尚不具备足够的技能。

第三阶段（图 6-10 中的"M2"）：下属有能力，但是不愿意做领导者希望他们做的工作。

第四阶段（图 6-10 中的"M1"）：下属既有能力，又愿意做领导者让他们做的工作。

根据下属成熟度的不同，领导者可以采取不同的方式把工作任务交给下属。

第一阶段：命令型领导方式（高工作行为—低关系行为）。

领导者定义角色，告诉下属应该做什么，怎么做，在何时、何地做。

第二阶段：说服型领导方式（高工作行为—高关系行为）。

领导者同时提供指导性行为和支持性行为。

第三阶段：参与型领导方式（低工作行为—高关系行为）。

领导者与下属共同决策，领导者的主要工作是提供便利条件和沟通。

第四阶段：授权型领导方式（低工作行为—低关系行为）。

领导者对下属授权，给予下属充分信任，让其自主完成工作任务，只需要提供极少的指导性行为。

怎样才能让高端人才融入企业呢？有三个核心的关键点，第一是引导，第二是机会，第三是信任。

引导指的是让高端人才明确自己的工作目标，在特定情境中如何实现工作目标和实现工作目标的注意事项等，并且在企业的文化、制度和价值观方面给予高端人才相应的引导。高端人才拥有相关项目的能力和经验，不过这些能力和经验往往是在与企业不同的文化中积累起来的，为了让高端人才进入更佳的状态，企业需要引导他们，让他们把自己的经验与企业的文化结合起来。

除此之外，更重要的是给予高端人才足够的机会和信任。高端人才通常希望在自己熟悉的领域大展拳脚，企业一定要给予他们足够的支持和信任，让他们负责领域的项目，这样他们才能充分施展自己的才华，增强成就感，产生"英雄有用武之地"的感觉。

企业中的某些员工可能会对新来的高端人才有所排斥，尤其是在很久以前进入企业的老员工，他们接受的文化、价值观与新来的高端人才是不一样的。因此，企业需要营造包容外来人才的氛围，给予高端人才充分的信任和自主权，让他们大胆尝试，在新的环境中展示自己的能力。

第 7 章
人才梯队

　　企业要做好人才储备，不但要让一批人才带领企业走向高峰，而且要未雨绸缪，培养后备力量。当关键性岗位发生人员变动时，"兵强将勇"的企业既要保证能够有人及时顶替，又要培养这批接班人的接班人，这样企业内部就形成了不同水平的人才梯队，他们仿佛站在有高有低的梯子上，有效避免企业出现人才断层现象。

7.1　建立人才资源库

建立人才资源库是打造人才梯队的第一步。拥有完备的人才库，不但能为企业精准搭建用人模型提供依据，而且能在企业出现人才缺口时高效匹配合适的人才，大幅提升招聘效果。

7.1.1　打造人才资源库

打造人才资源库指的是企业通过多种渠道，将优秀人才的信息资料按照技术序列或职位等纳入企业的人才系统，为企业组建团队、执行任务、选拔干部提供人才。打造人才资源库的流程如图 7-1 所示。

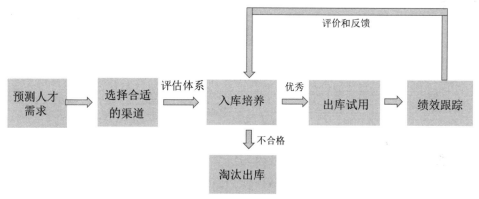

图 7-1　打造人才资源库的流程

1. 预测人才需求

打造企业的人才资源库是一项浩大的工程，这项工程第一个要解决的问题就是将什么样的人才纳入人才资源库。对此，企业可以从以下两个方面考虑。

1）企业过往数据

通过企业员工入职、调动、晋升和离职的系统数据，基于员工的流动规律，预测企业员工的流动方向和流动频率，确定企业内哪些岗位需要储备候选人才，并评估能够胜任这些岗位的员工需要具备哪些特质。

2）企业发展战略

基于企业的发展战略，寻找当前组织架构与未来调整方向之间的差距，对可能出现的人才空缺情况进行预测，明确人才需求。

2. 选择合适的渠道

人才来源可以分为企业内部和企业外部，不同的渠道有不同的筛选策略。人才来源、渠道和筛选策略如表 7-1 所示。

表 7-1　人才来源、渠道和筛选策略

人才来源		渠道	筛选策略
企业内部	潜力人才	① 员工自荐。 ② 主管推荐。 ③ 简历、人事档案筛选	① 通过筛选简历、人事档案等资料分析基本条件。 ② 通过访谈、周报 / 月报分析关键资质。 ③ 通过测评软件或专家进行综合素质测评
	突出人才	① 考核结果。 ② 主管推荐	① 根据考核结果分析差距。 ② 通过访谈、周报 / 月报分析关键资质。 ③ 通过测评软件或专家进行综合素质测评
企业外部	高校人才	① 高校应届毕业生。 ② 高校研究机构。 ③ 校企合作的优秀人才	① 通过校园招聘项目、筛选简历找出符合企业要求的优质应届毕业生。 ② 通过校企合作模式了解学生的专业、品质等，择优录取。 ③ 引进高校的教师、教授资源
	成熟人才	竞争企业、合作企业、员工推荐、专场招聘、猎头公司、行业协会	① 分析竞争企业、合作企业中优秀人才的特点和获取人才的可能性。 ② 通过专业网站、专场招聘、猎头公司获取人才。 ③ 打造良好的雇主品牌形象，吸引优秀人才。 ④ 过去在应聘中表现优秀但是没有匹配岗位的人才

在打造人才资源库时，相关负责人要综合考评各种渠道的人才，对不同渠道的人才采用针对性的筛选策略，做出综合性评价。

对于被纳入人才资源库的、来自不同渠道的储备性人才，企业要为其制定相应的培养、保留方案或个性化的跟进方法，确保顺利地把他们纳入企业人才资源库。

1）内部员工培养激励

对于人才资源库中的内部员工，一方面，企业要尽可能地为其提供展示自己能力的舞台，让其感受到自我价值和工作的意义；另一方面，直接主管要给予员工适宜的帮助和成长建议，可以与员工一起制订个人职业生涯规划，帮助员工量化目标，人力资源部门也要对优秀员工做好档案记录，明确他们的成长路径和能力提升过程。

企业通过关注、培养和激励的方式留存、发展优秀人才，可以为后续的继任计划做好人才储备。

2）外部人员持续跟进

企业外部的人才资源往往是通过"弱关系"获取的。对于特别优秀的人才，部门负责人或人力资源总监可以与他们保持密切的联系，在不涉及企业机密的前提下进行沟通交流，充分向人才展示企业的文化和魅力，等到时机成熟时再向他们抛出橄榄枝。

7.1.2 优化人才资源库

企业发展需要大量的优秀人才，提高资源库中的人才质量，既可以有效提高关键性岗位储备人才的质量，也可以提高资源库人才与关键性岗位的匹配度，因此优化人才资源库是企业打造精英队伍的重要课题。

企业要如何优化人才资源库呢？

1．制定人才标准

与招聘相似，人才资源库的建立也需要提前制定人才标准。一个人能否被纳入人才资源库，如果仅凭面试官的主观判断决定，是有失妥当的，一些特殊的心理效应（如晕轮效应、刻板印象、类我效应等）可能会影响判断的客观性。优化人才资源库应该结合企业对人才的要求，对收集的所有人才资源进行区分和评估，明确什么样的人才对企业是有价值的。

人才标准可以通过提炼标杆企业或行业内优秀人才的特点、企业内部优秀员工的共性来制定，最好能将描述性的文字结合具体的例子，可以通过不同等级区分各项标准的重要程度，帮助企业更好地定义人才，为企业量身打造高质量的人才资源库。

在制定人才标准时，应该兼顾专业技能、能力、心态和品德四个方面。

① 专业技能体现在相关领域的专业程度上，可以通过学历、个人作品、同行评价、处理专业问题需要的时间和对流程的熟悉度等进行判断。

② 对于能力，可以通过人才过去的业绩和积累的经验等进行评估。对于没有工作经验的人，可以通过意愿、个人内驱力和目标感等评估人才的潜力。

③ 心态，尤其是企业外部人才的心态往往是最难评估的，而对于高压、快节奏的企业来说，评估人才的心态确实非常重要，它反映了人才能否适应企业文化并在企业的工作环境中发挥自己的才能。

④ 对品德的评估是最容易被忽略的，一个人的品质往往可以决定这个人能走多远。在将人才纳入企业的人才资源库前，可以综合多人的评价、调查人才过往的经历，对人才有一个大致的了解。

2. 完善出入库机制

在制定了人才标准后，企业还要构建人才出入库机制的评估体系，让人才的出入库有据可依。常见的入库标准如表 7-2 所示，出入库机制的评估体系可以根据各项标准的重要程度赋予不同的权重来构建。

表 7-2　常见的入库标准

考察项目	考察要素	入库标准
先决条件	品德	①德才兼备原则。 ②诚信原则。 ③公平原则。 ……
必要条件	专业技能	①任职标准：专业技术任职资格等级在 ×× 级以上。 ②近一年的绩效位于企业内前 40%。 ③符合相应的学历要求。 ……
	能力	①符合领导力和胜任力基线要求。 ②有高发展潜力。 ③有高个人内驱力。 ④有跨部门工作经验者优先。 ……
	心态	①抗压能力强。 ②积极乐观。 ……

评估人才能否入库，还要充分考虑不同渠道的人才可能存在的局限性，企业要结合实际情况进行人才的评估和筛选。

例如，对外部人才心态和品德方面的评估，在方法和渠道的选择上是比较困难的。因此，在评估外部人才能否被纳入人才资源库时，可以适当降低心态、品德方面的比例，不过在确定录用之前，一定要对这部分候选人进行全面的、综合性的评估。

人才出库管理分为晋升和淘汰两种形式，除了品德方面，其评价标准还包括基于岗位胜任力模型的评估。对于综合评价结果为"优秀"的人才，优先考虑晋升，通过试用考核后可以出库成为继任者；对于综合评价果为"不合格"或违背其他规则的人，应取消其后备人才资格并重新选拔。

> ● **取消后备人才资格的规则**
> ①年度综合评价结果为"不合格"者。
> ②违反《公司管理方法》，或者出现重大过错，受到通报批评一次以上者。
> ③有贪污、行贿问题者。
> ④受行政、党委、国法处分者。
> ⑤企业或个人申请退库者。
> …………

7.1.3 人才资源库数字化

进入人工智能时代，数字化成为一种不可逆的趋势。没有实现数字化管理的企业，往往存在重复性的管理工作，一旦更换 HR，可能就会面临人才管理体系重建的问题。

将数字化融入人才管理过程，能够帮助企业更全面、客观地审视人才管理问题，数据的支撑有助于管理者更客观地做出决策，促进管理变革，加速人才发展。人才资源库数字化的步骤如图 7-2 所示。

图 7-2 人才资源库数字化的步骤

1. 标准化录入人才履历

人才资源库数字化的第一步是确保人才信息统一且有序，不同样式的履历既难以进行比较分析，又不方便归类存储和再次查找。

任正非在 2021 年的干部管理工作思路沟通会上要求"用干部队伍激活的确定性,应对环境与商业变化的不确定性"。

要想做到这一点,第一步就是推行履历制度,让符合履历要求的干部得到优先评议选拔的机会。任正非表示,华为强调的"履历"不是为官的经历,而是作业的履历,即负责过什么类别的项目和具体的时间、地点、证明人等信息;在整理完毕后,干部还要做一个自我鉴定。基于履历,企业能够根据岗位任职资格要求,从经验、能力和品质等多个方面匹配合适的人才。

履历为企业寻找和匹配人才提供了更详尽的信息,企业可以根据对人才的要求,确定标准化的履历样式,确保人才履历信息的全面性,同时可以根据企业的实际情况添加标签,进行归类整理和存储。这样,当企业出现岗位空缺时,管理者可以在数字化的人才资源库中通过标签或关键词进行查找,快速而精准地定位目标人选。

对于大型企业,可以把数字化的人才资源库纳入企业的 OA 系统中;对于中小型企业,如果没有 OA 系统,那么可以借助石墨文档或 Excel 等软件,实现人才资源库的数字化;对于特定行业,可以借助特定组织、机构、行业的数字化服务建立企业的人才资源库,如勘察设计行业的 BIM(Building Information Modeling,建筑信息模拟)服务。

2. 定期维护和更新

企业的人才资源库不是一成不变的,应该随着组织发展、人员流动进行动态更新,为了保证资源库的人才质量、提高资源库的使用效率,企业需要定期维护和更新资源库。

定期追踪人才动态,一方面可以对过去遗漏的人才信息加以补充完善,另一方面也可以了解人才最新的就职情况和求职意向等,并定期与优秀人才保持联络,提升他们对企业的感知度,在企业出现岗位空缺或对方需要更换工作时,让他们有途径、有渠道加入企业。

此外,企业还需要将品行不端或不符合人才标准的人移出人才资源库,重新对其进行审核,避免高层岗位"踩雷"。

3. 基于数据分析优化管理

对人才资源库进行数字化管理，可以借助数据库分析管理流程、盘点人才结构，更精准地寻找和匹配人才；提高招聘效率，帮助企业更高效地提炼岗位胜任力模型、优化投放策略、节省招聘成本；打通招聘与用人之间的"数据桥梁"，帮助企业搭建精准的用人模型；降低人才资源库的使用难度，大幅提高使用效率，实现人才资源库的科学化、精细化管理。

7.2　制订继任计划

继任计划是人才梯队建设的起点，当企业从上至下层层完成了各个岗位的继任计划时，企业内部自然而然地就形成了层层递进的人才梯队，为实施企业战略源源不断地提供助力，推动企业可持续发展。

7.2.1　明确继任计划的流程和分工

继任计划也被称为接班人计划，指的是企业确定并持续追踪关键岗位的储备人才，并通过结构化的流程评估、培训和发展储备人才的过程。

随着经济的快速发展，有些企业发现员工的成长与科技的进步之间是有差距的，企业越来越难找到符合技能要求的员工，更遑论优秀的高层管理者了。

GE 中 85％ 的执行人员来自企业内部，人才培养是 GE 的长项之一。在 GE，每年都会由企业高管带头分析今后五年内关键岗位的升迁和接替问题。1993 年，时任 CEO 的韦尔奇提请 GE 董事会正式决定，他将于 2001 年（65 岁）退休。1994 年春天，GE 正式启动选拔韦尔奇接班人的工作，由韦尔奇本人全程领导这项工作。

为了确保高层管理者的素质，并时刻为企业遍布世界各地的众多管理岗位做好人才储备，IBM 也从 20 世纪 60 年代起实施管理者继任计划。

越来越多的企业不再仅仅关注当下的利益，而是将目光投向了企业长远的发展。通过在企业内部形成人才梯队，一方面减少了人才断层现象，当企业中的某个岗位出现空缺时，可以由合适的候选人接替该岗位，确保前任员工在离职时能够顺利完成交接，无须担心继任者能否胜任该岗位；另一方面极大地促进了管理团队人员能力的提升，降低了部门间的沟通成本，提高了跨部门团队协调能力，高效培养了潜在的高层管理者。

任正非表示："华为的继任计划不是将岗位交给某一个人，而是交给一个群体。"华为借鉴了 IBM 的继任计划，整个继任计划是基于目标岗位展开的。当某个目标岗位出现空缺的时候，企业会从当前岗位上的任职者中挑选胜任可能性较大且具备相应能力的人员。

在华为，关键岗位继任者的选择范围不是三四个人，而是在更大的后备干部资源池中选择。例如在市场体系内，对于"国家代表"这一关键岗位，企业会基于胜任力要求，覆盖上百个岗位进行"地毯式"选拔。

华为的后备干部资源池如图 7-3 所示。

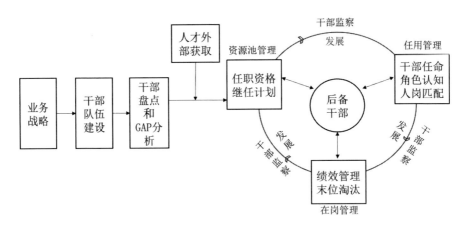

图 7-3　华为的后备干部资源池

华为的继任计划，以业务战略为牵引、以干部标准为依据、以 AT 运作为基础、以后备干部总队为支撑，通过资源池管理、任用管理和在岗管理三个环节，完成干部的选拔、任用、评价、发展和监察，为业务发展持续提供合格的干部。

企业开展继任计划的第一步是明确继任计划的流程，并把职责落实到具体

的部门和个人身上，确保继任计划能够得到顺利执行。继任计划的流程和分工
如表 7-3 所示。

表 7-3 继任计划的流程和分工

流程	参与部门／个人	具体职责
启动继任计划	高层管理者或人力资源部门	① 由人力资源部门起草继任计划，与高管达成一致后启动计划，或者由高管主动提出。 ② 基于企业策略和组织能力启动继任计划，成立继任评估委员会
确定需要开展继任计划的岗位	人力资源部门	① 人力资源部门在理解企业业务发展、组织架构变化和战略的基础上，确定需要开展继任计划的岗位。 ② 为原来的继任者确定新的继任计划。 ③ 对于已有继任者的岗位，根据相关继任者的继任计划进展评估是否需要补充继任者
构建关键岗位的胜任力模型	人力资源部门	① 确定关键岗位的胜任力模型。 ② 评估现任者的胜任力和稳定性
	直线经理	参与构建关键岗位的胜任力模型
甄选继任候选人	继任评估委员会	① 确定继任候选人。 ② 评估继任候选人。 ③ 指定继任候选人的导师
	人力资源部门	① 建立人才数据库并对数据库中的人才进行初评。 ② 设计筛选继任候选人的方案。 ③ 为继任评估委员会提供信息
	直线经理	根据员工的绩效表现向继任评估委员会推荐高潜力员工
	员工	自我推荐
为继任候选人制订发展计划，确定继任者	继任评估委员会	① 评估继任候选人的能力和绩效。 ② 为继任候选人制订发展计划。 ③ 审批继任候选人的晋升，并做出更高层级管理岗位的培养决策
	人力资源部门	① 为继任者提供必要的职业发展指导，推动继任者发展并将其纳入档案。 ② 为继任评估委员会提供信息。 ③ 对继任者导师进行培训
	继任者	① 主动对个人职业发展进行规划。 ② 执行个人发展计划，按照计划参与提高个人能力的各项发展活动。 ③ 对个人发展计划提出修正意见
	继任者导师	① 根据继任者的能力差距制订继任者发展计划。 ② 协助并监督继任者按照发展计划参与各类培训活动

通过明确的分工，企业可以将相关职责落实到具体的部门和个人身上，让每个人"在其位，谋其职"，确保继任计划能够得到顺利执行。

7.2.2　确定继任岗位清单

企业在确定启动继任计划后，第一项工作就是确定关键职位清单。在确定关键职位时，应按照一系列原则和标准，对企业内部的职位进行对比和删减，确定最终的继任岗位清单。

1. 继任岗位的确定原则

① 继任岗位的确定应该基于企业战略，与企业的关键能力密切相关，对企业未来的传承和发展起到至关重要的作用。

② 继任岗位适合从企业内部进行培养和选拔，而不是外部招聘。

例如，对于一家以代工为主营业务的企业，法务岗位对企业的正常运行而言是必不可少的，而企业内部不具备培养法务岗位的充足条件，因此类似法务的岗位更适合通过外部招聘直接获取成熟人才，或者与法律事务所达成合作，令其代为培养。

③ 继任岗位一般属于企业内部的中高层或对技术要求较高的岗位，对于基础的管理岗位，可以直接通过校企合作或社会招聘获取相关人才。

④ 企业是动态发展的，因此继任岗位清单需要随着企业发展和组织架构的变化进行修改和补充。

2. 继任岗位的确定标准

在确定继任岗位时，企业可以遵循如图 7-4 所示的标准。

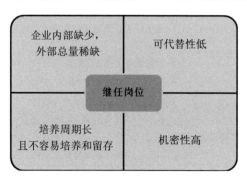

图 7-4　确定继任岗位的标准

除了符合以上标准，企业在为不同岗位甄选继任候选人时，关于实际继任者与继任候选人的比例，管理类岗位至少为 1:3，技术类岗位至少为 1:2，其他类岗位至少为 1:3。

3. 搭建关键岗位的胜任力模型

基于以上原则和标准，由项目负责人初步确定企业的关键岗位，最终的继任岗位清单需要参考继任评估委员会和高层的意见来确定。

为保证能够为关键岗位匹配合适的后备人才，在确认了关键岗位后，企业还要提炼关键岗位的胜任力，搭建关键岗位的胜任力模型。关键岗位胜任力模型包含的内容取决于岗位本身的性质和复杂性，以及企业的文化和价值观特征。

在提炼关键岗位的胜任力时，企业需要考虑胜任力的数量和类型，可以通过行为事件访谈法、德尔菲法、工作情境分析法、关键事件访谈法和问卷调查法等方法确定相关的标准，并从个人品质、专业能力、与企业文化的匹配度三个方向进行提炼。以岗位族群素质模型为例，企业可构建如表 7-4 所示的模型。

表 7-4　岗位族群素质模型

素质	战略族群	采购族群	财务族群	研发族群	专业技能族群	操作维护族群	人力资源族群
敬业负责	√	√	√	√	√	√	√
团队精神	√	√	√	√	√	√	√
目标导向	√	√	√	√	√		
善于学习	√		⊙	√		⊙	√
搜集信息	√	√	√	√		⊙	√
沟通能力	⊙	⊙			√		
待人真诚	√	√	√				
创新精神	√		√			⊙	⊙
人际交往能力			⊙		⊙		√
个人领导能力	√	⊙		⊙	⊙		√

注：√表示必备素质，⊙表示可选素质。

在完成关键岗位胜任力模型的搭建后，由人力资源部门邀请相关岗位的主管和专家对模型进行评估和检验，在评估时，不但要考虑岗位需要具备的能力，而且要考虑企业战略，让关键岗位的胜任力模型与企业战略目标保持一致。

为了验证关键岗位的胜任力模型，企业可以利用评价中心技术，对一组绩效优异者和一组绩效一般者进行测试和评价，并对测评结果进行比较，检验胜任力模型能否对绩效优异者和绩效一般者做出区分，以此验证胜任力模型的可信度。科学合理的胜任力模型能够客观地评价员工的岗位等级，对员工的绩效评估和选拔具有指导性意义。

7.2.3　评估现任者的胜任力和稳定性

在完成胜任力模型的验证后，企业需要将关键岗位的胜任力导入继任计划中，用于对岗位现任者的评估，可以通过差距分析法帮助现任者明确自己的能力情况，基于分析结果开展现任者发展计划，帮助现任者更有针对性地提升能力。

1. 评估现任者的胜任力

关键岗位的现任者与岗位胜任力模型之间的差距，主要依赖于胜任力模型与绩效管理体系运作结果的对比。其中，绩效管理体系提供的信息包括现任者的业绩结果汇总、能力评估结果和核心价值评估结果三个部分。通过差距分析法评估现任者的胜任力如图 7-5 所示。

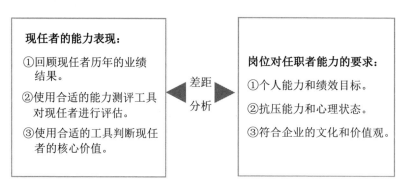

图 7-5　通过差距分析法评估现任者的胜任力

在得到现任者的胜任力评估结果后，如图 7-6 所示，企业可以通过"业绩－能力"九宫格对现任者进行分类，确定需要开展现任者发展计划的员工名单和具体方向。

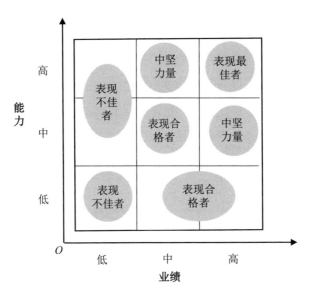

图 7-6 通过"业绩－能力"九宫格对现任者进行分类

① 对于表现最佳者，加快他们的发展速度，培养他们胜任更高职位的能力，同时加快制订所在岗位的继任计划。

② 对于中坚力量，进行针对性的培训，帮助他们进一步提升业绩和能力水平。

③ 对于表现合格者，保留原岗位，可以考虑在未来提供发展机会，并帮助他们进一步提高个人的业绩和能力水平。

④ 对于表现不佳者，应该予以警告；对于低业绩、低能力者可以选择淘汰；对于低业绩、中高能力者，在重点进行业绩和能力培训的同时，加快制订所在岗位的继任计划。

2. 评估现任者的稳定性

现任者的稳定性主要通过日常表现和绩效结果进行评估。

如果一直比较积极的员工长时间出现消极怠工的情况，那么不只是员工的工作状态出现了问题，还可能是员工的心理状态发生了变化，如对现在的工作内容产生疲劳心理，或者感觉工作压力过大等。

● 常见的消极怠工状态

① 对上级的工作指令推诿、拖延、不执行。

② 摆架子，在工作过程中故意刁难同事。

③ 工作作风懒散、纪律松散、效率低下。

④ 假装生病、有事，频繁请假。

⑤ 采取消极、不合作的态度，在不违反管理制度的前提下，想办法不干实事。

…………

当直属领导观察到员工出现上述状态时，需要及时与员工交流，了解具体情况，对于压力过大、产生疲劳心理的员工，除了给予心理疏导，还可以通过轮岗制度帮助员工找回状态。

除了日常表现，绩效结果也能体现员工的能力和工作状态。当员工长时间达不到绩效要求时，可能会产生焦虑和压力，这个时候的员工同样需要直属领导的帮助。当直属领导观察到自己的下属表现不佳时，一方面，可以通过心理疏导、能力培训和轮岗制度等，帮助员工摆脱消极懈怠、无法适应工作的状态；另一方面，这些员工可能会因为工作压力大或内心疲惫而选择离开岗位，直属领导应该加快制订相应岗位的继任计划。

即使对表现比较优异的员工，HR 和主管们也要给予适当的关注，了解他们对工作的满意度。当他们出现频繁的消极怠工行为，甚至开始清理办公桌上的私人物品时，主管们应该及时采取行动，通过多种方式从侧面了解他们的动态，或者通过直接沟通了解他们的真实想法，尽可能给予他们更大的期许和舞台，适当提高薪酬，防止优秀人才被挖走。

7.3　甄选继任候选人

继任候选人的甄选在很大程度上决定了继任计划的质量。有些企业的继任计划之所以会失败，可能是因为错误地培养了不合适的员工，导致企业资源被浪费在错误的对象身上。因此，继任计划应该尽可能做到客观公正，可以将对继任者的综合评价作为依据，通过各项评估选出高潜力人才，将其作为关键岗位的最佳继任候选人。

7.3.1　准备继任计划工具

通过对现任者胜任力和稳定性的评估，企业可以根据评估结果开展现任者发展计划，同时输出关键岗位继任计划，确保企业各关键岗位的正常运行。

1. 岗位胜任力评价表

在制订关键岗位继任计划前，企业应该提前准备如表 7-5 所示的岗位胜任力评价表，对需要甄选的员工进行具体的信息记录。

表 7-5　岗位胜任力评价表

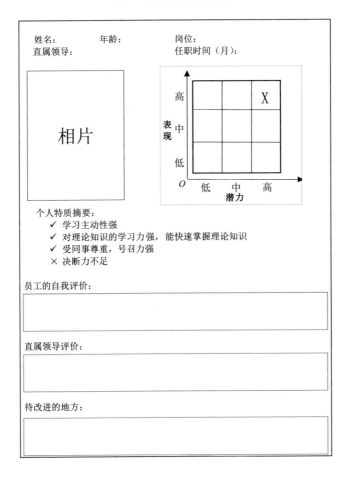

制作岗位胜任力评价表，需要根据岗位的胜任力模型确定相应的"潜力 - 表现"九宫格，在评价员工的胜任力时，应该结合其业绩和能力，确定其在"潜力 - 表现"九宫格中的位置并标注"X"的标记，最好的位置是九空格右上角的方格。

在每张相片下方可以记录简单的摘要，说明继任候选人的长处和短处，并且在摘要后面附上关于员工的各种评价和待改进的地方。

GE 在制订继任计划时会使用"岗位胜任力评价表"这一工具，标注"X"的标准主要是企业的"4E"目标，即活力（Energy）、鼓动力（Energize）、决断力（Edge）、执行力（Execute），以及企业的重点行动计划、以客户为中心、电子商务和"六西格玛"等战略。在"摘要"部分，记录的大多是员工的长处，同时，GE 明确规定至少写一条短处以说明员工需要改进的地方，并且不允许隐瞒。

继任计划工具可以清晰地呈现继任候选人的能力定位和个人特点，既有利于企业在筛选过程中进行横向对比，又能直观地发现候选人的不足之处，制定个性化的培养方案。

2. 关键岗位的继任计划图

图 7-7 所示为关键岗位的继任计划图。针对具体的岗位，企业可以将已确定的继任候选人的培养计划一并纳入关键岗位的继任计划图中，这样培训师能够直观地了解候选人待改进的地方，给予综合辅导；除此之外，在候选人的培养计划下还可以记录具体的项目培训成果，跟进候选人的培养进程。

继任计划图应当及时更新，以便让项目负责人和高层及时掌握候选人能力培养的完成度，对关键岗位的整体情况了然于胸，事先做好相应的准备，在企业的关键岗位出现空缺时，优先参考关键岗位的继任计划图，采取合适的测评手段确定最终的继任者。

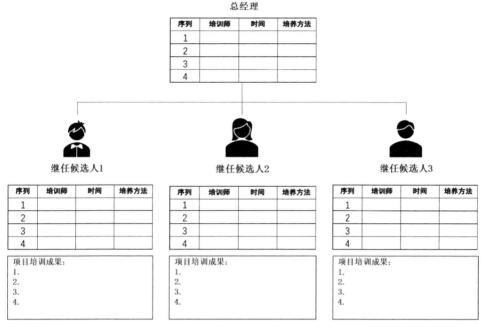

图 7-7 关键岗位的继任计划图

7.3.2 确定继任候选人

继任计划中的继任候选人一般包含两个层级，即中高层的管理岗位和基层的关键岗位。在确定继任候选人时，企业要充分利用关键岗位的继任计划图，选拔有潜力的人才，初步确定继任候选人名单。

在确定关键岗位的继任候选人时，企业应该综合考虑以下几个方面。

① 基于员工的绩效结果，结合直接主管的建议，将高潜力员工纳入企业的人才资源库。

② 从企业的人才资源库中选出可能成为关键岗位继任者的备选人员，可以跨部门选择。

③ 对备选人员展开进一步调查。在这个过程中，人力资源部门应该与备选人员的直接主管交流，明确其能力、业绩和处事风格等，初步评估其发展潜力。

④ 在选择继任者的备选人员时，要综合员工的个人经历和职业背景，在符合职业发展规律的前提下开展培养计划。如果备选人员具有相关方面的经验，

将更好地在关键岗位上发展。

在选择继任候选人的过程中，企业还需要注意以下几点。

① 在确定关键岗位最终的继任者之前应当征询多方意见，包括备选人员的直接主管、客户和下属等，对备选人员有一个全面的了解。

② 在挑选继任候选人时，除了关注能力、业绩和潜力，还要关注候选人的道德和品性等。

③ 除了对能力和品质的要求，还要考虑企业未来的战略对人才的要求。

④ 如果继任计划中包含敏感信息，那么应对相关信息保密，确保候选人的隐私不受侵犯。

在确定了继任候选人后，企业需要为候选人建立完整的个人档案，包括奖惩记录、职位变动记录、培训记录、个人情况概述和能力发展情况等。继任候选人的发展轨迹如表 7-6 所示。

表 7-6　继任候选人的发展轨迹

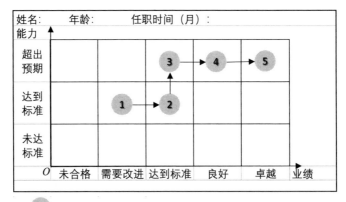

注：Ⓝ 表示第 N 年的绩效情况。

记录继任候选人的个人档案和发展轨迹，可以追踪继任候选人的业绩和能力发展情况，企业应根据继任候选人的实际情况及时更新培训计划，有针对性地帮助他们成长。

接班人计划是 IBM 完善的员工培训体系中的重要组成部分，它还有一个更形象的名字——Bench Plan（长板凳计划）。

　　对于主管级以上的员工，培养下级员工也是其业绩的一部分。每一个主管级以上的员工，在任职初期都会被硬性要求解决一个问题，即"如果你突然离开这个岗位，那么谁可以接替你的工作，确定自己的位置在 1 ～ 2 年后由谁接任，在 3 ～ 4 年后由谁接任"。通过制定这样的硬性目标，IBM 不断挖掘、培养出一批批有才能的人。

　　在每年 2 月，IBM 中国会先要求每一位重要岗位的现任者提供接班人名单，包括第一期继任者、第二期继任者等，然后由中国地区的继任计划总负责人和 CEO 会同其他区域甚至 IBM 总部的接班人计划负责人，共同确定重要岗位接班人在新一年的培养计划，为他们未来的晋升做好准备。

　　IBM 的"长板凳计划"是一个完整的人才发展管理系统，对于主管来说，接班人的成长关系到自己的晋升和未来，所以他们会非常用心地对待这个计划，挑选合适的人才，尽可能为下属提供帮助，尽心尽责地培养自己的接班人。这也为其他企业提供了一个很好的范式，那就是在选择继任候选人时，可以把一部分工作分配给岗位的现任者。

7.3.3　评估继任候选人

　　为了形成定制化的继任候选人发展计划，企业需要再次对继任候选人进行评估。

　　评估岗位现任者的要点与评估岗位继任候选人的要点不同。前者的侧重点是个人的绩效情况，目的在于培养现任者的胜任力；后者的侧重点是考察继任候选人的岗位胜任力和个人潜力，并且在继任候选人之间存在一定的竞争关系。

1. 评估步骤

　　确定关键岗位最终继任者的难点是精准地识别和选择最合适的人才，评估的科学性非常关键。企业可以把评估继任候选人分为如图 7-8 所示的几个步骤。

图 7-8　评估继任候选人的步骤

1）组建测评专家队伍

测评专家队伍应该包括外部测评专家、企业决策层领导、人力资源部门的继任计划负责人和相关岗位的直线上级，从多个角度进行评估，综合多方意见和建议，让评估更全面、充分。

在开始评估前，企业应该对测评专家队伍进行关于测评的专业培训，确保他们了解测评工具的使用方法，让评估更科学、客观。

2）选择测评方法和工具

企业应该根据测评的信度、效度、难易程度选择测评方法和工具。常用的测评方法和工具有 360 度能力评估、行为事件访谈法、无领导小组讨论、公文筐处理、案例分析、性格测试、领导风格测试、背景调查法和综合笔试等。

企业在选择评估继任候选人的方法时，通常会选择效度较高的行为事件访谈法、360 度能力评估和公文筐处理。

其中，行为事件访谈是对被评估者展开的，评估小组通过与被评估者进一步对话的方式，基于 STAR 原则，从被评估者的表达和行为中了解其知识、经验、技能掌握程度、行事风格等。行为事件访谈可以分为结构化访谈、非结构化访谈和半结构化访谈。

- STAR 原则

STAR 原则指的是提炼被评估者能力的四个要点，即把被评估者描述的事件拆分为 Situation（背景）、Task（任务）、Action（行动）和 Result（结果）四个部分，深入挖掘被评估者的信息，评估其描述事件的真实性，为企业的决策提供全面参考。

3）设计综合评估模式

评估继任候选人，除了对个人意愿和资格条件进行准入评估，还要测评候选人的过往绩效、对关键岗位的胜任力和个人潜力。因此，在选择测评方法和工具时，企业应该明确评估要点，设计综合评估模式。

4）实施评估方案

在完成综合评估模式的设计后，企业就可以实施具体的评估方案了。

5）输出评估结果

在完成评估后，根据继任候选人的表现，企业应输出如表 7-7 所示的继任候选人能力评估表，为开展差异化的继任候选人培养计划提供依据。

表 7-7　继任候选人能力评估表

继任候选人能力评估表								
姓名：		岗位：			直接上级：		记录员：	
能力		评价内容		评分记录（满分5分）			最终评价结果（分）	评价描述
				测评师1	测评师2	测评师3		
	分析能力	系统性思维、精细化管理、解决问题						
	创新成长	自我突破、持续学习能力						
	团队精神	有效沟通、达成共识、资源统筹						
	领导力	知人善任、分工授权、教练辅导、激励团队						
	市场敏锐度	客户导向、洞察市场、推动创新						
	追求卓越	廉洁自律、实事求是、主角意识、追求卓越						
		能力总评		□高　□中　□低				
本岗位关键历练		岗位关键历练要求		评分记录（未达标、合格、良好、优秀）			最终评价结果（分）	是否优先培养	评价描述
				测评师1	测评师2	测评师3		
		有过主导完成超过5000㎡招商面积的经历						
		有过完整参与合同续签方案制定和续签合同落地执行的经历						
		当前管理10人及以上团队的经历						
		当前岗位有1名及以上的继任者（经理级别）						
		……						
		本岗位关键历练综合评估（合格/待发展/不合格）						
上级岗位关键历练		有过全面统筹、协调集团重点项目的经历						
		有过参与制订年度业务规划的经历						
		有过统筹、主导商场合同续签谈判工作，并带领团队成功完成租金收缴的经历（针对业务类岗位）						
		有过参与重大企划营销活动的经历						
		有过在2个及以上跨条线部门工作的经历						
		……						
		上级岗位关键历练综合评估（合格/待发展/不合格）						
本岗位综合评价（胜任/待发展/不合格）				上级岗位综合评价（胜任/待发展/不合格）				

2. 注意事项

对继任候选人的评估包括过往绩效和个人潜力，这样既可以充分了解他们在当前岗位上达成能力要求的情况，也可以明确他们现在的能力水平与继任岗位的能力要求之间的差距。

由于继任候选人与评估小组的大部分成员是同事关系，评估者可能会因为主观因素影响评估结果的客观性，因此在进行评估时，评估小组成员可以通过以下方式尽量减少评估的误差。

① 在开始评估前进行专门的评估小组培训，了解评估过程中可能会出现的心理偏差，并在评估时尽可能减少不客观评分。

② 在评估时不要对被评估者评出总体的分数，而应按照评估表上的内容逐项进行思考和填写。

③ 评分不是最重要的，事例说明非常重要，应该实事求是地记录被评估者的所作所为。

④ 可以对被评估者进行两次评分，首先由指定的发展导师初评，然后由评估小组集中讨论。

⑤ 与被评估者就评估结果进行面对面的正式沟通，可以对评估结果做出必要的调整。

7.4　建立人才培养体系

为了保证顺利实施继任计划，企业需要为继任者提供针对性的培训，帮助他们成长和发展，确保在现任者卸任时，继任者有足够的能力顺利上岗。

对继任者的培训是一项复杂的活动，需要进行系统化和持续性的设计，并按照一定的步骤来执行。人才培养的步骤如图 7-9 所示。

图 7-9　人才培养的步骤

7.4.1　分析人才培训需求

对继任者的培养，是基于对未来的预期和具体的目标展开的。人才培养的第一步就是对培训需求进行分析，确定培训目标，这样才能有效帮助继任者在适应企业战略的前提下成长。

在培训需求分析中比较有代表性的观点是麦吉和塞耶的理论，他们认为应该从组织分析（Organizational Analysis）、任务分析（Task Analysis）和人员分析（Person Analysis）三个方向确定培训需求，如图 7-10 所示。

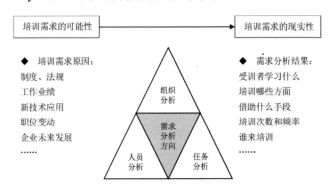

图 7-10 麦吉和塞耶的培训需求分析理论

1. 组织分析

组织分析是从企业宏观的角度展开的，基于以下两个方面进行分析。一是对企业战略的分析，根据组织方向确定继任者的培训内容；二是评估企业整体绩效的达成情况，找出与目标之间产生差距的原因，确定培训需求。

对企业战略的分析可以运用如图 7-11 所示的 SWOT 战略分析法，根据实际情况确定企业应该采取的战略，基于不同的战略开展培训。

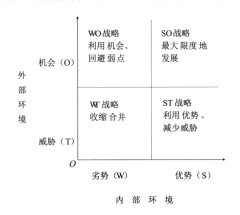

图 7-11 SWOT 战略分析法

WO 战略：采用利用机会、回避弱点的战略，主要关注企业内部的成长，经营重点是市场和产品的开发、创新、全球化。基于这样的经营重点，企业更重视对人才的培养和对创新的要求，重视对继任者业务综合能力、创新性思考和沟通能力的培养。

SO 战略：更关注企业外部的成长，最大限度地加快企业发展的速度，经营重点是横向和纵向一体化、集中多元化。基于这样的经营重点，企业对外多采取兼并措施，更重视对继任者领导统筹和合作共享能力的培养。

WT 战略：企业更多采取缩减规模、清算资产 / 账目等措施以降低成本，重新规划目标，注重企业绩效，采取该战略的企业更重视对继任者领导力和沟通能力的跨职能培训。

ST 战略：采用集中战略，利用优势、减少威胁，经营重点是扩大市场份额、降低企业的运作成本。企业需要进一步扩大组织优势、开发团队，因此更重视对继任者的专业技能培养、跨职能培训和团队培训。

除了 SWOT 战略分析法，企业也可以基于整体绩效的达成情况确定继任者的培训需求。对企业绩效的评估是一种整体性的评价，基于此对继任者进行开发培训，能够提高企业未来的整体绩效，让企业拥有持久的竞争力。企业在进行整体绩效的评估时，可以从业务完成数量、完成质量、所需时间、成本和效率等方面展开，除此之外，还要关注员工的行为和态度，找出员工存在的共性问题，寻找共性问题的解决方案，最终得出企业整体的培训需求。

2. 任务分析

任务分析指的是基于具体的目标继任岗位，通过对岗位任务的分析，确定完成任务必须具备的知识和技能，以此确定培训需求。通过任务分析确定培训需求的步骤如表 7-8 所示。

表 7-8　通过任务分析确定培训需求的步骤

步骤	具体内容
步骤一：选择分析方法	常用的分析方法： ①部门目标—职能—工作—任务。 ②观察法或工作日志
步骤二：确定工作任务	对任务清单进行确认
步骤三：量化工作任务	量化各项任务的完成指标，如对完成任务的频率、时间和成本等进行量化

步骤	具体内容
步骤四：确定任务的"KSAO"	① K：Knowledge, 知识。 ② S：Skill，技能。 ③ A：Ability, 能力。 ④ O：Others，其他，如态度、兴趣等

通过任务分析，企业可以从步骤四中"KSAO"的四个方面明确继任者需要具备的知识、技能和能力等，确定培训需求。

3. 人员分析

人员分析是对继任者本人展开的，主要包括以下两方面内容。一是根据继任者在当前岗位上的绩效，找出不足并分析产生不足的原因，通过弥补这些不足确定继任者的培训需求；二是通过分析继任者现有能力与目标继任岗位胜任力之间的差距确定培训需求，具体的差距可以结合继任候选人的评估结果来确定。

7.4.2　设计培养方案

在完成培训需求分析后，企业需要针对培训需求设计培养方案，主要包括确定培训时间跨度、培训方式和培训师。

1. 培训时间跨度

如图 7-12 所示，根据时间跨度，培训可以被划分为单项活动培训计划、年度培养计划和中长期培养计划。单项活动培训计划指的是针对某项活动开展的培训，其实质是活动指南，具有较强的操作性；年度培养计划指的是结合继任者的现有能力和企业未来一年的战略，以一年为期开展培训计划，具有较强的约束性；与前两者相比，中长期培养计划更为宏观，需要在充分结合企业战略、文化与培训理念、方针、原则的基础上开展。

对继任者的培养属于中长期培养计划，其中包括单项活动培训计划和年度培养计划。

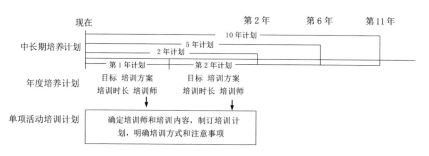

图 7-12　根据时间跨度划分培训

继任者的培训时间跨度一般是 1 ～ 5 年甚至 10 年，首先，企业要确定继任者在宏观层面需要实现的培训目标，并把这些培训目标划分为 1 ～ 3 年的具体目标；然后，在每年的培训过程中根据继任者的实际进度进行培训计划的调整，制定继任者的年度培训目标，并在次年评估培训目标的达成情况时制定下一年的培训目标。单项活动培训计划在中长期培养计划中的应用主要是对培训师的培训。

2. 培训方式和培训师

在确定了中长期培养计划的目标和时间之后，企业还需要确定培训方式和培训师。对继任者的培训通常可以采取在职训练、跟随训练、项目训练、跨职能转岗、导师指导、企业课堂培训和外部培训机构设计课程等多种方式，常见的培训方式如表 7-9 所示。

企业一般会根据具体的培训目标，综合运用多种方式对继任者开展培训，基于目标继任岗位的要求，指派主导的培训导师和不同项目的单项培训导师，通过多种培训方式的有机结合，弥补单一方式的不足，帮助继任者在各个方面快速成长。

表 7-9　常见的培训方式

培训方式	具体内容	适用范围和注意事项	优点	缺点
在职训练	继任者参与实际工作，在上级的专业辅导下，通过完成具体的任务进行学习	①适用于任何岗位。②需要提高上级的训练水平	①与课堂培训相比更容易安排。②提供真实的学习环境。③贴近实际的工作场景	①受时间限制，培训覆盖的业务范围较小。②对上级的训练水平要求较高。③对于某些特殊岗位，如果没有有效的监督，可能会造成商业风险

续表

培训方式	具体内容	适用范围和注意事项	优点	缺点
跟随训练	继任者以助理的身份跟随并观察资深领导或特定团队,由观察对象向继任者解释具体的工作行为并进行辅导	①适用于即将上任的管理人员。②适用于需要拓宽管理视角的经理。③需要先提高观察对象的训练水平	①继任者能从全局的视角了解工作、看待问题。②继任者不会陷入被过多事务包围的状态,能有效吸收知识	①继任者缺少实际操作机会。②对资深领导或特定团队有较高的要求
项目训练	继任者参与具体项目,通过编制商业计划书、开展可行性研究、模拟运行和试验等,以项目实践的方式学习	①适用于任何岗位。②在开始项目训练前,要对继任者进行简单的技能培训,包括明确项目步骤和需要的工具。③需要设计成果检验和反馈环节	①继任者能从统筹的角度了解工作内容。②贴近实际的工作场景,非常锻炼继任者的综合能力	①对项目负责人的要求较高,最好具备丰富的经验。②对继任者的要求非常高,需要消耗大量的时间
跨职能转岗	继任者转到跨职能部门的岗位上开展工作实践,由相应岗位的主管向继任者解释具体的工作内容	①适用于即将肩负跨职能管理职责的经理,或者需要在某一区域树立威信的继任者。②需要设计清晰的职业发展规划路径	①继任者可积累实际工作经验。②通过不同领域的经验打开继任者的格局,培养其大局观。③培养继任者的综合洞察力	①需要对继任者进行监督。②如果没有有效的监督,可能会造成商业风险
导师指导	为继任者指派有经验的导师,由导师对继任者开展具体的培训	①适用于任何岗位。②最好制定相应的激励政策	①继任者可以充分利用企业的人力资源。②督促导师形成系统的理论体系。③同时促进继任者在理论和实践方面的成长	①对导师的经验和训练水平有要求。②不利于激发继任者对工作的独立思考。③如果导师有知识漏洞,可能会传递给继任者

培训方式	具体内容	适用范围和注意事项	优点	缺点
企业课堂培训	企业内部的培训师针对继任者需要培养的能力为其开设专门的课程,通过线上课堂、线下面授结合任务等多种方式培养继任者的能力	①适用于基层和中层岗位。②需要提前解决场地问题	①企业内部的培训师对企业文化的理解更透彻。②可以自行制定培训内容和课程,课程设计更贴近企业的特定目标。③成本低	①培养内训师需要一定的时间。②短周期培训往往很难真正落实。③长周期培训对课程体系的要求非常高,如果课程设计不合理,会影响培训效果。④给企业管理增加了额外的工作。⑤新理念和新思维较少
外部培训机构设计课程	邀请专业的外部培训机构设计能力培训课程或脱产培训,常见的课程有MBA课程等	①适用于任何岗位,以高层岗位为主。②选择培训机构需要权衡利弊	①专业性较强。②继任者可以系统学习某一领域的知识并形成相应的知识体系。③继任者可以与不同行业的学员接触,拓宽视野	①以理论为主,缺少结合企业实际情况的实践。②外部培训机构对企业不够了解且费用高

7.4.3　制订继任候选人发展计划

图 7-13 所示为 IBM 继任计划与人力资源管理体系的连接。IBM 从企业战略的角度出发,一步一步地推演,最终确定了继任候选人发展计划。

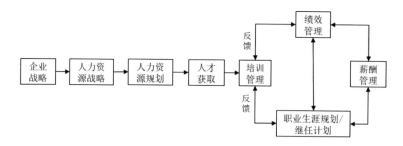

图 7-13　IBM 继任计划与人力资源管理体系的连接

继任候选人发展计划是形成人才梯队的基础,也是企业人才管理的重要组成部分,应当贯彻到企业的人力资源战略中。整个计划需要高层领导高度重视、各部门齐心协力才能完成，IBM 从以下几个方面开展继任候选人发展计划。

1. 挖掘"明日之星"

挖掘"明日之星"是 IBM 实施继任计划的重要环节。IBM 基于企业的人才盘点结果，挖掘每个员工的"DNA"，运用二八法则挑选企业前 20% 的员工作为"明日之星"，为他们制订特殊的培训计划，强化他们的"DNA"。

2. 导师制度

对于企业中的"明日之星"，IBM 会通过导师制度帮助他们成长，为每个员工匹配一名资深导师，通过"传、帮、带"，把导师数十年的经验教给他们。

3. 职业生涯规划

导师或直接主管与"明日之星"进行多次沟通、修改，形成最终的职业生涯规划，IBM 会对员工的目标给予支持和帮助，为员工提供不同的岗位，让员工得到锻炼和成长，培养接班人的远见和大局观。

继任候选人发展计划应在完成继任候选人评估和培训需求分析之后制订，一般要综合多方意见，包括权衡企业战略、岗位的重要程度、胜任力的重要程度、培训人员的专业性和预算等因素，制订最合适的继任候选人发展计划。

在制订继任候选人发展计划的过程中，企业应当"因材施教"，为具体的继任候选人制订针对性的发展计划，帮助他们进一步提升，在有限的时间内缩小他们与继任岗位要求之间的差距。根据如图 7-14 所示的继任候选人"绩效‐能力"评估结果，企业可以将继任候选人分成四类。

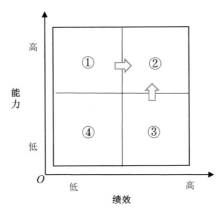

图 7-14　继任候选人"绩效‐能力"评估结果

对于高能力、低绩效的继任候选人（序号①），应当加强对其专业技能的培养，提高其专业能力，可以通过指派项目等方式锻炼他们的工作技能，向②发展。

对于高能力、高绩效的继任候选人（序号②），应该加快对他们的培养速度，让他们为更重要的岗位做准备，可以通过适当授权、岗位轮换和项目实践等方式帮助他们在短期内快速成长。

对于低能力、高绩效的继任候选人（序号③），应当加强对其领导力、沟通能力和团队合作能力的培养，为他们指派提高领导力的纵向任务（而不是提高绩效的横向任务），帮助他们向②发展。

低能力、低绩效的继任候选人（序号④），不适合当前岗位的继任计划，应当予以绩效辅导并持续观察。

企业可以先通过培训需求分析设计详细的培养方案，再输出如表7-10所示的继任候选人发展计划表，由专门的导师指导和监督计划实施。

表 7-10　继任候选人发展计划表

第一部分：简历和评价					
姓名		年龄		学历	
员工编号		直接上级		入职时间	
当前岗位		继任岗位		负责导师	
计划期限	年　　月　　日至　　　年　　月　　日				
当前岗位工作职责			继任候选人主要业绩		
个人优势和不足（对照继任岗位任职资格要求）					
项目	优势			不足	
专业技能					

续表

第一部分：简历和评价		
管理技能		
其他		

综合评价

负责导师：　　　　　年　月　日

第二部分：计划和实行		
计划提升目标 （例如：掌握、学习、获得 ×× 知识或技能，达到 ×× 目的）		
继任计划提升目标 （5 ~ 10 年内）	年度提升目标 （1 ~ 2 年内）	短期提升目标 （3 个月内）

项目推进计划表 （建议以 3 个月为期分阶段进行）			
具体项目	主要培训内容	完成时间	负责人

续表

第二部分：计划和实行			
计划实行情况和过程评价		是否达到继任岗位任职资格要求	
部门负责人意见		继任评估委员会负责人意见	
总经理意见			

7.5　搭建人才梯队

　　人才梯队的搭建是继任计划的重点，它指的是以继任计划为基础，借助关键岗位的胜任力模型，形成多层次、全方位的人才梯队，通过源源不断地输送人才，推进企业的专业化、规范化发展，让企业蓬勃向上、历久弥新。

7.5.1　构建人才梯队体系

　　人才梯队体系的构建，首先需要借助关键岗位的胜任力模型，基于一定的标准筛选人才资源库中的人才，然后根据能力层级区分管理和技术通道，对人才进行分类，从而达到为不同岗位层层输送人才的目的。构建人才梯队体系的步骤如图 7-15 所示。

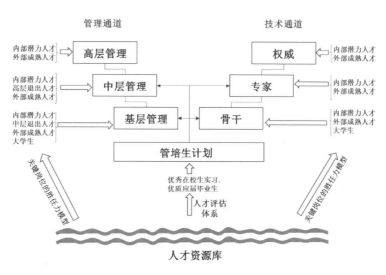

图 7-15 构建人才梯队体系的步骤

　　人才梯队体系为企业提供了一批已达到一定岗位标准但是还有部分能力尚未达标的人才，企业可以通过继任候选人发展计划对他们进行针对性的培养，让这批人才为下一次选拔做好充分的准备。

　　人才梯队体系的构建对企业的人才供应链具有重大意义。一方面，它可以对人才资源库中的人才进行智能化、精准化的分类和选拔，进一步提高企业人才管理的效率；另一方面，它可以让员工更好地自我定位，有意识地通过企业目标引导个人前行。

　　Woodside 是澳洲的独立油气公司，以世界级的能源生产能力和全球产品组合能力著称。在要求"绝对准确"的行业中，Woodside 的工程师凭借精确的数据做出决策，比较依赖历史背景信息和过程信息。遗憾的是，每当专家退休时，专家的经验会与专家一起离开企业。

　　为了留住资深专家的经验知识，同时确保初级员工能够找到合适的成长路径，Woodside 搭建了人才梯队体系，建立了内部共享知识库。

　　员工可以通过内部共享知识库实现经验的传承和分享，人才梯队体系的搭建可以帮助员工明确自己的成长路径，通过对比了解自身能力与目标岗位胜任力之间的差距，借助内部的学习系统更有针对性地提升个人能力，真正将个人的职业生涯规划与企业发展相结合。Woodside 通过人才梯队体系与内部共享知识库的连接，用人工智能数据留住了专家的经验，并通过人才梯队体系的构建激发员工的主观能动性，帮助学习力强、目标明确的员工迅速成长起来。

构建人才梯队体系可以在一定程度上激活企业内部积极向上、开拓向前的良好氛围，Woodside 人才梯队体系与内部共享知识库的连接，为促进企业规模化、专业化发展提供了值得借鉴的思路。

在构建人才梯队的过程中，可能有一些已经具备部分优良素养但是还没有足够的能力进入人才梯队的员工，企业也需要给予他们关注并进行培养，让他们在企业中更好地成长和发展，争取在下一次选拔中被纳入继任计划。对于这部分员工，企业可以从以下两个方面帮助他们成长。

1. 直接上级与员工沟通

在沟通的过程中，直接上级应充分了解员工的想法，如对工作内容、成长路径、晋升或落选的想法，对他们的困惑予以解答，对他们的失落予以安慰和鼓励。

更重要的是，直接上级应基于过去的观察和本次沟通的结果分析员工的不足，协助员工找到弥补不足的办法，还可以协助员工制订或调整个人的职业生涯规划，让员工确定合理的目标和前进的方向。

2. 激励政策

激励政策分为三个部分，第一部分面向员工，第二部分面向员工的直接上级，第三部分面向人力资源部门的相关成员。

对员工的激励，可以体现在当员工完成年度 OKR 或阶段性目标后，对其进行公开表扬、授予荣誉称号或物质嘉奖，让员工知道自己的成长和进步是能够被看见的。

对员工直接上级的激励，可以将季度或年度培养人才的数量作为其绩效的一部分，或者将人才培养纳入他们的晋升标准。

对人力资源部门相关成员的激励，主要体现在将员工培训的完成度、满意度与人力资源部门相关成员的绩效奖金结合起来上。

7.5.2　管控培训效果

为了充分发挥人才梯队体系在激活组织氛围、提升人才能力、促进企业发展方面的作用，企业还需要对各层级人才梯队培训的实施进行有效的监管。

1．实施培训计划要将职责落实到个人

人才的培训计划要细化到具体环节，责任要落实到个人，确保责任落实不出现断层。培训计划的职责落实如表 7-11 所示。当培训效果不佳时，培训负责人应准确判断是哪个环节出现了问题、责任人是谁，并尽快与责任人沟通，了解详情，提高解决问题的效率，保证培训效果。

表 7-11　培训计划的职责落实

职位	具体职责
总经理	创造和优化企业内部的培训氛围，是培训计划的"总教练"，应明确各项标准，确保高潜力人才能够得到公平、良好的发展机会
间接上级	解决直接上级在候选人的职业发展中无法解决的困难和能力提升的难题；确保培训计划与企业要求保持一致
直接上级	及时为候选人的工作提供指导和帮助，协助候选人将工作与个人目标结合起来；对候选人的绩效进行评估；了解候选人的思想动态
导师	从经验、智慧、技能等多个方面为候选人提供职业发展方向的指导
同级候选人	在工作任务中坦诚、开放地沟通交流，及时提供有建设性的反馈和建议，在他人遇到困难时给予支持，共同进步
候选人	对个人能力和发展承担最主要的责任，包括对自我的正确认知、对自我期望的管理和确定个人的发展方向；反思个人经历并总结方法；对照继任岗位的要求，借助内外部资源，尽可能创造学习机会

2．注重过程反馈

人才梯队建设中的培训主要是中长期培养计划，在培训过程中需要构建多条反馈渠道，确保培训按照企业目标进行。

继任计划的反馈渠道如图 7-16 所示。

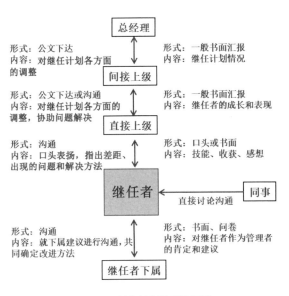

图 7-16　继任计划的反馈渠道

继任计划实施过程中的反馈可以分为两个部分。一部分的反馈来源于继任者，鼓励继任者就培训内容进行自我检查。提升团队管理能力的有效方法是提升自我认知，让继任者进行有效的反馈可以帮助他们提升自我认知。继任者在自我反馈的过程中常常需要反省自身，并以开放的心态倾听他人的建议和反馈，这样可以帮助他们不断改进。

另一部分的反馈来源于企业中的其他成员。企业可以定期复盘继任计划，由继任者输出培训知识，由继任者的直接上级或评估小组对继任者输出的内容进行评价和反馈，及时修正继任者对知识点的理解偏差。除此之外，企业也可以通过与继任者的同事或下属讨论沟通、定期问卷调查等形式获得反馈。

在实施继任计划的过程中，华为自下而上开展了经理人反馈计划（Manager Feedback Plan，MFP），通过管理效果调查、团队反馈会议等一系列活动，让下属对直接上级过去半年或一年中的管理工作进行反馈，并将反馈结果作为直接上级未来提升管理能力的依据，推动管理者全面认识、提高自我。

为了倾听下属对管理者的真实评价，经过与销售和服务体系领导团队的研讨，华为设计了经理反馈调研问卷，征集下属对上级管理者在管理方面的意见和建议。

华为通过反馈调研问卷，让经理有机会听到下属对自己的真实评价，从他人的角度审视自己，为管理者完善自我认知、全面提升管理能力提供了有效依据。

3. 完善配套机制

除了关注继任候选人，企业还需要完善配套机制，确保顺利构建人才梯队。

① 完善职业发展通道，对于继任者的上级和导师，也要制订相应的继任计划，避免发生"教会徒弟，饿死师傅"的现象。

② 持续跟进构建人才梯队的相关责任人（如导师、继任者及其直接上级等）的任务完成度，并给予一定的奖励。

③ 在企业内部形成良好的氛围，如尊重人才、重视人才；建立完善的薪酬福利体系和评价体系，这样有利于减少人才的流失。

④ 在执行过程中协调好人才培养计划与其他紧迫任务之间的关系。

7.5.3　评估和任用人才梯队

在对各层级的继任候选人进行了目标明确、计划严谨、监督严格的培训后，企业需要通过考核等手段正式确定最终的继任者，让他们在有限的时间内尽快适应新岗位的工作，确保他们有足够的能力胜任新岗位。

1. 基于考核结果选拔人才

要想确定关键岗位任用哪一名继任者，首先要对继任者进行考核。对于同一关键岗位，为了让考核结果有足够的说服力，企业应基于该岗位的岗位说明书和胜任力模型，采用相同的考核形式和评分标准，对继任者进行考核。考核关键岗位继任者的流程如图 7-17 所示。

图 7-17　考核关键岗位继任者的流程

1）确定考核目标

企业应基于关键岗位的岗位说明书和胜任力模型确定考核目标，在这个过程中应遵循一定的原则，使考核目标与企业的战略目标保持一致。

2）建立评价指标体系

根据考核目标，确定并培训负责考核的评价主体，共同建立评价指标体系，对各项指标的权重采用合理的分配方法。

企业在建立继任者的评价指标体系时，应让最终的得分体现出继任者过往的培训情况、个人业绩、上级评价和继任面试等综合表现，从多个角度对继任者进行全方位的考核。

3）整理和分析

基于评价指标体系对继任者展开全方位的考核，在对继任者过往的数据进行整理和分析时，应该严格按照评价指标进行归类，通过客观的标准和数据反映继任者的水平，尽可能减少主观因素的影响，这个环节对分析者的经验要求较高。

4）确定继任者

根据分析结果确定继任者并予以任用，对于关键岗位，可以给继任者一定的实习期，一般为三个月，通过在关键岗位实习的形式，判断继任者能否真正胜任该岗位。

2. 人才梯队的任用和辅导

在继任者上任初期，企业可能会遭遇过渡风险（继任者能否成功转型并全面适应新岗位）和任用风险（如何确保合适的人才在正确的时间位于正确的岗位）。对此，企业可以通过以下六个步骤辅导继任者，如图 7-18 所示。

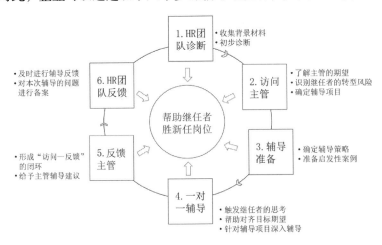

图 7-18　辅导继任者的六个步骤

对继任者的辅导由人力资源部门牵头，通过 HR 团队诊断、辅导前访问主管、做好辅导准备、对继任者进行一对一辅导、辅导后对主管进行反馈和 HR 团队反馈六个步骤，帮助继任者及其主管明确实习期间各阶段的关键动作和要点，以达到适应新岗位的目的。

华为为新上岗的干部制订了如图 7-19 所示的"新干部上岗 90 天转身计划"，以此对过渡风险和任用风险进行管理，缩短新上岗干部对新岗位的适应周期。

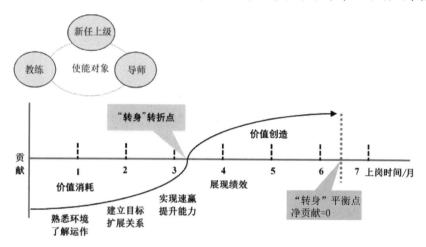

图 7-19　新干部上岗 90 天转身计划

华为的"新干部上岗 90 天转身计划"，主要从以下三个方面帮助新上岗的干部快速适应岗位，并对其进行考核。

1）建立正确的角色认知

新干部需要一个适应新角色的过程。华为要求每一个新上岗的干部都要参与角色认知培训，帮助新干部准确认识自己的能力，明确自己在新岗位上的责任和应该具备的能力等，协助新干部从思想、能力和时间管理等多个角度进入新的角色状态。该培训必须在 90 天内完成。

2）在教练的协助下产出价值

华为提倡通过教练式辅导实现知识和经验的共享，从而激发新上岗干部的潜力，帮助他们完成新岗位的"转身计划"。

在"转身计划"期间，华为会为新上岗干部配备一名专门的"转身"教练，由教练为新干部提供各种精细化的指导，帮助他们找到最快看到绩效成果的方法，同时排解他们内心的压力和外部的干扰，确保"转身计划"成功。

3）在正式上岗前通过转正答辩

在"转身计划"结束后，新干部需要参加转正答辩，在一小时的互动时间里向管理团队成员介绍自己在90天内做了哪些工作、发生了什么变化、取得了什么成果，并表达自己的业务策略等，只有通过转正答辩的干部才能正式上岗。

华为的"新干部上岗90天转身计划"，帮助新上岗的干部从思想、能力和时间管理等多个角度适应新岗位，协助他们完成角色的转换和价值的产出，并且通过转正答辩对新干部进行能力考察，确认他们是否具备胜任相应岗位的能力素质。这为其他企业辅导新上岗员工提供了借鉴经验。

第 8 章
学习发展

　　解决企业人才问题，决不止步于找到人才并把他们安排到合适的位置上，更重要的是为人才打造持续学习和发展的环境，激发他们不断学习的动力，让他们在日新月异的大环境中始终保持竞争优势，与企业共同成长，这才是企业可持续发展的长久之计。

8.1　做好人才发展的规划

要想为人才创造持续学习和发展的环境，企业首先要基于理论，从员工的角度出发，协助员工做好个人发展计划；在此基础上，通过人才培养项目打通企业内部人才的学习成长路径，既让人才的学习发展有据可依，又让人才发展顺利融入企业文化，成为企业发展的重要支撑。

8.1.1　人才成长"721"学习法则

普林斯顿大学创造领导中心的摩根、罗伯特和麦克提出了著名的"721"学习法则，如图8-1所示。该法则被广泛应用于高校学习和企业培训中。

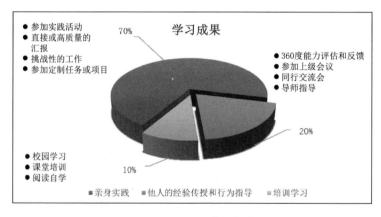

图8-1　"721"学习法则

"721"学习法则指出，人们的学习成果往往不是来自单一途径，而是来源于培训学习、他人的经验传授和行为指导、亲身实践三种途径，各自说明如下。

"7"：人们学习成果的70%来自亲身实践，如学习经验、工作经验、生活经验等。

"2"：人们学习成果的20%来自他人的经验传授和行为指导，如观察周围优秀的同事、从同行交流会中学习等。

"1"：人们学习成果的10%来自培训学习，如校园课堂、企业组织的培训等。

"721"学习法则表明，人们不能只依靠单一的授课方式获取知识，而应将培训学习、他人的经验传授和行为指导、亲身实践三者充分结合，这样才能获得最佳的学习效果。其中，亲身实践对获得学习成果的作用最大。

高效学习通常需要以下三个步骤。一是通过课堂或自主阅读获得相关的知识概念；二是及时向导师请教学习过程中遇到的问题并解决这些问题，将所学知识付诸实践；三是针对实践过程中出现的问题，通过观察他人、请教导师等方式思考解决方法，通过多次探讨和调整，最终形成可靠的经验和技能。

倍智人才研究院的《2016—2017 中国企业高绩效领导力画像白皮书》指出，困扰管理者最大的障碍是缺少通过实践来学习的机会，矛盾的是，通过实践提升领导力是获得最多管理者好评的培训方式。

事实上，要想获得更好的培训效果，企业可以增加培训方式，给予员工实践的机会，让员工在实践中进行综合性学习。

霍尼韦尔国际是一家在多元化技术和制造业方面居于世界领导地位的跨国公司，该公司每年在春、秋季进行人才盘点，根据人才盘点结果开展对员工的培训。其培训主要集中在三个方面，一是对管理者的领导力培训，二是对员工的个人发展计划培训，三是岗位培训，在培训过程中会通过课堂教授、经验分享和行动学习等方式提升人才的能力。在员工后续的反馈评价中，"行动学习"被提及的次数最多，并且多数员工认为这种培训方式的应用效果优于其他培训方式。员工表示，行动学习可以帮助他们把学到的工具和方法更好地应用到个人和团队发展中，效果非常不错。

霍尼韦尔国际的例子说明了实践对人才学习发展的有效性。企业应基于"721"学习法则和组织现状，反思为何员工在过去的培训中不能将培训内容落地，并且思考如何设计高效的人才发展项目，以及在培训中增加更多的实践机会。当然，对于某些重要岗位，在注重给予人才实践机会的同时，企业也要设计有效的监督模式，避免因为个人的实践发展带来商业风险。

8.1.2　制订个人发展计划

在明确了影响人才发展的因素后，企业需要向员工传达共同愿景并充分结合员工的个人意愿，协助员工制订个人发展计划（Individual Development Plan，IDP），让人才学习发展的整个过程有据可依。

作为指导待发展员工提升个人能力的工具，个人发展计划绝不能只依靠人力资源部门、员工的直接上级或员工本人来完成，而应该基于企业战略层层传递，对员工及其直接上级开展培训，在待发展员工和自己的直接上级充分讨论后共同制订。在制订个人发展计划时，相关人员需要充分讨论如表 8-1 所示的构成要素和具体内容。

表 8-1　个人发展计划的构成要素和具体内容

构成要素	具体内容
清晰的目标	员工在待发展项得到发展之后应该达到的状态
目标的标准	达到什么程度才算实现了目标
待发展项	与目标之间的差距，这些差距必须是个人职业发展的瓶颈，通常不超过三项
需要提升的能力	实现目标需要提升哪些方面的能力
区分优先级	按照重要性和紧急程度区分优先级
具体行动计划	要通过什么途径、采取什么行动弥补与目标之间的差距

在待发展员工与直接上级充分讨论后，需要输出如表 8-2 所示的个人发展计划表，这是制订个人发展计划过程中非常重要的环节。企业需要整合各种发展方法，为员工量身定制发展计划。

表 8-2 个人发展计划表

个人发展计划表							
计划有效日期：　　　　年　　月　　日至　　　　年　　月　　日（为期一年）							
姓　名		入职时间		现任职务		目标职务	
职 业 发 展 目 标 （根据个人现状和职业兴趣，规划未来一年内的职业发展目标，分别列出实现该目标的三个最关键的优势和挑战）							
职业发展目标							
优　势							

续表

职业发展目标
（根据个人现状和职业兴趣，规划未来一年内的职业发展目标，分别列出实现该目标的三个最关键的优势和挑战）

挑 战	

个 人 现 状 总 结		
当前负责的工作 / 项目	具体内容	自我评价

优势 / 专长	
不足	

一年内重点发展的三项能力素质			
（列出一年内重点发展的，与工作任务、职业发展直接相关的知识、技能、能力素质）			
重点发展的知识、技能、能力素质	当前水平	目标水平	目标实现时间

具 体 行 动 计 划			
重点发展的能力素质	学习发展活动（行动举措）	衡量标准	活动持续时间

关于个人发展计划的几点说明
◇ 在未来的一年内，员工计划完成的学习发展活动将有助于发展员工的能力素质，从而帮助员工实现自己的职业发展目标，并为客户和企业创造价值
◇ 在员工和直接上级阅读并讨论此发展计划后，双方必须共同确认并签署此发展计划

签署发展计划		
☑ 以上内容经过充分沟通，已达成共识，我同意此发展计划	员工签名：	直接上级签名：
	日　期：	日　期：

　　在完成个人发展计划表后，直接上级在每个阶段至少应与员工进行一次一对一辅导，辅导要点如下。

　　① 员工回顾本阶段的工作表现，说明自己的优缺点，并提出需要获得的帮助。

　　② 直接上级为员工解答疑问，收集每个员工的建议。

　　③ 直接上级对员工本阶段的表现进行简单总结，针对待发展项给出指导意见。

　　④ 沟通、回顾个人发展计划表中的职业发展目标和具体行动计划的细节，指出下阶段的改进方向。

> ● 关于制订个人发展计划表的其他注意事项
>
> 　　① 在制订个人发展计划表前，直接上级需要与员工充分交流其人才盘点结果。
>
> 　　② 在制订个人发展计划表的过程中，应帮助待发展员工充分理解个人发展计划表的意义，从自身的实际情况出发制订个人发展计划表，直接上级只起到辅导作用。
>
> 　　③ 个人发展计划表可以是公开的，企业中的其他员工也能看到。
>
> 　　④ 个人发展计划表既与绩效考核无关，也不是团队规划的分解，其体现的是对员工个体的关注。

　　制订个人发展计划是为了指导企业员工提升个人能力，帮助每个员工明确职业发展的瓶颈和成长方向，实现在工作中的加速成长，创造越来越多的价值，通过提升个人能力提高团队的整体绩效。

8.1.3　设计人才加速培养项目

　　除了协助员工制订个人发展计划，企业还要从组织的角度出发，设计人才加速培养项目，以支持企业内部人才的持续学习和发展，进一步挖掘企业内部的人力资源，让人才成为企业发展的不竭动力。

　　企业在设计人才加速培养项目时，需要建立完善的培养体系，首先根据人才盘点结果对企业内部的员工进行分类，然后根据分类结果为人才规划全面的培养计划。人才加速培养项目的流程如图 8-2 所示。

图 8-2　人才加速培养项目的流程

1．项目策划

对整个人才加速培养项目的策划往往是由企业高层发起的，在确定了项目负责人后，联合各部门经理共同讨论项目的培养目的、资源投入，并制定具体的项目方案。

2．资料管理

对培训员工的个人资料进行整理，汇总员工的过往资料，了解员工的学习意愿、个人特质和内驱力等，为员工分类、制订培养计划做准备。

3．培训过程管理

为不同的培训小组安排相应的项目负责人，辅导员工培训、把握培训进程、制定培训纪律，做好持续培训的准备。

4．培训体验设计

在进行培训体验设计时，企业可以充分参考"721"学习法则，采用教练制、在岗实习、轮岗学习和挑战关键任务等培训方式，帮助员工更高效地成长和发展；此外，还需要提前设计员工的学习手册，便于后续的培训跟进。

5．输出人才档案

人才档案包括员工的个人发展计划表和具体的培养方案等，明确下一个阶段的培养重点。

碧桂园是国内规模较大的综合性房地产开发企业之一，其销售额从 2010 年的 329 亿元发展到 2020 年的 7888 亿元，在国内房地产行业遥遥领先，并保持高增长态势。在这背后的，不只是碧桂园对业务战略的精确定位和对市场的精准把握，更重要的是对人才的关注。

近十年来，碧桂园将人才战略与企业战略紧密相连，构建了人才供应链体系和六支关键人才队伍。碧桂园的人才发展项目如图 8-3 所示。

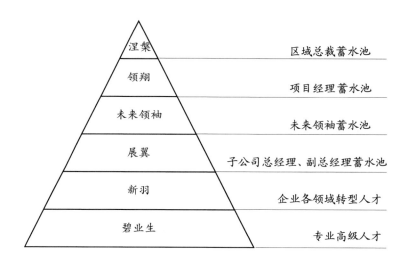

图 8-3　碧桂园的人才发展项目

碧桂园以"成人达企"为人才理念,自 2013 年起推出了一系列人才发展计划,并在每个发展阶段制定与之相匹配的人才部署策略,如"碧业生"计划是碧桂园制订的一项集应届毕业生人才吸纳和培养发展为一体的人才发展计划。此外,碧桂园还推出了一系列领导力发展项目,包括涅槃计划、领翔计划、展翼计划和新羽计划四个人才发展项目,为企业打造精英人才梯队。整个人才项目体系的完成度之高、规模之庞大,称其为"人才生态圈"也不为过。

一系列人才项目,让刚入行的新人和已进入行业多年的人才都能拥有适合自己的发展空间,实现了人才与企业的共同成长,源源不断地为碧桂园各个关键管理岗位输送优秀的管理人才。

"成人达企",碧桂园通过为人才搭建学习和发展平台,在更大程度上开发人才的潜力,持续助力企业的发展,实现了人才与企业的双赢。

搭建人才的学习和发展平台需要系统的设计,基于"721"学习法则,企业可以把实践纳入员工的培训计划中,优化员工的学习效果。

我们曾为某企业设计了如图 8-4 所示的销售员工培训方案。在设计培训方案前,我们首先基于业务场景对优秀销售员工的胜任力进行解码,然后根据岗位胜任力模型设计销售员工培训方案。整个培训方案主要采用"训战结合"的方式，旨在提升销售员工的自我管理能力、业务管理能力和团队管理能力。

学习前	入营测评	问题导入	书籍自学	标杆学习	线上课程	主动思考
学习课程	**自我管理** 狼性管理干部职业化训练 销售会议与沟通能力		**业务管理** 客户挖掘与渠道管理 大客户销售活动循环与实操 销售谈判与成交		**团队管理** 高绩效销售团队的建设与管理 目标管理与销售督导带教	正式学习
学习后	一课一测	实践作业	心得分享	案例研讨	结业测评	转化提升
工作实践	制订个人发展计划	在岗实践	管理者反馈计划		经验分享	巩固强化
持续的导师指导						

图 8-4　销售员工培训方案

基于该培训方案，销售员工通过"训战结合"和导师跟进指导的方式锻炼了销售岗位的关键技巧和能力，与之前相比，员工对培训的满意度也有了明显的提高。该企业的销售员工通过实践的强化，成功将培训技巧融入现实的业务场景，销售业绩得到了大幅度的提升。

企业可以按照以下四个步骤设计培训方案。

① 学习前：通过入营测评对培训员工进行初步测评，可以事先布置阅读、线上学习等任务，让培训员工对培训内容有一个理论层面的了解。

② 学习时：培训导师根据测评结果完成问题导入、把握培训重点，基于需要培训的内容，通过丰富多彩的形式帮助员工掌握具体的方法，并在课堂上进行实操演练。

③ 学习后：除了测试，培训导师还要布置相应的实践作业，并要求培训员工就实践作业进行心得分享和案例研讨。

④ 在完成学习后，培训导师继续指导员工的工作实践，并要求培训员工定期复盘和反馈，以巩固、强化所学的技能。

8.2　实施常态化的课程培训

虽然学习成果中仅有 10% 来源于传统的课程培训，但是这 10% 的课程培训对员工的个人成长仍然具有不可或缺的作用。课程培训可以帮助员工快速了解理论、把握知识框架，为实践奠定牢固的基础。

8.2.1　开发业务导向的培训课程

业务导向的培训课程指的是强化课程培训体系与业务的关联，在基于企业战略的大前提下，让相关岗位的过往业务数据和能力要求在该岗位的培训课程中体现出来，从而驱动业务流程和课程培训的整合。

传统的课堂培训经常出现的一个问题是老师传授的业务知识过于概念化，不能很好地与实际的业务场景结合起来。这样容易导致员工虽然在培训课堂上听得津津有味，但是一回到工作情境中就不知所措，或者在培训课堂上难以与老师的授课内容形成知识连接，始终不知所云，从而让培训效果大打折扣。

在为美纳多设计领导力培训项目时，我们对课程内容和授课方式进行了巧妙的设计。课程中不但有理论知识的讲解，而且包括生动的、基于业务场景开发的案例课程；对于重点知识，通过互动测评的方式强化记忆，让培训员工基于业务场景熟练掌握工作技能。领导力培训项目的方案如图 8-5 所示。

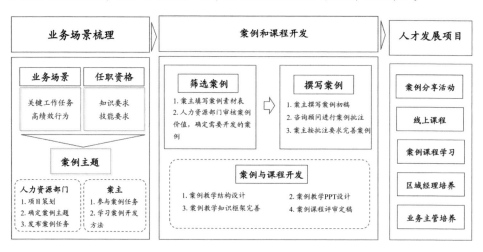

图 8-5　领导力培训项目的方案

在进行方案设计前，我们首先梳理了业务场景，通过提炼业务场景中的关键工作任务和高绩效行为，确定了关键岗位的任职资格；然后，为了丰富课程内容，让培训员工基于业务场景学习具体的岗位技能，我们协同美纳多的人力资源部门，对关键岗位上的标杆人员进行了行为事件访谈，以此开发案例和课程；最后，我们通过线上与线下结合、培训与实践结合、导师跟踪指导等形式，加速了企业干部领导力的提升。

在开发培训课程时，企业应注意结合业务场景，这样可以让培训员工更好地将培训技能融入实际的工作情境。企业可以基于过往业务数据和能力要求进行培训课程的设计，将课程知识内容与实际业务场景结合起来，让员工对培训课程中所学的知识举一反三。业务导向培训课程的开发步骤如表 8-3 所示。

表 8-3　业务导向培训课程的开发步骤

开发步骤	具体内容
步骤一：明确业务目标和场景	① 从培训项目设计的角度出发，完成需求调研和分析，与业务部门一起分析、诊断业务问题，找出绩效差距和原因。 ② 根据业务部门的需求确定学习内容和学习目标，并对目标进行细化和量化
步骤二：确定培训人员或机构	根据目标确定培训导师，充分考虑导师的教学水平和相关技能的专业度，如果企业不具备相关的培训条件，那么可以与培训机构合作
步骤三：培训设计	① 向培训人员阐明培训目标和培训员工的具体情况，在充分沟通的基础上展开培训设计。 ② 在培训过程中应细化业务内容，确定应该通过什么样的培训形式呈现各种培训知识，将业务场景融入培训
步骤四：制作培训计划表	课程主讲老师或助手综合各方意见制作培训计划表，并根据培训计划表设计课程内容
步骤五：课程试讲	在开始正式培训前，主讲老师先通过试讲验证课程内容是否合适、授课形式是否生动等，只有试讲合格才可以正式授课

确定培训目标是开发培训课程的第一步，也是非常关键的一步，直接影响着最终的培训效果。因此，人力资源部门需要充分参考并整合各方意见，积极与业务部门主管沟通，确定培训目标。确定业务导向的培训目标的依据如图 8-6 所示。

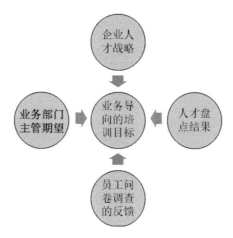

图 8-6　确定业务导向的培训目标的依据

课程培训只是整个人才发展项目中的一小部分，讲授课程的老师可以来自企业内部或外部，如果邀请的老师是企业外部的专家，那么为了保证学习效果，项目负责人最好能与专家约定一段时间的课后辅导期。

从长期经营的角度来看，企业可以培养一批内训师，形成"内部为主、外部为辅"的培训体系，将培训内容与企业的实际情况充分结合起来，从而更好地满足培训和发展需求，打造企业学习发展的独特优势。

8.2.2　区别分层、分类的课程资源

区别分层、分类的课程资源是人才管理的重要组成部分，其实质是明确不同人才的价值定位，分析不同人才的价值定位和人才需要具备的能力，根据岗位所需能力的不同，分配差异化的课程资源。

区别分层、分类的课程资源，可以帮助不同层级、种类的员工过滤与自己无关的知识信息，让员工获得的知识资源更具针对性，缩短员工筛选知识资源的时间，帮助员工快速处理实际工作场景中遇到的问题，强化课程培训的效果，大幅提升员工的学习和发展效率。

区别分层、分类的课程资源，首先需要建立关键岗位人才的学习地图。学习地图指的是以员工的能力发展路径和职业规划为导向而设计的一系列学习活动，通过学习地图，在从企业的普通新员工成长为高层领导或技术专家的过程

中，员工可以更好地了解自己需要的能力和学习资源，企业也可以源源不断地获取关键岗位人才。

腾讯在 Q-Learning 平台为企业中的每个员工建立了个人学习地图，个人学习地图将员工的职级、发展通道、岗位素质模型与培训课程匹配，员工只要进入该平台，就可以制定自己需要学习的课程；同时，腾讯还建立了企业学习地图，把整个企业的职级、发展通道、岗位素质模型与培训课程匹配，帮助员工确定自己的发展目标和成长路径。此外，依托该平台，培训部门可以获得员工培训的反馈信息，了解什么样的模式更能激发员工的兴趣、应该开设哪些课程等。

在对员工的培训中，腾讯将学习地图与数据平台有机结合，既帮助员工完成了目标精准的课程学习，不受时间和空间的限制，又降低了企业培训的场地成本。

企业应如何建立学习地图呢？

首先，我们了解一下学习地图的分类。根据覆盖范围的不同，学习地图可以分为不同的类型，包括整体型、群体型、岗位型。

① 整体型：这一类型的学习地图关注企业整体，整个学习地图的覆盖范围包括企业的各业务部门和层级。

② 群体型：这一类型的学习地图关注企业中的特殊群体，这些特殊群体具有鲜明的特点，群体型学习地图可以为他们提供有针对性的学习指导。

③ 岗位型：这一类型的学习地图关注企业中的关键岗位，这些关键岗位往往对企业的业务发展具有重要作用。

在快速扩张时期，华为将"营销岗位"确定为企业的关键岗位，并以营销岗位所需的能力为基础确定了该岗位的职业发展路径，建立了营销岗位学习地图（见图 8-7），让员工在职业发展生涯的每个阶段都能获得充分的学习资源。

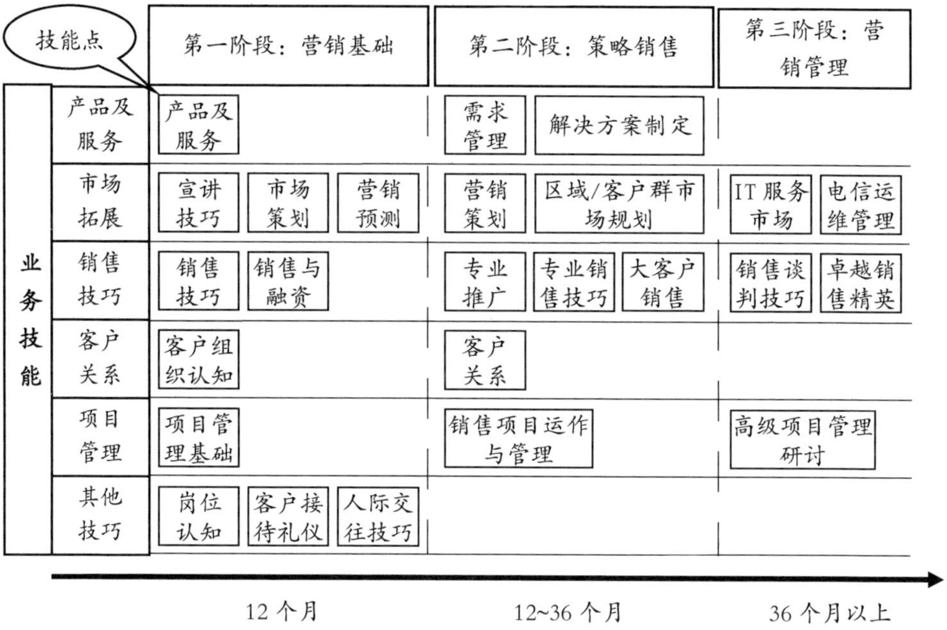

技能点
第一阶段：营销基础
第二阶段：策略销售
第三阶段：营销管理
业务技能
产品及服务
产品及服务
需求管理
解决方案制定
市场拓展
宣讲技巧
市场策划
营销预测
营销策划
区域/客户群市场规划
IT服务市场
电信运维管理
销售技巧
销售技巧
销售与融资
专业推广
专业销售技巧
大客户销售
销售谈判技巧
卓越销售精英
客户关系
客户组织认知
客户关系
项目管理
项目管理基础
销售项目运作与管理
高级项目管理研讨
其他技巧
岗位认知
客户接待礼仪
人际交往技巧
12个月
12~36个月
36个月以上

图 8-7　华为的营销岗位学习地图

通过岗位型学习地图，华为的营销岗位员工能够清晰地了解成长为营销岗位人才或胜任营销岗位工作应该具备的能力、学习的内容和需要经历的职业发展阶段，形成个人发展计划，快速提高个人能力，成长为企业需要的人才。

在一般情况下，岗位型学习地图的使用范围更广，企业可以通过如图 8-8 所示的六个步骤建立岗位型学习地图。

提取岗位信息
岗位的确认和分析
工作任务分析
课程体系设计和开发
课程交付
学习和运营

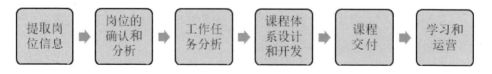

图 8-8　建立岗位型学习地图的六个步骤

1. 提取岗位信息

梳理企业的部门架构和岗位设置，基于企业战略确定关键岗位，并在人力资源信息系统中提取关于岗位的信息，如岗位数量、岗位与现有课程的匹配度等，以此为基础确定人才的能力发展方向。

2. 岗位的确认和分析

人力资源部门基于岗位信息与各相关部门进行交流对接，确定各关键岗位及其需要具备的能力。

3. 工作任务分析

人力资源部门协助课程开发人员将工作流程充分细化，并对所有的工作节点进行标注，根据不同节点匹配相关资源，制作开发设计推进表。

4. 课程体系设计和开发

在完成准备工作后，课程开发人员可以通过多种形式开发课程，包括线下的课程工作坊、线上的课程包、老师点对点辅导等。

5. 课程交付

根据开发设计推进表交付课程，邀请评审专家对课程进行评审，通过评审后，进入线上课程制作或线下正式授课步骤。

6. 学习和运营

线上课程投入平台、线下课程开始授课，根据授课效果对课程进行持续的完善和升级。

8.2.3　重视培训的落地转化

授课导师通过课程培训向待发展员工输出了大量的知识。不过，要想将培训知识转化为自己的知识，员工需要不断练习才能顺利完成这一过程，因此在课程培训中需要增加一些环节，以促进培训的落地转化。

1. 多元化、趣味化课堂

在进行课程设计时，课程导师要明确，培训的最终目的是让员工在完成培训后真正学有所得，而不是一味地单方面输出培训知识、完成培训指标。

阿里巴巴前中国事业部大区总经理许林芳在分享《阿里巴巴政委体系运作与实践》时提到，课堂培训应该让知识深入学员大脑的行为体验层，这样学习效果才能真正得到保证。全脑教学法指出，开发学员潜能的最好方法是在课堂教学中包含看、说、听和肢体动作的训练，让学员在情绪和行动上完全投入其中。

> ● **拓展知识**
>
> 　　在接受新知识时，大脑对新知识的理解可以位于不同的三层，即认知层、情感层和行为体验层。
>
> 　　① 当大脑的理解位于认知层时，学员会认为这个知识点自己好像听懂了、理解了。
>
> 　　② 当大脑的理解位于情感层时，学员会与导师讲授的情境形成连接、产生共鸣，对知识的印象更深刻，有更大的动力继续学习。
>
> 　　③ 当大脑的理解位于行为体验层时，这是学员理解知识最深的一层，学员可以将知识运用于行动中，从而真正掌握相关知识。

　　为了提升员工的学习效果，课程导师应创造秩序井然且妙趣横生的课堂，通过多元化的形式优化员工的学习体验，如沙盘演练、案例分析、小组讨论互动和游戏教学等。常用的趣味性培训形式如表8-4所示。

表8-4　常用的趣味性培训形式

培训形式	具体内容
沙盘演练	让员工置身于某种竞争性行业的模拟场景中，员工分组建立模拟企业，基于形象直观的沙盘教具进行实战演练，模拟企业的经营管理
案例分析	收集与知识点相关的案例，在完成知识点教学后，要求员工基于案例场景和学到的知识点进行分析和分享
情境体验教学	创造具有一定情绪色彩、以形象为主体的生动场景并让员工体验，加深员工对知识点的理解，促进员工心理机能的全面发展

2. 课后多渠道反馈

　　促进培训的落地转化，除了优化课堂模式，还可以鼓励员工在课后对所学知识进行思考或运用。

　　1）鼓励员工输出知识

　　费曼学习法指出，当我们能输出学到的知识并教会他人时，可以使自己比他人对事物理解得更透彻。导师可以鼓励员工或直接给员工布置作业，让员工在完成当天的培训后把重要知识教给一两个人，这种方法可以帮助员工更好地理解知识。

在经营得比较困难的时候，阿里巴巴一直在"练内功"，也就是把核心管理层送到企业外部培训，在培训结束之后，让核心管理层把学到的知识对企业内部进行培训。通过这样的方法，一方面，核心管理层巩固了所学的知识，因为当一个人肩负"复盘"任务时，往往会有更大的动力来吸收和学习课程知识；另一方面，由核心管理层把知识传递给企业中的其他伙伴，很多管理者可以从这个过程中受益。

2）知识单点突破法

知识单点突破法指的是当人们想做好一件事时，可以在第一轮计划、实施、总结、评估后，再次进行计划、实施、总结、评估，不断地循环往复、螺旋上升，直至找到解决问题的方法。

培训往往包含了不止一个重要知识点，要求员工一完成培训就能把所有的知识点都运用到工作中是比较困难的。因此，导师可以让学员就一两个重要知识点进行深入探究，并通过文字表述、向他人复述、与导师沟通、融入实践、输出反馈报告等形式，多次运用某个具体的知识点，或者鼓励员工就某个重点问题在企业内部进行探讨。如果导师能够加入这个过程并进行必要的指导，将会有更好的效果。

3）鼓励员工在工作情境中运用知识

主管或导师可以通过具体行动鼓励员工把学到的知识融入实际行动。例如，主管在看到培训员工的周报或月报较好地运用了培训知识时，可以给予口头或文字形式的表扬；再如，主管可以在与下属进行周期绩效访谈时，提出关于将培训知识融入实际行动的具体建议；等等。

8.3　让员工在实践中发展

掌握基本理论和概念是高效完成工作的基础，不过卓越者绝不能止步于掌握概念，仅仅停留在"纸上谈兵"的阶段。对员工的培训同样如此，除了对概念的把握，企业还要引导员工把所学的知识应用到实际情境中，通过实践行动积累实战经验，进一步完成知识的内化。

8.3.1　采用"训战结合"的方式培养人才

"训战结合"指的是在培训中贯穿实战，通过多种教学方式的结合，将工作中可能会面临的业务场景、产品知识和专业技能等难题逐一击破。

在"训战结合"中，"培训"是手段，"战胜"是目的。通过这种方式培养出来的人才，更容易适应实际的工作情境，对实际的工作方法掌握得更加熟练，对实际工作中可能出现的危机也能更加自如地应对。

华为的培训，与单纯提升个人能力相比，更注重聚焦业务作战需要、提升规划能力的方案。华为大学作为华为重要的人才培养平台，也是基于这样的理念办学的。

华为大学的主要任务是对已经接受过正规教育的人进行再教育，再教育的内容不再与基础有关，而是与职能有关，基于员工将要从事的工作对员工赋能。任正非要求："华为大学一定要办得不像大学，因为我们的员工接受过正规教育。华为大学的特色就是'训战结合'，赋予员工专业作战能力。整个公司第一是要奋斗，第二是要掌握奋斗的办法，只有干劲没有能力是不行的。"

在华为，对干部和专家的培养，不是为了培养而培养，而是为了"上战场""多产粮食"而培养，更重视预备能力或各种机制的转换。学习项目强调"按实战要求去训练，按训练去实战，确保训练与实战达到一体化"，而不是单纯强调培训了多少人或课程的点击量是多少。这样的培训不是为了重复员工已经学会的理论，更是为了帮助员工将理论真正运用到工作场景中，做到"会打仗"。

"训战"一词源自部队，华为充分将其转化、应用到了企业管理中，为许多企业提供了基于企业文化培训"好将军"的方法。那么，企业具体要如何通过"训战结合"对员工赋能，进而培养出人才呢？

"训战结合"的核心要义是"仗怎么打，兵就怎么练"。企业可以按照如图 8-9 所示的五个步骤展开"训战结合"。

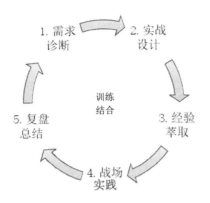

图 8-9　展开"训战结合"的五个步骤

1. 需求诊断

"训战结合"的第一步是对企业进行需求分析，为企业把握好培训的方向和重点。

需求诊断的步骤如图 8-10 所示。

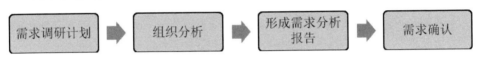

图 8-10　需求诊断的步骤

在进行需求分析时，企业应首先针对问题开展需求调研计划；其次对需求信息进行收集整理，完成组织分析；然后形成需求分析报告，其中包括调研的主要结论（战略诉求、领导期望、员工短板）和待解决的业务问题；最后经过高层、相关部门和人力资源部门的讨论，对需求进行确认。

2. 实战设计

"训战结合"的第二步是对实战进行全景设计，对整个实战过程中的人员、物资等情况了然于心。实战设计包括目标设计、流程设计、内容设计和运营设计四个部分，如表 8-5 所示。

表 8-5 实战设计的四个部分

实战设计	具体内容
目标设计	基于需求分析报告确定培训目标
流程设计	基于培训目标确定实战流程，包括项目启动前、项目中和项目结束后的所有流程

实战设计	具体内容
内容设计	基于培训目标确定各阶段培训的主要内容
运营设计	包括物资安排、培训影响和效果跟踪等负责人员

3. 经验萃取

在完成全景实战设计后，企业需要进行经验萃取，对过往的岗位经验进行总结、梳理、沉淀、升华，形成教学案例，为实战做好充分的准备。

4. 战场实践

实施"训战结合"项目，首先要让员工完成结构化的理论学习，然后基于大量的教学案例，让员工在实战过程中充分运用理论知识，按照实战标准解决问题，借助导师的指导和个人的反思进行战场实践。

5. 复盘总结

在完成培训后，对整个项目进行复盘，回顾项目目标，判断是否实现预期目标，若未实现目标，则需要分析产生差距的原因，总结教训，作为后续"训战结合"项目的经验。

8.3.2　通过在岗实践锻炼人才

对于人才的锻炼，任正非认为"将军是打出来的，不是培养出来的"。培训的确可以让员工积累过去的经验，不过实际的工作场景变化莫测，企业通过多样化的培养渠道和方式帮助员工获得了岗位知识，接下来要让他们在真正的工作情境中成长，在历练中创造新的方法、积累新的经验。

华为在前期刚刚计划向海外拓展市场时是没有合适的人选的，因为队伍里没有具备海外拓展经验的人，也无法判断谁有这样的能力。但是海外拓展已经被纳入企业战略，不能半途而废。因此，华为任命有意愿的"勇士"，如果没有自愿的人就直接任命，给企业人才更多的成长机会。

当时的华为还没有什么名气，进行新市场拓展极其艰难，被任命者要去不同的国家开展工作，无论是文化、语言还是生活习惯，都是他们必须克服的困难。在首批拓展海外市场的"勇士"中，有些人因各种困难而退却。对于这些人，华为不但没有处罚，反而保护他们，他们不是不优秀，只是经过实战证明暂时还不具备这方面的业务能力；对于坚持不懈并获得成功的人，华为将他们提拔为开拓海外市场的"将军"。

这就是"打出来的将军"。华为在缺少某方面的人才或想培养某方面的人才时，会通过实践筛选合适的人才，让企业内的优秀人才在实践中积累更丰富的经验，从而培养更多、更优秀的人才。

缺少人才是很多企业的通病，尤其是人才断层现象，华为的做法给了其他企业一个很好的思路，那就是在人才断层或缺少人才时，除了对外招聘，企业更需要考虑如何建立让企业内部的人才脱颖而出的机制，鼓励更多人勇于尝试，激发企业的人才活力。

企业怎么做才能鼓励人才主动实践，在实践中成长起来呢？

1. 干部晋升与实践相结合

企业可以完善成长路径和培养机制，将实践融入干部的晋升条件，让人才对实践充满憧憬，将"实践练兵"上升到人才战略的高度。

在华为，从基层到高层干部的发展分为三个阶段。第一阶段是基层历练，只有具备成功的一线实践经验的员工才有晋升为干部的可能；第二阶段是"训战结合"，当员工通过基层实践被选拔出来以后，会获得跨部门的岗位流动机会和相应的赋能训练；第三阶段是理论收敛，要想成为一名真正的"将军"，员工还需要实现由"术"向"道"的转变，只有将实践经验上升到理论高度才能成为一名真正的"将军"，如高研班旨在促进干部对企业核心管理理念和方法的深入理解和运用。

2. 给予犯错的空间

企业在给予人才实践机会的同时，也要给他们一些犯错的空间，尤其是某些新实践挑战，企业不能对人才设定过高的门槛，可以在一定程度上放宽限制，鼓励人才大胆尝试。

正如马云所说："'培养'是人才之道。'培'就是多关注人才，但是也不能天天关注，一棵树水浇少了会死，水浇多了也会死，如何关注是一门艺术；'养'就是既给人才成功的机会，也给他们失败的机会，在这个过程中管理者要适时关注，不能让人才'伤筋动骨'，一辈子喘不过气来。"

8.3.3　通过行动学习法促进员工反思

行动学习法（Action Learning）由英国管理学思想家雷吉·雷文斯提出，指的是让团队成员观察自己解决问题的实际行动，分析行动的动机和造成的结果，从而使团队成员达到认识自我的目的。

为了说明行动学习法，雷文斯运用了一个简单的公式，即 L=P+Q。其中，"L"（Learning）表示行动学习，"P"（Programmed）表示结构化，"Q"（Questioning）表示提出深刻问题的能力。后代的学者们在这个公式的基础上不断拓展，又加上了"R"和"I"，R（Reflection）表示反思，I（Implementation）表示执行。

行动学习法的本质是"做中学"，让学习者以团队的形式参与实际的工作项目进行学习，以此促进团队成员的反思和提升，常用于提升干部的领导力。例如，让管理者参与实际的工作项目、解决实际的问题，以此提升他们的领导力和解决问题的能力。

GE 前 CEO 杰克·韦尔奇是行动学习法的拥护者，也是推行行动学习理论的先驱之一。GE 的"成果论培训计划"就是一个典型的行动学习案例，被引入了很多企业的商业实践中。

韦尔奇于 1989 年将"成果论培训计划"纳入 GE 的人才学习发展培训中，具体的落实行动是，管理者召集不同级别的员工举行为期 3 天、由 40~100 人参与的非正式会议。

会议上，管理者在回顾企业业绩并展示会议日程后离开，员工被分成多个小组，分别攻克不同的问题。在一段时间后，管理者回到会议现场听取各个小组的解决方案，根据不同方案做出三种选择，分别是当场接受方案、当场拒绝方案或要求小组提供进一步说明的资料。对于要求提供进一步说明资料的小组，管理者会指定员工开展相关工作并确定做出决策的最后期限。"成果论培训计划"提供了一种解决企业问题的生动活泼的方法，为企业增加活力，促进跨部门解决问题，营造了企业内部活跃的学习氛围，大幅提升了企业整体的创新能力。

行动学习法自 20 世纪末期被引入我国企业管理实践，为我国企业的战略转型、人才培养提供了巨大的帮助，如著名的华润集团、中粮集团等就是该方法的实践者和受益者。

行动学习法的实施步骤如图 8-11 所示。

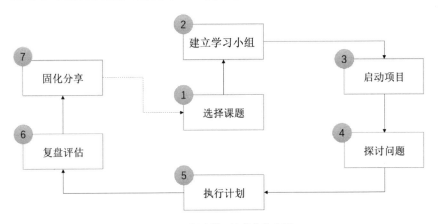

图 8-11　行动学习法的实施步骤

1. 选择课题

整个项目是基于课题展开的，这是雷文斯认为最重要的步骤，也是行动学习的标志性特征，因此课题的选择非常关键。为了促进人才发展，企业往往会选择富有挑战性和创新性的课题，在选题时可以充分参考中高层的建议，通过如表 8-6 所示的行动学习课题评估表来评估和确定课题。

表 8-6　行动学习课题评估表

课题 1. 由于新冠肺炎疫情的影响，企业的收益与去年相比下降了 10%，采取什么措施可以减缓这样的趋势？ 课题 2. "明星产品"已经连续三年收益下降，对此应该采取什么措施？ 课题 3. 竞争对手的"万物互联模型"已经初具规模，有什么地方是可以学习和借鉴的？ ……

续表

评估标准	评分（满分5分）			
	课题1	课题2	课题3	……
有现实意义				
参与范围广，能提高个人和企业的能力				
需要持续性解决				
是企业当前的重点难题				
没有固定的、现成的答案				
方法和成果可以在企业内共享				
……				
				评估人：

2. 建立学习小组

学习小组是解决问题的主体，也是学习发展的对象，企业需要精心筛选。

在建立学习小组时，由项目负责人结合各部门主管的建议，初步确定候选人名单，经过对候选人资质的评估，正式确定各小组成员名单和组长，根据问题的难度和类型确定项目负责小组和项目周期。

3. 启动项目

启动会对整个项目的实施具有重大意义。企业需要为启动会准备、签订三方承诺、理论学习、澄清问题、掌握解决问题的过程工具、制订学习计划六个环节做准备，如表8-7所示。

表8-7　启动会的六个环节

环节	具体内容
启动会准备	确定时间、地点、场地、人员安排并通知参与人员
签订三方承诺	管理者承诺实施经小组成员讨论并通过最终评估的解决方案，管理者、小组成员和促动师签订三方承诺
理论学习	促动师介绍学习原理、背景、过程和研讨工具等
澄清问题	小组成员和管理者进一步澄清问题，确定课题的研讨方向是正确的
掌握解决问题的过程工具	对具体问题应进行针对性的过程设计，小组成员需要掌握解决问题的过程工具
制订学习计划	小组成员制订详细的学习计划，经管理者和促动师确认后，小组成员执行计划，管理者督促管理

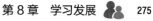

4. 探讨问题

确定了项目的关键环节，接下来的时间便正式交给项目的各小组成员，由他们研讨问题、提出解决方案并形成执行计划推进表。

5. 执行计划

由小组成员根据执行计划推进表实施方案，通过这个过程检验"探讨问题"步骤中的假设，让小组成员对问题形成进一步的了解和感悟。

6. 复盘评估

复盘评估是行动学习项目的重要步骤，它是一个促进项目负责人和参与项目的小组成员自我反思、提升的过程，一般会在项目结束前由小组成员、管理者和促动师三方对项目进行全面复盘。

7. 固化分享

这是行动学习项目的最后一个步骤，既让整个项目形成闭环，又把行动学习的成果融入组织流程，促进企业中的其他部门运用项目成果提升绩效，为后续开展行动学习项目提供经验和方法。

行动学习法具有实践性、团队性和系统性三大特征，通过以上七个步骤的循环，管理者可以基于解决问题的实际场景学习新知识，找出自身思维方式的短板，为员工之间的互动奠定基础。

8.4 通过导师辅导加速成长

"教育大计，教师为本"，企业中的人才发展也是如此。导师对新员工的成长具有举足轻重的作用，优秀的导师能为新员工把握成长的方向，提供丰富的经验和合理的建议，为新员工的成长、成才助力。

8.4.1 做好导师的选拔和任用

企业的发展离不开人才，要想拥有合适的人才，需要让优秀的前辈引导新员工进入匹配企业发展的最佳工作状态。

导师肩负着帮助新员工成长和传承企业文化的重要使命，严师出高徒，导师质量直接影响到新员工发展成长的速度和质量，因此企业要把好导师质量这一关。

华为实行"全员导师制"，让"老狼"带"新狼"，向所有层级的专家和管理干部强调培养人才能力的重要性，并把担任导师作为职位晋升的必要条件。以此为基础，华为培养了一大批后备人才，为企业的不断发展打下了坚实的基础。

在华为，成为导师需要满足哪些条件呢？

① 在华为工作至少满一年。

② 部门业务骨干，有能力进行业务指导。

③ 认同华为文化，有能力进行思想引导。

④ 为人正直热情、责任心强，有较强的计划、组织、管理、沟通能力，能为新员工制订合理的计划，安排合适的工作任务。

⑤ 参加过思想导师培训或辅导过相关培训且考核合格。

在选拔导师时，企业可以从导师的技术经验、个人品德和文化价值三个方面来衡量。选拔导师的步骤如图 8-12 所示。

图 8-12　选拔导师的步骤

1. 确定导师级别和任命要求

企业既可以根据员工所在岗位、工作经验、工作业绩和个人能力等确定导师级别，也可以基于职级确定导师和徒弟的对应关系。确定导师级别和任命要求的方法如表 8-8 所示。

表 8-8　确定导师级别和任命要求的方法

导师级别	辅导对象	任命要求
初级导师	新员工（主管级以下）	① 认同企业的文化价值，有能力对辅导对象进行思想引导。 ② 为人正直热情、责任心强，愿意与他人沟通交流；有较强的计划、组织、管理能力；能为新员工制订合理的成长计划。 ③ 工作表现良好，熟悉企业规章制度、工作和业务流程，近两个季度的业绩位于所在团队的前 50%。 ④ 主管级员工，在企业有一年以上工作经验，没有不良记录

续表

导师级别	辅导对象	任命要求
中级导师	新员工或轮岗/调岗/晋升员工（主管级以上）	① 认同企业的文化价值，有能力对辅导对象进行思想引导。 ② 为人正直热情、责任心强，愿意与他人沟通交流；有较强的计划、组织、管理能力；能为新员工制订合理的成长计划；有一定的团队管理水平、技能和较强的协调能力。 ③ 工作表现优异，熟悉企业规章制度、工作和业务流程。 ④ 主管级员工，在企业有一年以上工作经验，没有不良记录，乐于分享自己的工作经验和工作技能
高级导师	新员工或轮岗/调岗/晋升员工（总监级以上）	① 认同企业的文化价值，有能力对辅导对象进行思想引导。 ② 为人正直热情、责任心强，愿意与他人沟通交流；有较强的计划、组织、管理能力；能为新员工制订合理的成长计划；有较强的团队管理水平、技能和协调能力。 ③ 熟悉企业规章制度、工作和业务流程，总监级人员，在当前岗位有两年以上工作经验，没有不良记录

2. 导师选拔

导师选拔的方式可以是直接任命或选聘，选聘包括推荐和自荐，企业可以制定相应的导师选拔规则并将其纳入导师制度。

● 导师选拔规则

① 直接任命：总监及总监级以上管理人员按照导师任命要求直接成为导师。

② 推荐：总监级以下管理人员由分管管理者提名，初级导师由人力资源部门审核、备案，中级、高级导师由总经理办公会审核并报送人力资源部门备案。

③ 自荐：自愿申请加入导师队伍的员工需要提交《导师申请表》，初级导师由人力资源部门和相关部门主管审核，中级、高级导师由人力资源部门和总经理办公会审核并报送人力资源部门备案。

● 导师任用规则

① 对于试用期刚开始的新员工，由人力资源部门考虑新员工的导师人选，经导师本人同意后确定为新员工的导师。

② 对于轮岗/调岗/晋升员工，由人力资源部门和接收部门主管共同协商，考虑员工的导师人选，经导师本人同意后确定为员工的导师。

③ 对于骨干员工或企业的重点培养对象，由人力资源部门和总经理办公会共同协商，考虑员工的导师人选，经导师本人同意后确定为员工的导师。

3. 导师资格确认

在完成导师选拔后，企业要确认最终的导师名单，由人力资源部门颁发导师证并备案，导师证一年一审，审核通过后由人力资源部门颁发新证，或者让符合条件的导师晋升，同时累计导师年限，作为员工晋升的参考依据。

8.4.2　多角度推动导师制落实

企业全方位、全员性推动导师制，可以快速拉近干部与员工之间的距离，促使企业内部形成积极的环境氛围和强大的团队凝聚力，为企业发展注入源源不断的活力。

导师制的推行需要从上至下各个层面共同努力，为了推动导师制顺利落实，企业可以从以下四个方面入手。

1. 解决两个问题

企业在推行导师制初期，通常会面临以下两个问题。

第一，老员工不愿意带新员工。一方面，老员工认为经验是自己的优势，害怕发生"教会新人，丢了饭碗"的事情；另一方面，有些老员工认为带新员工会占用自己的工作和生活时间，比较麻烦，所以在新员工请教问题时，他们可能会产生不耐烦或不愿意分享的心理。

对于这个问题，管理层可以采用说服教育的方法，让老员工知道"师带徒"是为了传承技能，而不是为了取代他们，并且带新员工也可以督促老员工温故知新、不断精进。此外，企业还可以通过奖励制度激励员工成为导师。

第二，新员工不愿意被老员工带。有些新员工比较有"个性"，与请教导师相比，他们更愿意自己探究，或者因害怕陷入没有主见、受人支使的境地而不愿意请教导师。

对于这个问题，管理层要帮助新员工认识到导师能给他们带来的好处，如导师能向他们传授业务知识、交流工作经验、提供解决问题的新思路等，缩短新员工与企业的"磨合期"。要让新员工知道，导师不同于领导，新员工与导师之间是一种亦师亦友的关系，同时适当树立新员工对导师的敬意。

2. 做好宣传和指导工作

在解决了上述两个问题之后，为了确保"全员导师制"落实到位，企业还要做好导师制度的宣传和指导工作，具体措施如下。

① 在企业内部对导师制度进行大范围、多渠道的宣传，提高员工的认知度。

② 在新员工到岗前做好导师的安排，让新员工一入职就能得到导师全方位的指导。

③ 对导师进行培训。在导师正式接触新员工前，企业应对导师进行培训，让他们了解并掌握导师的职责和带新员工的方法，如除了给予新员工工作方面的指导，还要关注并排解他们的思想压力。

通过上述措施，企业可以从组织氛围、导师能力等方面提升培养新员工的效果，让新员工迅速成长为企业需要的人才。

3. 建立保障机制

为了确保导师制的执行性和持续性，企业应建立适合自身的保障机制，让导师和新员工的努力方向有据可依，包括对导师的物质激励、对新员工的具体要求和考核标准、"师徒"的保证协议等。

> ● 华为的"全员导师制"保障机制
>
> 1）导师激励制
>
> 为了推动导师制落实到位，华为对导师实行物质激励制，给予导师每月300元的导师费，并且定期评选"优秀导师"，被评为"优秀导师"的导师可得到500元的奖励。
>
> 2）"能上能下"的导师制
>
> 华为在选择导师时不论资排辈，一切凭真才实学。对调换到新岗位的老员工同样会安排导师，导师也许比老员工的工龄短、资历浅，但是在该岗位上的个人能力更强。在华为，刚毕业一两年的员工同样可以成为导师，这种"能上能下"的导师制对员工有很好的激励作用。
>
> 3）责任连带制
>
> 华为的"全员导师制"规定，如果徒弟出现问题，那么责任归于导师，导师会因此得不到提拔甚至降职。导师必须承担起培训、培养徒弟的责任，当徒弟出现问题的时候，导师也要承担相应的责任。

4）晋升激励制

华为把"全员导师制"提高到培养接班人的高度来对待，并且通过制度的形式规定：没有担任过导师的员工，不得提拔为行政干部；不能继续担任导师的员工，不再晋升。

4. 其他注意事项

① 对于因工作需要而调整岗位的老员工，在调整岗位后应严格落实导师制，并且将其作为老员工能否晋升的重要考核依据。

② 对于新员工，企业应确保新员工从踏上工作岗位的第一天起就能接受导师全方位的指导和引领。在确定导师后，如果没有特殊情况，不能轻易变动"师徒"关系。

③ 为了落实导师制度，企业应对导师进行严格的考核，这比对新员工的考核更重要。

④ 企业和导师要敢于向新员工压重担、分任务，让他们在实践项目中得到历练。

⑤ 对于新员工的成长，导师应注意给新员工留出一定的思考空间，鼓励其大胆创新。此外，导师还应树立一种意识，即上下级关系和"师徒"关系是不一样的，上下级关系强调的是一种命令和服从的关系，而"师徒"关系强调的是一种亦师亦友、共同成长的关系。

8.4.3 用优秀的人培养更优秀的人

没有前人为后人铺路，就没有人才辈出。只有人才辈出、继往开来，企业才能蒸蒸日上。因此，管理者要不断发现和培养比自己更优秀的接班人，让企业保持蓬勃向上的姿态。

心理学家安德斯·艾利克森提出了著名的"刻意练习"个人学习法则。该法则强调，个人学习只有具备合适的目标、好的导师、反馈才能有最佳的学习效果。好的导师是人才走得更高、更快的关键之一，一个人要想在某个领域快速发展，需要让一位经验丰富的导师观察自己的行为并提出反馈和建议，这样能够达到事半功倍的效果。

优秀的导师可以加速人才的成长，真正有远见的领导者不会让企业止步于自己创造的辉煌，而是会在向前奔跑的同时不断输出自己的价值，通过言传身教的方式将自己的经验传递给需要帮助的新员工，这样，即使自己离开了管理层，也会有一批批"后浪"带领企业不断攀登一座座高峰。

英国学者贝尔纳是一名科学天才，具有极高的天赋，很多人看好他在晶体学和生物化学领域的研究，认为他有能力获得诺贝尔奖。然而，贝尔纳没有如众人猜测的那样独自登上科学的高峰，而是走上了另一条道路，通过提出一个个极具开拓性的课题，引导更多学者登上科学的高峰。这一举措大大推进了世界范围内的科学发展进程，这种"绿叶精神""伯乐精神""人梯精神"也被称为"贝尔纳效应"。

企业的发展同样需要管理者具备"人梯精神"，管理者应以大局为重、以企业发展为先，拥有成人之美和潜心育才的品德和理念，为有能力的下属创造发展机会。华为基于"贝尔纳效应"，提出了"用优秀的人培养更优秀的人"，让更多有才能的人为企业做出贡献。

华为将人才培养纳入干部的晋升标准，即使工作成绩优秀的干部，在接班人培养方面成绩不佳，也不可能得到提拔。优秀的干部必须考虑一个问题：如果人才走了，那么留下的"和尚"该如何"吃水"？

任正非强调："各级干部必须努力培养超越自己的接班人，这是华为事业源源不断发展的动力。我们要有博大的胸怀，培养我们事业的接班人，只有那些公正无私的人，才会重视这个问题。只有源源不断的接班人涌入我们的队伍，我们的事业才会兴旺发达。在这些接班人中，应包括反对过我们而犯了错的同志。没有这种胸怀，何以治家？不能治家，何以治天下？"

在华为，许多资深专家和优秀干部将培育更多出色人才当作自己的责任，敢于提拔、任用比自己能力强的人；在谷歌，与邀请外部专家相比，谷歌更鼓励优秀员工提炼、萃取自己的经验，作为老师开展经验分享，用优秀的人培养更优秀的人，带领企业日就月将、不断壮大。

8.5　打造学习型组织

为构建可持续发展且有持久竞争力的企业，除了培养和发展员工的个人能力素质，企业还应打造学习型组织（Learning Organization），形成组织的"学习生态圈"，通过营造良好的学习氛围，促进组织持续进步，增强企业变革创造的能力。

图 8-13　学习型组织的实现路径

8.5.1　创建共同愿景

学习型组织的概念由管理大师彼得·圣吉提出，指的是基于团队成员的共同愿景，通过团队学习、系统思考等方式实现组织持续发展，并且将获得的成果转化为知识的组织。在这个过程中，新的知识会持续反馈到组织的思维模式和个人的观点中。学习型组织的实现路径如图 8-13 所示。

● **打造学习型组织的五种修炼**

彼得认为在打造学习型组织时，个人和组织要经过共同愿景、团队学习、系统思考、自我超越和心智模式五种修炼，具体内涵如下。

① 共同愿景：解决"我们想创造什么"的问题，这个问题的答案就是团队成员的共同愿望和价值观。

② 团队学习：不是对团队成员学习成果的简单相加，而是在团队成员共同参与、配合的前提下实现目标的过程，通常会达到 1+1 > 2 的效果。

③ 系统思考：与局部思考相比，团队成员应站在整体的角度，而不仅是个人的角度思考问题，这样能更好地协调事务之间的关系并更好地落实各项事务。

④ 自我超越：源于个人对共同愿景和工作创新的追求，精力充沛地超越自我。

⑤ 心智模式：对心智模式的修炼要求团队成员突破思维定式，将直线思维变为发散思维，从多个角度考虑问题。

学习型组织的本质是通过团队成员的不断学习，促进个人认知、能力的提升和组织的发展成长。实践证明，学习型组织可以满足现代职场中员工自我发展和自我实现的精神需求，激活团队成员的创新和探索精神，让他们主动将学习、创新与组织的共同愿景结合起来，为组织的发展注入不竭动力。

　　从企业的角度来看，打造学习型组织的第一步是创建组织的共同愿景，让整个组织明确共同的目标。

　　创建共同愿景的企业一般可以分为两类，第一类是已有成熟的架构和愿景的企业，第二类是规模精简或处于创业初期的企业。第一类企业需要从上至下开展变革，以企业高层进行自我超越和心智模式的修炼为起点，在外部战略专家的协助下，澄清、打破或重新定义企业的共同愿景并在整个企业内推行，同时调整相关的组织架构；第二类企业可以首先由创业团队成员发表个人观点，然后经过多次讨论形成共同愿景，最后将认可共同愿景且有能力的人才纳入企业，共同发展。

　　如何创建共同愿景呢？

1. 激励个人愿景

　　个人愿景指的是个人的愿望。要想创建共同愿景，企业首先需要从组织中提炼成员的个人愿景，然后经过反复的沟通不断调整，只有这样，共同愿景才能产生力量，让成员愿意为之努力奋斗。

　　需要注意的是，企业在激励个人愿景时不能触碰个人自由的红线，个人愿景不应被强加到成员身上，而应源于成员的内心。企业可以通过创造自由、包容、创新的氛围激发个人愿景。对于暂时没有愿景的成员，领导者可以通过沟通和分享的方式鼓励他们形成并分享自己的愿景，这也是一种基于个人愿景创建共同愿景的方法。

2. 放弃传统观念

　　在传统观念中，愿景是由企业高层确立或从企业的工作规划中提炼而成的，成员只能在实现愿景的过程中扮演执行任务的角色，就像构成别墅的一颗螺丝钉，只知道自己应该在哪里、做什么事情，但是难以了解和把握整个愿景。这种情况下，如果高层在设定目标时有所遗漏，其他成员将很难发现，甚至在项目完成后才会意识到目标的缺陷。

创建共同愿景，需要通过不断的分享和反馈来打破传统概念的束缚。想创建共同愿景的企业应不断反思已形成的愿景，收集成员对"你觉得这个愿景怎么样""你认为这个愿景有什么需要调整的地方"等问题的反馈，以开放和包容的态度倾听成员的想法。能够真正得到认可和追随的愿景是需要时间才能形成的，它是团队成员在沟通过程中凝结而成的智慧结晶。

3. 推广愿景

企业在开放的氛围中形成了共同愿景，这是组织文化中很重要的一部分，企业应将愿景根植于指导性理念中。接下来的工作是推广愿景，让认可愿景的人承诺投入企业，为实现共同愿景而努力。

研究发现，在这个过程中加入企业的人，大概有 90% 只是顺从者，他们与承诺投入的人相比是有巨大差别的。承诺投入的人有更多的能量和激情，更愿意展示自己的想法，这些是顺从者很难做到的。企业可以让以大局为重且有能力的投入者带领顺从者，通过输出愿景、交流沟通和反馈建议等方法，鼓励更多的顺从者转变为积极的投入者，不断传播、推广愿景，挖掘共同愿景中更深刻的意义。

8.5.2　搭建学习平台

创建了共同愿景后，企业可以通过在内部搭建学习平台进行知识管理，塑造学习型组织的实体轮廓。

搭建学习平台指的是以打造学习型组织为目标，为企业的人才培养和知识运营提供渠道，实现企业培训从投入资源到运营和产出的转换。

1. 盘点培训资源

搭建学习平台，首先要构建学习平台资源库，企业应对内外部的资源进行盘点并做好分类。

1）内部资源盘点

企业可以从各个部门收集内部资源，主要是过往的项目信息和内部的培训资料。对于具有较高参考价值但是涉及企业机密的项目，可以由相关负责人过滤保密数据和内容，聚焦于方法论层面编写案例，作为内部资源，还可以根据部门或个人的权限对资源进行加密处理。

业绩出众、业务能力强的人才也是企业内部的重要资源，可以邀请他们编写案例或在能力范围内开发内部课程。

2）外部资源筛选

有限的内部资源往往很难完全满足培训需求，企业还可以通过筛选外部资源来丰富学习平台资源库。企业可以与专业的外部机构合作，通过专业老师吸收新颖的观点和先进的技术方法，促进企业与外部的交流。外部资源的评价标准如表 8-9 所示。

表 8-9　外部资源的评价标准

评价标准	具体内容
机构资质	从机构的资质、擅长领域、课程体系和流程设计等角度考察
研发团队和师资	从课程研发团队、讲师团队和知名讲师数量等角度考察。对于讲师，可以从个人素质、专业知识和培训技能等角度进行综合考察。 ① 个人素质：对讲师的语言表达能力、形象气质和应变能力进行考察。 ② 专业知识：对讲师的教育背景、工作经验和知识的系统性、实用性进行考察。 ③ 培训技能：对讲师的从业经历、口碑和影响力进行考察
成果案例	从合作客户、在合作项目中的重要性、项目质量和客户评价反馈等角度考察
合作过程	从试听效果、服务反馈和费用等角度考察

3）资源分类

在完成内外部资源的盘点后，企业可以对培训资源进行分类，便于后期构建学习平台资源库。企业既可以根据部门和个人的权限进行分类，也可以基于资源的内容进行分类，如表 8-10 所示。

表 8-10　基于资源的内容进行分类

类别	具体措施
培训课程库	对培训课程按照部门进行分类，区分电子版资料和纸质版资料，建立培训课程库
培训讲师库	对培训讲师进行开发和培养，根据培训课程表授课，将授课资料中的 PPT 和视频等文件纳入培训课程库
员工培训档案	建立员工的个人培训档案，对员工参与培训的情况进行记录和整理
教学资源管理	各部门应确保培训教室中的教学设备和工具完好无损

2. 搭建平台

与传统培训相比，学习型组织的学习平台应当建立多样化的渠道，尽可能减少对员工创新的限制，邀请优秀师资为组织培养更优秀的人才，从而实现对企业人才培养和内部知识的动态运营。

为了给主要业务培养和输送人才，华为专门成立了华为大学。任正非强调："华为大学要具备两个基因，一个是像黄埔和抗大的短训方式，产生人才的基因，另一个是西方职业教育的基因，为大家赋能。"

根据培养员工的不同方向，华为大学分为四个系，分别是新员工培训系、案例研讨演练系、华为管理研讨系和岗位应知应会学习认证系。不同的系有不同的学习要点，如新员工培训系的培训要点是华为的文化和价值观，华为管理研讨系的学习要点是基于业务培养干部的领导力。

基于不同的员工培养方向，五个学习支持部门精心打造了体系化的课程和配套的测试，通过线上与线下结合、自主学习与课堂学习结合、训练与实践结合等多样化的渠道，保证员工的学习效果。华为大学的培训体系如图8-14所示。

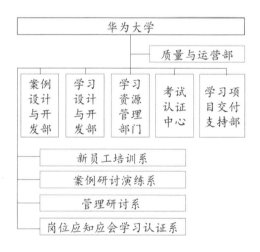

图8-14　华为大学的培训体系

华为大学最大的亮点是"训战结合"，不但要求员工掌握作战技巧，而且要求员工将所学技巧运用到实际工作中，通过这样的方式赋予员工专业的作战能力，让员工既有干劲，又能掌握奋斗的具体方法。

华为大学为其他企业搭建学习平台提供了良好的借鉴。企业在搭建学习平台时，除了保障学习资源，还应针对不同的员工开发不同的课程，如充分结合企业标杆员工的经验开发新的案例。此外，企业还应开发多种培养渠道，全面提升员工的业务知识和技能水平。

在搭建学习平台时，企业可以运用以下方法全面激活员工的学习热情，为员工提供便捷、多元化的培养渠道。

1）积分制

企业可以将积分制纳入学习管理，通过积分的形式体现员工参与培训课程的情况和在创意方面的贡献，并且将员工的任职、晋升资格与积分相结合，驱动员工参与培训学习。

2）数字化平台建设

企业可以通过数字化技术和在线教育平台等全方位激活学习资源，从知识收集和分享的角度，鼓励员工通过微博、微信、企业广场等渠道展示自己的想法和观点，利用知识分类、讨论话题和导航等功能，让各部门按照要求建立培训学习社区，促进员工间的知识交流。

3）多形式线下学习平台

除了开展传统的线下课题培训，企业还可以丰富学习交流的形式，以部门为单位或跨部门合作，定期举行聚焦具体问题的交流沙龙或工作坊等，促进部门间员工的合作和创新。

8.5.3　构建学习型组织

在做好了人员、思想和学习平台方面的充分准备后，企业应从整体的角度构建学习型组织。

1. 明确学习型组织的特点

要想让学习型组织落地，企业应明确学习型组织究竟是什么样子的，可以从学习型组织的三个特点来把握。

1）员工：主动"解锁"新能力

基于共同愿景的个人学习和发展更具主动性。一方面，员工能够主动衡量、协调工作与生活之间的关系，并将工作与学习紧密结合，做好个人的自主管理，在工作的过程中积极主动地发现问题、与团队成员开放地交流，并站在组织的角度思考和处理问题；另一方面，为了提高组织解决问题的效率和质量、实现跨部门的高效合作，员工不但要掌握本岗位的工作技能，而且应主动了解和学习其他岗位的工作技能。

明确的个人目标、清晰的组织结构和良好的氛围，会让员工产生不断学习的动力。这里的"学习"主要强调四个维度，一是终身学习，二是全员学习，三是全过程学习，四是团队学习。

2）组织：重建结构激活新能量

在尊重个人愿景基础上的共同愿景，会让组织将员工的发展放在重要位置，通过结构的重建，更好地激活组织的新能量。

一方面，员工会更富有创造力，愿意主动探究、思考、不断精进，成为单一领域或综合判断的专家。领导者也不再是传统的权威代表，而是在组织中兼任设计师和服务者的角色。领导者需要设计组织结构、基本政策和发展理念，整合组织要素，让员工更好地理解愿景；此外，为了实现愿景，领导者还要为愿景的行动者服务，从整体角度把握组织内部的情况，适时给予员工一定的指导和建议。

另一方面，打破传统的还有学习型组织的精简结构和无边界行为。事实上，精简结构在集权式组织中往往很难实现，不过为了提高各部门员工的沟通效率，对任务迅速做出反应，构建扁平化的组织结构是非常有必要的。无边界行为提倡在员工、部门和地域之间进行广泛沟通，汲取彼此的经验，鼓励员工从多个角度考虑问题，助力组织制定全面的、创新性的方案。

3）从局部思考走向系统思考

学习型组织在探索问题时，不再由某个人或某个部门主导，而是开展跨部门的项目，从局部思考拓展到全局思考。

此外，学习型组织还应从系统的角度进行思考。例如，在解决问题时，要求员工找到问题的根源，从根本上解决问题；在引入新的想法或工具时，员工应站在系统的角度判断其对整个组织的影响，不能局限于一个点，而要由点及面，要求员工对新想法或工具可能产生的影响进行全面分析和风险评估。通过这样的系统思考，可以避免员工在解决某些问题时找"捷径"，甚至掩盖问题。

构建学习型组织，就是从思想层面激活个体，通过部门间员工的交流实现知识和信息的共享，让员工全面地看待和思考问题，激活组织的活力。

2. 标杆企业的学习型文化

构建学习型组织已经被越来越多的企业重视，除了创建组织的共同愿景并通过组织战略、结构和制度等将愿景呈现出来，更重要的是采取行动。

1）IBM：重视员工发展

IBM 认为，企业销售的不是产品，而是服务，服务依赖于员工。因此，只有发展员工，才能发展企业。企业构建学习型组织，能够让每个员工知道自己需要做什么、学什么，以及如何发展自己。

在构建学习型组织时，IBM 把员工发展放在重要位置，轮岗是其员工职业发展计划的重要组成部分。整个员工职业发展系统包括导师制、在线学习平台、课堂学习和任务委派等，充分满足员工学习技能和自我提升的需要。

导师制是 IBM 的传统，对于初入企业的新员工，IBM 会为其指定导师，入职满一年后，员工可以自主选择导师。导师会在工作和生活中指导员工，经常与员工讨论职业发展问题，帮助员工更好地成长。

为了激活组织能力、构建学习型组织，IBM 运用组织再造的方法，将员工的选拔、任职、绩效、才能和学习管理纳入以企业人力资本管理为目的的综合架构系统，从员工发展的角度建设更高效的学习型企业。

2）华为：一杯咖啡吸收宇宙能量

任正非提出要用"一杯咖啡吸收宇宙能量"，他表示"并不是因为咖啡因有什么神奇的作用，而是利用西方的一些习惯，表示开放、沟通和交流"。

构建学习型文化需要精简组织，促进员工之间的交流和发展。员工之间的交流绝不能只局限于组织内部，还要看到组织外部的力量。

在华为与 IBM 达成合作的初期，IBM 顾问进驻华为深圳基地，帮助推进管理变革。当时，顾问发现，走遍华为的整个基地都找不到一台咖啡机。如今，在华为的基地随处可见咖啡厅，还能看到"华为人"端着咖啡，或者在电脑前沉思，或者三五成群激烈讨论，这从侧面折射出华为文化的演进。

事实上，咖啡往往在企业全球化的进程中扮演着"助燃剂"的角色，它被形容为"卓越超凡的全球化现象"，因为当我们喝咖啡的时候，往往正在与对方进行深入的交流。

　　端着咖啡的"华为人"是为了更好地与世界对话,"一杯咖啡吸收宇宙能量"的思想在研发创新领域更受重视。华为有一批"科技外交家",他们是华为科技思想研究领域的专家,华为要求他们每年拿出三分之一的时间,到高端科学论坛或全球知名院校中与世界顶级科学家喝咖啡,目的正是对充满不确定性的未来进行前瞻性探索,并且把全世界的新技术和新思想带回华为。

第 9 章
人才流动

人才流动是企业人才管理的重要组成部分。一方面，人才的内部流动有利于激发员工不断追求卓越、开拓和创新的精神，为企业培养业务能力优秀的高素质综合人才；另一方面，人才的外部流动也很有必要，流动员工的数量是否合理、是否有相应的管理制度等是衡量企业发展的重要指标。

9.1 内部人才流动机制

企业内部的人才流动指的是综合分析企业现状对员工的岗位进行调整，或者员工根据个人意愿申请并变换岗位的现象。无论是对组织还是对个人而言，内部的人才流动都是非常有必要的，适当的内部流动有助于人才打破岗位边界，提升个人的业务能力和管理能力，为企业未来的发展积累更多的人才势能。

9.1.1 为何鼓励内部人才流动

人才流动一般通过轮岗或晋升的方式实现，晋升通常比较符合"人岗匹配"原则或可以作为奖励来激励人才，而跨部门或同级别的轮岗却饱受争议。

从短期角度来看，轮岗似乎真的没有什么益处。首先，企业要帮助轮岗员工适应新岗位，为一名已经在其他岗位有所建树的老员工安排新的导师，这无疑会降低双方的工作效率；然后，企业还要培养轮岗员工，这意味着又一个从无到有的过程，企业需要为此付出大量的时间和资金成本，甚至牺牲一部分组织效益。

既然如此，我们为何鼓励企业开展这项似乎弊大于利的活动呢？因为从长远角度来看，无论是员工的晋升还是合理的轮岗，都对组织和个人的长期发展颇有益处。

美国学者库克提出了人才创造周期理论，该理论表明，人才的创造力在某一工作岗位上会呈现出由低到高，到达巅峰后又逐渐衰退的过程，即"库克曲线"（见图 9-1），创造力的高峰期通常可以维持 3~5 年。

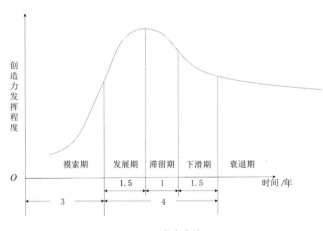

图 9-1　库克曲线

如图 9-1 所示，人才创造周期可以分为摸索期、发展期、滞留期和下滑期四个阶段。库克认为，在衰退期到来之前变换岗位能够最大限度地发挥人才的作用。

曾任凯洛格咨询副总裁的李常仓基于经验提出了"岗位兴奋曲线"①，如图 9-2 所示。李常仓认为，人在同一个岗位上的发展情况存在一条"兴奋曲线"，员工在新上任的一年内往往对工作抱有极大的热情，成长速度最快；随着对新业务和流程的适应，员工的兴奋度会逐步下降，如果在岗位上长期感受不到变化，那么员工的热情会持续下降。

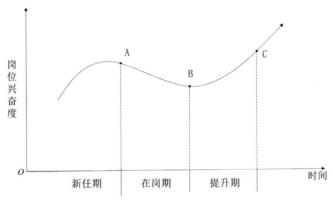

图 9-2　岗位兴奋曲线

在如图 9-2 所示的"岗位兴奋曲线"中，B 点是非常重要的转折点。在这个时间点，经过一段时间的适应，员工对岗位的兴奋度会快速下降，甚至出现疲劳心理，虽然一部分员工仍然能够完成工作，但是这往往出于个人的责任感，在这背后其实存在着巨大的隐患。如果在 B 点能够通过外部的变化中断这种现象，出现转折点，那么员工将进入新一轮的提升期。事实上，企业往往很难通过常规的培训实现 B 点的变化，可以借助变革岗位的工作内容或人才流动来实现。

2020 年，《哈佛商业评论》在《共迎人力资本新生态——新中国人才报告》中就"员工是否认可轮岗制"发布了一组采访数据，如图 9-3 所示。从图 9-3 中可以看出，出于公平考量、自我驱动和发挥更大潜力的原因，超过 65% 的受访员工认可轮岗制，可见多数员工对"轮岗"这一人才流动方式有较高的接受度。

---

① 李常仓，赵实.人才盘点：创建人才驱动型组织 [M].北京：机械工业出版社，2012.

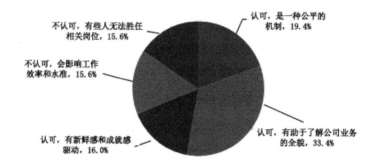

图9-3　《哈佛商业评论》关于"员工是否认可轮岗制"的采访数据

从企业长久运营的角度来看，无论是对个人成长还是对组织发展而言，人才流动都是一种值得尝试的工作机制。一方面，横向轮岗或纵向晋升能够很好地激活人才能量，帮助员工重燃对工作的热情，提高员工的满意度，从长期来看，员工积极的工作态度无疑能为企业创造更大的效益；另一方面，岗位的轮换能够帮助员工了解业务全貌，在相关岗位上发挥更大的作用，提高其系统思考问题的能力，实现跨部门合作；此外，人才流动还有助于员工增强自身的核心竞争力，推动员工持续学习和发展，从企业内部培养稀缺人才。

9.1.2　将人才流动融入企业文化

推行人才流动机制往往会面临一定的阻力，不过实践证明，合理的人才流动对组织和个人的发展是非常有必要的，企业必须采取一定的行动来减少这种阻力，可以尽早将人才流动观念融入企业文化，为企业形成良性的人才流动机制做铺垫。

2010年，腾讯的员工数量迅速增加、组织规模迅速扩大。一方面，越来越多的员工出现内部应聘的需求，却因上司拒绝、顾忌上司的想法或难以适应新部门的环境等阻碍无法满足这一需求；另一方面，企业的重点产品和业务急需优质人才，可从外部获取人才需要消耗大量的时间和资金成本。面对这种情况，腾讯在2011年推出了内部人才市场规则，可惜效果不如人意。

为了打破这种局面，腾讯于2012年年末启动了"活水计划"，旨在建立通畅的内部人才流动市场机制，让员工能够自由地在企业内部找到感兴趣的发展机会，为组织增添活力。吸取之前的教训，项目负责人意识到仅靠制度的改变是难以落实这项工作的，因此"活水计划"的首要任务是打破员工的思想桎梏，形成深入人心的文化。

在实施"治水计划"前期，项目负责人邀请企业各层级的代表为"活水计划"发声代言。计划发起人之一 Tony 在项目启动讲话中说"公司这么好的发展机会首先要开放给内部的兄弟姐妹"，并呼吁管理者"保持开放的胸怀，支持员工基于职业发展的转岗选择，这是对整个团队的正向示范"。另一位计划发起人则鼓励员工积极尝试企业内其他合适的机会，拓宽自己的业务领域，追求更好的发展。

此外，项目组还创作了连载漫画《小 T 转岗记》来宣导"活水文化"。该漫画以在腾讯工作三年的工程师小 T 为主人公，讲述他从想转岗到付出行动、在过程中遇到的困难、最终克服困难并成功应聘的一系列故事，让员工在转岗时可能遇到的问题及其应对方案跃然纸上，如"去哪里找内部招聘信息""如何与现在的上司沟通""如何克服困难、消除顾虑"等。该漫画一经推出就广受好评，很多员工留言互动、表达支持，这对"活水文化"的渗透起到了推动作用。

经过一段时间的高密度信息传播，企业从上至下对内部人才流动有了比较深刻的认识，明白了"个人基于职业发展提出应聘、转岗"是企业大力支持的方向，企业内部中高层的发声也让管理干部对员工的转岗放平了心态。

通过"活水文化"的渗透，腾讯推动了人才内部流动政策的实施，有效支持了重点业务的高速成长，为企业培养了更多具有开阔视野的综合性人才。

企业文化是影响人才流动计划的关键因素之一。如果组织规模庞大、个人英雄主义文化盛行或对员工犯错的容忍度较低，那么是很难推动人才流动的（尤其是岗位的轮换）。人才内部流动计划更适合允许员工犯错、鼓励冒险和创新的企业文化。要想激活企业内部的人才流动，首先要把包容人才流动的意识融入企业文化。

为了将人才流动融入企业文化，企业可以采取如表 9-1 所示的措施，具体包括制订项目计划、给予系统支持、配备奖励机制和为员工提供工具。

表 9-1　将人才流动融入企业文化的措施

措施	具体内容
制订项目计划	① 以推动良好的人才流动为目标成立项目小组。 ② 在开始执行具体的行动计划前，对企业各层级员工展开调研，了解大家的真实想法。 ③ 基于调研结果执行具体的行动计划，包括推广行动的模式和具体方案，在初期必须进行一定密度的信息传播
给予系统支持	① 要求人才发展官将人才流动纳入人才培养计划并制定相关的制度政策。 ② 对各层级管理干部就项目开展动员会议。 ③ 通过诚布公的沟通，与员工讨论岗位轮换对组织、个人的重要性。 ④ 对相关的文化推广活动给予人员和场地支持，最好组织项目启动会议，并邀请有代表性的高级领导者发言。 ⑤ 支持项目在企业的网络公共平台进行活动宣传，鼓励员工积极交流、互动并提出建议
配备奖励机制	① 建立奖励机制，鼓励内部招聘。 ② 对符合要求并成功转岗的员工予以奖励，包括物质上的增加薪酬和精神上的鼓励、支持，激励他们更好地完成本职工作。 ③ 对成绩优秀的转岗员工的导师予以精神和物质奖励
为员工提供工具	① 在企业内部发布职位信息，方便员工发现并申请感兴趣的内部职位。 ② 在组织论坛或企业广场中为员工提供内部人才流动的建议工具，开通相关的辅导渠道，帮助员工了解并成功实现岗位轮换，获得晋升建议

9.1.3　实施人才流动的原则

适当的人才流动有利于人才培养和企业发展，不过无规则地任意调动员工会对组织和个人造成不利的影响，为了确保良性的人才流动，企业需要基于以下原则实施人才流动。

1. 设定人才流动的限制条件

华为一直很重视人才流动，并且已将人才流动融入企业的人才发展计划。任正非曾对内部人才流动发表过自己的观点："公司应该允许员工有挑选岗位的机会，不用封建包办婚姻式的'包办定终身'，但过分自由也不好，不能无限制地调换岗位。"同时，任正非还强调"轮岗换位也要注意干部任用的连续性，不能为了换岗而换岗，把企业搞得乱七八糟"。

为了激发人才的活力，人才流动是有必要的，企业应实施适当的人才流动，并对人才流动设定合理的限制条件。

① 对于年绩效排名后 20% 的申请轮岗员工，企业应对其业务能力和工作态度进行进一步的考察，确认是否需要对其进行所在岗位的知识培训，或者同意转岗。

② 员工在五年内的转岗次数不能超过三次，过于频繁的转岗不利于其完全掌握某个领域的知识，而且转岗机会是有限的。

2. 既要适度轮岗，也要鼓励工匠精神

虽然鼓励人才通过轮岗的方式循环赋能，但是对于基层岗位的员工和专业岗位的技术人才，企业也要鼓励工匠精神和"钉子精神"。

华为董事、公共及政府事务部总裁陈黎芳曾指出，在一个企业中，如果所有员工都不停地轮换岗位，整个企业的经营管理就会乱套。因此，华为开放轮岗渠道主要是支持中高层干部向多能型人才方向发展，不能为了换岗而换岗，应该合理考虑人才成长与企业发展之间的关系，在培养高级管理干部的同时，也要培养有工匠精神的技术专家。

员工不能盲目跨行，企业在员工申请轮岗时需要采取一定的措施，让员工充分了解自己申请的岗位。实际上，对于研发技术类的员工，涉猎过多领域会让他们的专业度受到影响，企业可以为其设计定制化的成长发展规划，鼓励他们坚持工匠精神，帮助他们成长为行业顶尖专家，为企业提供极具竞争力的行业顶尖技术。

3. 公开透明原则

企业应公示需要招聘员工的岗位信息和招聘结果，确保信息透明和组织公平。

4. 其他相关体系支持

人才流动不是一项单一的活动，它需要人力资源等其他相关体系的支持和维护。因此，除了对项目本身做出规则上的改变，企业还需要做好一系列的支持性工作。

一是文化支持，文化决定了人才流动的效果；二是制度支持，制度可以让内部人才流动有据可依，是推动内部人才流动成功实施的重要保证；三是建立一套完备的知识管理系统和信息系统，为轮岗的人才选择、跟踪、反馈和评估提供有利的参考和支持。

9.2　科学的轮岗制度

随着企业越来越重视组织创新和人才培养，作为一种灵活高效的人员配置方式，轮岗受到了越来越多 HR 和企业家的关注。轮岗制度能够确保企业内适度的岗位轮换，其作为内部人才流动的重要组成部分，对激活员工的工作能力、重新配置人力资源、提高组织效率具有重要意义。

9.2.1　制订岗位轮换计划

轮岗指的是企业根据业务发展需要和员工职业生涯发展需要，在部门内、事业部内和事业之部间进行有计划、有目的的系统性横向流动，以便提升员工综合素质的一种人才培养制度。

制订岗位轮换计划是企业实行轮岗制度的第一步，它能形成企业实施轮岗的设计图，明确各负责人员的分工，让企业员工有参考、有计划地进行岗位轮换，为后期掌握轮岗效果、减少资源浪费提供了参考和制度，确保轮岗的顺利实施。

制订岗位轮换计划的具体过程如图 9-4 所示。

图 9-4　制订岗位轮换计划的具体过程

1. 确定轮岗目的

在制订岗位轮换计划时，首先要确定轮岗目的。从企业的角度来看，轮岗是促进内部交流、降低企业风险、培养复合型人才、提升人才创新能力和价值的一种方式。

在确定了轮岗目的后，企业可以结合自身现状，基于短期目标和长期战略规划，确定解决人才问题的具体方法。在这个过程中，企业必须充分考虑实际情况，切不可直接、盲目套用其他企业的轮岗制度。

2. 判断企业是否具备轮岗条件

作为一种有效的管理措施，虽然轮岗制度对员工和企业有多方面的综合价值，但是企业在实行时需要付出相应的成本。事实上，并不是所有的企业都处于实行轮岗制度的合适时机，可以从以下几个方面综合评估企业是否具备轮岗条件。

1）判断企业是否稳定

内部比较稳定且员工具有较强归属感的企业适合轮岗，在稳定的企业环境中，轮岗制度可以培养出更多综合性人才，让人才在内部流动中保持激情，不断地成长发展，提升员工的满意度；经营状况不佳的企业不适合轮岗，轮岗可能会加剧企业内部的动荡，在这种情况下，高层可以基于经验和观察进行筛选，从内部提拔具有应对风险能力的人才，或者从外部寻找合适的经理人并安排到合适的岗位上，帮助企业渡过难关。

2）判断企业规模

从规模的角度来看，初创或小型企业的风险承受能力较弱，如果实行轮岗制度，需要进行综合判断，可以先在一小部分岗位上实行，大规模推广必须慎重；200人规模以上的企业，已经进入企业发展的成熟期，各部门和事业部比较稳定，轮岗不但不会影响企业的正常运作，反而是一种很好的培训和选拔人才的方式。

3）特殊情况

一部分企业实行轮岗制度，是为了解决短期项目急需高级知识人才，但是由于多种原因难以在短时间内引进高水平人才的问题，此时，企业不得不通过轮岗从内部寻找和培养人才。

对于这种特殊且紧急的情况，为了将高水平人才安排在合适的岗位上，企业可以通过轮岗的方式给予其一定的激励。

企业需要综合评估以上几个方面，客观分析并确定是立即实行岗位轮换制度，还是暂缓轮岗计划，等到时机成熟时再实行。

3. 确定项目负责人，成立负责小组

在确定执行岗位轮换计划后，企业高层和人力资源部门应共同商议，任命项目负责人并成立负责小组，把工作职责落实到具体的部门和个人身上，确保岗位轮换计划的顺利执行。

4. 确定实行轮岗制度的岗位

在开始执行岗位轮换计划后，项目负责人需要确定实行轮岗制度的岗位。

对基础性岗位实行轮岗，往往带有一种培训性质，如对新员工实行轮岗是为了让新员工对企业的各个部门和方方面面有所了解，综合分析新员工的情况，确定其适合的岗位。

对中层岗位实行轮岗，一方面是为了提升中层人员的综合能力，另一方面也有"控制"的作用，防止中层人员故步自封、拉帮结派，尤其是行政部门中的中层人员，如果在职时间较长，造成的危害可能会比业务部门中的人员更大。

对高层岗位实行轮岗，大多是为培养 CEO 做准备，轮岗的重点不在于学习专业知识和技能，更重要的是锻炼高层人员的领导能力、洞察能力和战略能力。

在讨论时，项目负责人应结合企业的短期目标、各类员工的规模和人才计划等确定最终的轮岗制度，并根据轮岗制度制订轮岗内聘计划，确定实行轮岗制度的岗位名单。

5. 分层、分类执行轮岗计划

最后一步是对不同层级和类别的岗位执行轮岗计划。在这个环节，项目负责人需要确定轮岗对象的导师或直接管理者，并与其规划轮岗对象的成长目标，确定轮岗过程中的工作内容和工作汇报形式，以及最终的岗位目标，分层、分类执行轮岗计划。

9.2.2　规范岗位轮换的流程

在完成岗位轮换计划后，项目负责人需要确定最终的轮岗对象并进行周密的策划和监督，确保轮岗制度的顺利实行。岗位轮换流程如表 9-2 所示。

表 9-2 岗位轮换流程

流程	说明
步骤一：确定轮岗计划	（1）时间：每年 11 月确定次年的轮岗计划。 （2）人员配置：确定轮岗计划的负责人和负责小组；对轮岗对象的主管或导师进行培训；确定轮岗对象的岗前培训计划。 （3）在明确轮岗岗位的工作分析和工作指导书后，根据"5W1H"原则准备以下几个方面的内容。 ① What（什么）：轮岗岗位的工作内容是什么？ ② Who（谁）：轮岗对象的主管或导师是谁？ ③ Where（哪里）：工作岗位在哪里？ ④ When（时间）：工作时间是什么？ ⑤ Why（为什么）：为什么要这样工作？ ⑥ How（如何）：如何帮助轮岗对象实现轮岗目标
步骤二：提出轮岗申请	专业人员的轮岗一般由个人提出申请，中高层人员的轮岗一般由其主管拟定名单，填写《工作轮换自我申请表》或《工作轮换部门申请表》并交给人力资源部门
步骤三：审核	人力资源部门根据相关申请表，结合工作岗位的描述，对轮岗对象进行审核，初步拟定轮岗对象名单
步骤四：备案	最终确定轮岗对象名单并在人力资源部门备案
步骤五：记录	通过《员工轮岗记录表》记录轮岗对象的基本状况、主要优缺点及其在轮岗期间的工作表现，由专门人员负责保管，为轮岗对象后续的晋升和岗位调整做好档案记录
步骤六：考核	按照一定频率对轮岗对象进行考核和能力评估，包括工作态度、工作绩效和能力提升等方面，一般由轮岗对象的主管或导师进行评估，并且将评估结果交给人力资源部门备案
步骤七：沟通	人力资源部门、轮岗对象的主管或导师与轮岗对象就考核结果进行沟通，客观评价其优缺点，提出轮岗建议，共同探讨改正缺点的方法，以便让其更好地完成后续的工作；同时，轮岗对象也可以表明自己的成长收获和需要的帮助
步骤八：总结	在轮岗结束后，人力资源部门需要汇总一年内的考核结果，并将考核结果纳入年度考核备案，根据考核结果和轮岗对象所在部门的意见，对其进行适当的嘉奖或处罚，并且根据其在轮岗期间的工作表现对其岗位进行相应的调整

在确定了岗位轮换流程后，为了帮助轮岗对象更好地适应新的工作岗位，人力资源部门可以带头与轮岗对象的主管或导师就轮岗的细节进行讨论和调整。

1. 轮岗的前期准备

在即将迎来轮岗对象前，相应的团队或部门可以准备一些欢迎仪式，让轮岗对象在新的团队或部门有宾至如归的感觉。如果轮岗对象是从另一个城市或国家调换到新地区工作的，那么最好由导师或年龄相仿的工作伙伴提前为其解答工作和生活方面的疑问，并且帮助其适应新的工作环境和工作内容。

2. 轮岗对象入职

在轮岗对象入职后，团队应创造积极的第一印象，导师或主管应将新团队的价值观、经营背景和组织战略等信息详细地传递给轮岗对象，并与其进行充分沟通，让轮岗对象对自己的轮岗任务、担任角色和团队期望有一个清晰的认知。

3. 帮助轮岗对象融入团队

在轮岗对象正式从事新岗位的工作前，团队应向轮岗对象提供职能定位和工作技能培训，并且让轮岗对象参与结构化的项目，帮助他们更好地理解和适应新岗位。在团队会议或活动中，也可以给予轮岗对象共同讨论团队职责的机会，鼓励其展示自己的想法，为团队带来新的思路和方法。

4. 帮助轮岗对象快速成长

在日常工作中，轮岗对象的主管应为其提供在专业方面继续发展的机会，并且及时针对其工作情况提出结构化的反馈和成长建议，还要及时对轮岗对象的成果给予肯定和激励，在其成长的关键节点（如完成轮岗培训后、完成参与的项目后或轮岗结束前），对其未来的发展进行讨论，共同规划。

9.2.3　标杆企业的轮岗实践

作为一种人才培养制度，轮岗制度具有实践性、全面性、综合性的特点，很多成功的企业（如 IBM、西门子等）都在企业内部或跨国分公司之间建立了轮岗制度，以促进内部交流，培养综合性人才。

国内亦是如此，越来越多的标杆企业将轮岗制度纳入了人才培养和发展计划中，以提升员工的创新能力，充分释放员工的价值，为企业的长久发展积累更全面的知识和经验。

1. 管培生计划：培养、储备新人才

管培生计划是"以培养企业未来领导者"为目标的特殊项目，企业对外招聘优秀的应届毕业生，安排他们到不同部门进行轮岗实习，待其充分了解整个企业的运作流程后，根据个人特长安排工作，管培生往往能担任部门或分公司的管理者。

在我国，房地产行业最常通过管培生计划培养人才，如房地产龙头企业碧桂园、万科、中海和龙湖集团等均在企业内部开展过管培生计划。

龙湖集团从 2004 年第一届"仕官生"校园招聘起正式开展管培生计划，该计划从设计之初就秉持着"精英招聘"的理念，从国内外挑选优秀人才，为企业储备未来发展需要的中高层管理者。

　　开展管培生计划为龙湖集团培养了一大批优秀的内部人才，他们从一线开始轮岗，经过对综合素质的考验，最终走上了企业中高层管理的岗位。随着人才的成长，企业也蒸蒸日上。

　　2008 年，龙湖集团入选国务院发展研究中心等机构评定的"中国房地产公司品牌价值 TOP 10"。

　　2010，龙湖集团入选"中国房地产百强企业规模性 TOP 10"。

　　…………

　　2020 年，龙湖集团在"全球最具价值 500 大品牌"榜单上排名第 199 位。

　　随着"仕官生"培养体系的丰富和完善，越来越多的优秀人才通过实践快速成长，整个管培生计划为龙湖集团的内部"造血"提供了强大的人才支撑，助力其不断发展壮大。

　　管培生计划为许多成熟的房地产企业培养了大批中坚力量。然而，一些中小型房地产企业在学习龙头企业的管理实践时，实际效果并不如人意，其原因主要有以下几点。

　　1）企业内部缺少标准化体系，盲目追求人才速成

　　成熟的标杆企业内部往往建立了一整套标准化体系，岗位的职责、职权、和说明等非常明确，对企业的运营、产品或营销也建立了标准化的管理体系。这些标准化的流程能让企业获得稳定的收入，人才也能在轮岗过程中充分熟悉业务流程，得到全面发展，有些标杆企业中的管培生工作 2~3 年就能成长为项目总经理甚至区域负责人。

　　而中小型企业内部的标准化程度往往较低，缺少经验和方法的积累，业务基础不够扎实，在这种环境中，管培生很难摸索出企业的业务流程，缺乏实战经验，因此常常以失败收场。对于缺少标准化体系的中小型企业，盲目追求人才速成反而会打击员工的自信心，难以留住人才。

　　人才需要培养，不过不能揠苗助长，企业应结合自身发展现状制订合适的

人才培养计划。假设人才的职业生涯有四个"台阶"，企业对人才的帮助不应直接越过"台阶"，而应帮助人才缩短在每个"台阶"上历练的时间，为人才的长远发展打好坚实的基础。

2）着眼当下利益，缺少对未来的人才部署

有些中小型企业在招聘管培生时，既没有制订周密的人才成长规划，也没有设计人才的成长路线，而是打着"人才发展"的旗号，让管培生沦为业务发展的工具，"哄"来大量的管培生一味从事让企业快速获益的销售工作，在发现某些管培生不擅长销售工作后便将其"踢"出企业。

2. 高管轮岗计划：助力企业踏上新赛道

在经济高速发展、交通和通信空前便捷的时代，一方面，给了更多企业发展的机会，越来越多的企业一夜之间"站"了起来，另一方面，企业从"站起来"到"倒下去"的周期也变得越来越短，这是时代的趋势。要想在竞争激烈的时代走得更远，企业需要创新，更需要人才。

许多标杆企业（如阿里巴巴、腾讯、华为和百度等）为了实现长远发展，会通过高管轮岗计划培养高层管理者的洞察能力和战略能力，确保在企业的"一把手"退位后，合适的人能够支撑企业走向更远的未来。

2012年3月，阿里巴巴在内部发起高管轮岗计划，22名中高层管理者突然面临岗位轮换的变化，他们分布在阿里巴巴旗下的所有子公司和蚂蚁集团。

对此，彭蕾表示："我们在做一次很大的投资，这些人在自己的岗位上已经游刃有余，'套路'很熟，但组织部的人必须'戏路很宽'，不能陷在自己的惯性里。"她还强调，"流水不腐，户枢不蠹，正是在这些变化中，我们的组织才有机会自我察觉、不断提升，为102年的发展奠定坚实的基础！"

在这个时代中，唯一不变的就是变化，无论是"百年阿里"的实现，还是其他想在新赛道上长久发展的企业，都需要能够适应变化的管理者，而高管轮岗计划为此提供了良好的机会和有效的方法。

9.3 "能上能下"的干部管理

干部是企业的中流砥柱，只有干部牵好头，企业才能在正确的道路上持续进步和发展。"能上能下"的干部管理能够有效避免组织结构臃肿，充分激活干部队伍的生机和活力，促进干部在企业中敢于担当、奋发有为，这是建设长久发展企业的重要保障。

9.3.1 明确干部的使命和责任

解决干部的思想认识问题是形成"能上能下"干部管理的首要任务，企业应让干部充分理解作为管理者的使命和责任，让他们有意识地在思想高度上与企业的生存发展保持一致。

很多企业在发展中可能会面对这样一个现实的问题，那就是企业发展初期的共同奋斗者可能拥有优秀的品德意志或精湛的技艺，他们为企业的建立和发展立下了汗马功劳并成为企业中的管理者，不过，随着组织规模的扩大，企业中出现了更复杂的管理问题，也涌现了更多的人才，初期共同奋斗者的能力与所在岗位已经不再匹配。对此，企业应如何处理呢？

对于企业来讲，最优解是把更合适的人安排到管理的岗位上，这样对企业的人才激励和管理都是有益的，当然，初期的共同奋斗者需要给后起之秀让位。

有些企业的领导者已经意识到了这一点，不过现实的矛盾是，面对共同奋斗的创业伙伴，领导者往往很难开口让其降职。一部分领导者选择增设副职，以协助的名义向更合适的管理者授权，随之而来的又是一系列问题，如组织结构臃肿、管理层级冗余等，最终导致管理效率降低，阻碍企业发展。

要想合理而高效地解决这个问题，企业需要设计一系列的活动，改变中高层管理者的思想，鞭策他们主动站在企业发展的角度，反思、衡量自己的能力与所在岗位是否匹配。

随着不断的发展，H 企业出现了一系列问题，其中最严重的问题是干部的思想不统一，没有斗志，此外，一部分干部的能力不太均衡，虽然个人业务能力强，但是管理能力不足，导致下属的业务水平无法提高，企业实力逐步下降。

在意识到这些问题后，H企业的领导者打算从思想上对中高管干部进行"大洗礼"，第一步就是为他们定制了三天两夜的88公里敦煌戈壁徒步拉练活动。在拉练过程中，干部们被分成多个小组进行PK，各小组的成绩按照最后一起抵达终点的人数计算。在这个过程中，有些无法坚持的人选择主动退出，整个小组为了尽快抵达终点也会淘汰拖后腿的人。

拉练结束后，H企业组织了一场为期两天的内部思想会，首先由每位干部就这次活动分享心得体会，然后大家就组织发展进行圆桌探讨。实际上，这场徒步拉练活动就是企业的"模拟练兵"，要想快速发展，企业中的每个人都要适应快速变化的、充满不确定性的环境，如果坚持不下去，就不得不选择放弃，团队如果想以积极的态势前进，也必须淘汰跟不上的人，否则整个团队就会落后。

在"沙场练兵"的启迪下，通过这次圆桌探讨，干部们对企业发展的认识提高到了新的境界，一些身处重要岗位却力不从心的干部主动提出退居二线，给年轻人让位；会后，人力资源部门开展了清扫不称职干部的行动，提拔了大量年轻、有活力的人才。

经过这次调整，H企业的组织活力得到明显提升，干部在事关企业长远发展的理念和政策决策方面，比以前更容易达成共识并采取一致行动。

要想解决组织结构臃肿、部门冗余和干部不作为等问题，CEO一定要做好表率，将"任人唯贤"作为任命干部的原则，让干部清楚自己的使命和责任，提升干部的思想认识水平。

华为强调"当干部是一种责任，干部应该有担当，不能只想当官不想干事，只想揽权不想担责，只想出彩不想出力"，在华为，这种观念已经深入人心。

1995年，华为经过一段时间的快速发展，前期的管理弊端逐渐暴露出来。一方面，员工的积极性在快速发展中逐渐消磨殆尽，另一方面，过去的管理模式已经不适用于日益扩大的企业规模。对此，任正非表示："华为在初期的发展靠的是企业家行为，抓住机会、奋力牵引，而进入发展阶段，必须依靠规范的管理和懂得管理的人才。"

1996 年年末，华为内部掀起了一场为期一个月的"辞职运动"，部门主管在上交业务报表的同时递交一份辞职报告，不具备业务能力者的辞职报告会立刻生效。通过这场运动，华为替换了 1/3 的干部，为企业注入了新鲜血液，这场运动开创了华为"能上能下"干部制度的先河。

这场"辞职运动"推动了华为干部管理模式的升级，从此，"干部能上能下、工作能左能右、人员能进能出、薪资能升能降"的"四能"机制开始在华为内部推行。华为的经验无疑为大规模企业形成"能上能下"的干部管理或开展组织变革提供了良好的借鉴经验，企业应当采取一系列行动，让中高层管理者统一思想战线、变革组织文化，并且引导中高层管理者由上至下、以身作则地推行达成共识的思想成果。

9.3.2　建立有效的干部管理机制

统一思想战线、变革组织文化是形成"能上能下"干部管理的一个方面，在这一过程中，企业应该趁热打铁，建立一套行之有效的干部管理机制，让干部管理有章可循。

1. 建立明确的干部标准

为了建立有效的干部管理机制，企业应首先建立明确的干部标准。干部标准指的是企业对干部队伍的核心要求和期望。对企业而言，建立明确的干部标准能够统一组织语言、为选拔干部提供指导，从而更好地推动企业发展。

建立干部标准可以参考以下几个方向，如表 9-3 所示。

表 9-3　建立干部标准的参考方向

参考方向		具体内容
调查	访谈法	提炼干部标准，可以对干部的主管、同事和干部本人进行访谈，提炼干部标准的关键词
	问卷调查法	基于访谈结果、岗位说明书和组织价值观等，对提炼出来的干部标准关键词做进一步的定义并形成问卷，按照恰当的比例分发给干部的主管、同事、下属和客户，通过问卷调查为确定干部标准提供参考
与岗位相关的文件	岗位说明书	基于岗位说明书提炼干部标准的关键词
	组织价值观	基于组织的文化和价值观提炼干部标准的关键词

在建立干部标准的过程中，企业可以根据干部所处的层级，从组织价值观、业务能力、个人胜任力和人才培养等维度来考虑。

除了从内部提炼干部标准的关键词，企业也可以参考标杆企业的干部任职模型，如阿里巴巴的"三板斧"管理方法、华为的"四力"干部模型等，结合自身的具体情况建立干部标准。

● **阿里巴巴的"三板斧"管理方法**

阿里巴巴的"三板斧"管理方法分为三个模块，分别针对初级管理者、中级管理者和高级管理者。

初级管理者一般只负责单一模块的工作，主要任务是推动战略的落地和执行；中级管理者负责整合资源，将战略转化为执行动作；高级管理者负责建立完善的体系，确定企业方向、做出决策。

① 初级管理者应培养经理技能，学会如何招聘和辞退员工、如何进行团队建设、如何获得想要的结果等。

② 中级管理者必须学会"闻"员工的文化味道（"闻味道"）、提高看问题的高度（"揪头发"）、通过观察团队和上下级反省自己（"照镜子"）。

③ 高级管理者应学会制定战略、培育企业文化（"造土壤"）、培养组织人才（能够断事用人）。

● **华为的"四力"干部模型**

华为的"四力"干部模型由决断力、执行力、理解力和人际连接力构成。

① 决断力：干部率领员工在混乱的环境中找到正确方法的能力。

② 执行力：干部执行命令的行动力，对干部而言，执行命令的速度和效率很重要。

③ 理解力：在复杂的组织和流程中快速理解他人意图的能力，确保能在复杂的环境中推进工作。

④ 人际连接力：这是华为对所有干部的共性要求，要求干部能够与他人建立良好的连接，团结一心、一致对外。

2．制定干部管理制度

在建立了干部标准、形成了"能上能下"的团队氛围后，企业还需要制定干部管理制度，确定"能上能下"干部管理的具体规则并进行说明，包括干部的淘汰规则、任用规则和退出管理规则。

华为的干部管理规则如表 9-4 所示。

表 9-4　华为的干部管理规则

内容	批注
实现"能上能下"干部管理常态化，促进干部队伍的新陈代谢，保持整个队伍的活力	干部管理总目标
坚持管理者排名后 10% 不合格并进行末位调整	淘汰规则
如果干部在同一岗位上的时间太长，没有突破性思维，将很容易内卷化。企业可以建立干部预备资源池，末位淘汰的干部在进入资源池重新"训战"后，有机会重回业务岗位	说明原因
落实干部任期制，任用权和使用权分离	任用规则
任命的使用权和管理权分开，管一级，跨一级	说明原因
探索干部退出方案实操落地的完整架构，逐步形成企业级干部退出管理的工作机制	退出管理规则
这里的"退出"不是退出企业，而是退出现岗职类，如某些员工代表已经多次连任，那么可以转到人力资源部门	说明原因

9.3.3　落实"能上能下"的干部管理

干部管理制度能否激活组织活力、消除组织结构臃肿的现象，关键在于制度能否落实，如果不能严格落实，那么制度将形同虚设。下一步，企业需要在组织中推动制度的落实，让干部真正做到"能上能下"，让干部队伍永葆活力。

1．通过"赛马"选拔干部

在通常情况下，关键岗位应至少有两名及以上的继任者，并且这些继任者也要有各自的继任者。在选拔干部时，绝不能凭原干部的喜好"相马"，而应通过一定的方式，基于干部标准，对人才进行全方位的考察，通过"赛马"的方式选拔最合适的新干部。

有些传统企业在选拔干部时往往采用"相马"制，凭借企业家个人的经验和感觉选拔干部。比较强调"忠诚"的企业家通过"相马"制选拔出来的干部往往是以老板为中心的人。与"相马"制相比，"赛马"制更强调"以规则为中心、以客户为中心"的选拔方法，用"任人唯贤"代替"任人唯亲"，这样选拔出来的人才会更符合岗位要求。

海尔创始人张瑞敏认为："只有让跑在前面的人有危机感，他们才会努力保持自己的竞技状态；而跑在后面的人要想超越前面的人就会加倍努力"。

为了激励更多人才的涌现，基于"用人要大胆，在位要监控"的用人理念，海尔设计了"赛马"制，通过竞争上岗的制度选拔人才。当企业内出现空缺岗位时，会在公告栏中统一发布出来，所有员工都可以参与应聘。此外，海尔还制定了在职监控，届满轮换，"三工"并存、动态转换（优秀员工、合格员工、试用员工，在福利、分房等方面享有不同待遇），末位淘汰等"赛马"规则，充分激活内部人才。

通过"赛马"的方式选拔优秀干部作为企业的领头羊，可以助力企业充分激发团队潜能，将人才的竞争优势放大；优秀干部对"赛马"的响应，也可以充分调动人才的主观能动性，促进人才的成长和发展。

2. 调整不合格的干部

"只上不下"的干部管理机制可能会导致干部的工作陷入"不求有功，但求无过"的状态，在岗却不作为，而真正有激情、能干实事的人才没有职权或不在合适的岗位上，也会抑制组织的活力。为防止发生这样的现象，企业要敢于淘汰末位的管理者。

这里的"淘汰"并不是淘汰出企业，而是通过多种方式减少不合格干部的职责和权限，让"富余"的干部因"能"转岗；从另一个角度来看，这样也能帮助不合格干部摆脱或减轻在当前岗位上的压力，创造"能上能下"的组织氛围。调整不合格干部的方式如表9-5所示。

表9-5　调整不合格干部的方式

调整方式	具体内容
转聘为专家	对于具有丰富的管理经验或高潜力的干部，可以在不降级的情况下进行岗位调整，将其转聘为专家

调整方式	具体内容
转聘为技术人员	对于具有丰富技术经验的干部，可以将其转聘为技术人员，给予工程技术方面的支持
降职或降级	对于管理能力弱、在岗不作为的干部，可以根据其能力予以降职或降级
解聘	对于违规违纪、业务能力和管理能力弱的干部，可以予以解聘

　　企业在进行干部岗位的优化和调整前，要对干部有一定的了解，应该与干部进行多轮沟通交流。无论企业做出怎样的调整，干部在收到岗位调整的通知时，都不应感到愤愤不平。原则上，降职或降级先于解聘，企业绝不能将不合格干部"一棍子打死"。

9.4　淘汰不能胜任的员工

　　淘汰不能胜任的员工是人才管理中的一门艺术，它不是对员工的惩戒，而是企业人力资源系统综合运行的需求，是比较直接、高效地精简组织机构，解决员工过剩、人浮于事等问题的方式。淘汰不能胜任的员工，可以促进未被淘汰的落后员工主动成长，是企业长期保持活力的重要保障。

9.4.1　基于具体标准实施淘汰

　　为确保内部公平、不留后患，企业在淘汰不能胜任的员工时必须有据可依，根据具体标准确定淘汰对象。

1. 基于绩效考核结果实施淘汰

　　基于绩效考核结果实施淘汰是企业比较常用且较有说服力的淘汰方式。

　　绩效考核是绩效管理的组成部分，绩效管理指的是考评人员根据员工的工作目标或组织的绩效标准，通过科学的考评方法评定员工的个人能力、工作任务完成情况和责任履行程度，并且通过绩效面谈的方式将考核结果反馈给员工的过程。绩效管理过程如图 9-5 所示。

图 9-5　绩效管理过程

从绩效管理过程中可以看出，在实施淘汰之前，企业已经通过多轮绩效改进计划尝试帮助员工成长，但是员工在绩效改进后的表现仍然无法达到企业的标准。因此，淘汰不能胜任的员工是绩效管理运行的必然结果。

为确保绩效考核结果的科学性和公平性，企业应着重把握绩效管理过程中的目标制定和绩效考核。

1）目标制定

目标制定是对员工进行绩效管理的第一步，它是实施绩效管理的关键，对员工工作的过程控制和绩效考核都要建立在员工个人目标的基础上，因此帮助员工制定科学的工作目标非常重要。

常用的目标制定方法有组织目标分解、SMART 原则和 OKR 技术。

大多数企业会使用组织目标分解的方法，从上至下制定企业、部门和个人的 KPI。不过这种方法不够科学，也缺乏灵活性。第一，难以科学定义每个岗位的 KPI 和评分规则；第二，不适用于所有岗位，对于销售人员，这种方法能达到很好的考核效果，不过对于脑力劳动者和技术性人员，很难达到预期效果；第三，企业在制定年目标的时候，往往会基于外部的大环境或基于往年的绩效结果，在层层拆分目标的过程中，容易出现脱离实际的问题，导致目标远高于个人能力。

出于激励员工和部门的考虑，有些企业开始从下至上制定目标，先制定个人和部门的目标，再制定企业的目标。在这些企业中，员工和部门通常会借助 SMART 原则和 OKR 技术确定各自的目标。

SMART 原则常用于制定个人、部门和组织的目标，具体包括如表 9-6 所示的内涵。

表 9-6　SMART 原则的内涵

内涵	具体内容
具体的（Specific）	关键绩效指标必须是具体的，确保其具备牵引作用
可衡量的（Measurable）	关键绩效指标是可以衡量的，有明确的衡量指标
可实现的（Attainable）	关键绩效指标是可以实现的，虽然有一定的挑战性，但是不能因无法达成指标而挫伤员工的信心
有关联的（Relevant）	关键绩效指标必须与企业战略目标、部门目标、员工职位和职责相关联，确保指标的设计有助于实现企业目标
有时限的（Time-bound）	关键绩效指标必须有明确的截止日期，给予员工明确的时间约束，督促其完成指标

　　OKR 技术由英特尔创始人安迪·葛洛夫发明，指的是一套明确、跟踪目标及其完成情况的管理工具和方法，从整体的角度考虑个人和团队的目标，其操作流程如图 9-6 所示。

图 9-6　OKR 技术的操作流程

　　"独角兽企业"字节跳动曾运用 OKR 技术制定组织目标，为绩效考核确定了目标和考核标准。在字节跳动，员工的 OKR 不是自上而下进行拆解的结果，而是结合上司、同事和其他部门同事的 OKR，形成的网状结构的、能够自行适应和调整的目标。通过 OKR 技术，字节跳动塑造了团队意识，让整个组织保持相同的思考方式和做事风格，充分调动员工的主观能动性，促进组织的发展。

2）绩效考核

　　绩效考核结果与员工的薪酬绩效、岗位调动有密切联系，多次考核不合格的员工甚至有可能被企业辞退。因此，绩效考核必须采取科学的方法，尽量避免出现问题。

　　绩效考核的方法可以分为相对评估法和绝对评估法。前者是在比较员工的基础上，通过一定的方法对员工进行排序，得出员工工作优劣的相对评价结果，企业通常会使用这种方法进行员工的末位淘汰；后者是对每位员工的个人绩效进行评估，常用的方法有自我报告法、业绩评定法和360度考核法等。

企业可以结合上述两种方法，首先基于个人绩效进行初步评分，企业在实施360度考核法时应确定评估标准，并且对参与评估的人员进行培训，降低评估的主观性；然后根据客观事实，对同业务模块的员工进行排序，让员工了解自己的工作表现和自己在同业务模块中的定位情况。

在完成绩效考核后，部门主管或HR需要对员工进行绩效面谈。对于绩效排名靠后的员工，企业可以开展绩效改进计划；对于多次考核不合格且调岗后依然不能胜任的员工，企业应按照绩效考核的规定予以淘汰，末位淘汰制是企业比较常用的淘汰管理方式。

2. 基于公司管理办法实施淘汰

对于有重大违规违纪行为或做出有损企业声誉行为的员工，人力资源部门应按照公司管理办法予以处分，甚至直接淘汰。

9.4.2　先培训再评估，逐步辞退

任正非曾说："我们贯彻末位淘汰制，只裁掉落后的人，裁掉不努力工作的员工或不能胜任工作的员工"。淘汰不能胜任的员工，不应简单粗暴地辞退，而应建立在科学管理的基础上，逐步辞退。

对于管理者来说，管理低绩效员工是一件既重要又充满挑战的事情，对低绩效员工的管理可以参考华为的"3C"原则，即交谈（Converse）、指导（Coach）、解聘（Cancel），先通过绩效面谈和绩效改进计划指导员工发展，如果员工仍然无法胜任工作，再辞退员工。

1. 交谈：绩效面谈，寻找原因

对于首次出现绩效不合格问题的员工，企业不能"一棍子打死"，应该先由部门主管与低绩效员工进行绩效面谈，找出员工绩效不佳的原因。

在进行绩效面谈时，部门主管可以先了解员工的生活中发生了什么事情，掌握员工绩效不佳的原因，是否存在一些外部原因（如家中亲人生病等），导致员工无法全身心地投入工作之中。如果确认是由于这样的原因导致员工绩效不佳，那么部门主管要与员工充分沟通，询问是否需要给予员工工作以外的支持。

如果是由于员工自身能力不足导致的绩效问题，那么部门主管也要与员工

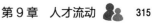

进行详细的沟通，为其提供具体的、有实操性的建议，并协助员工制订绩效改进计划，帮助员工补齐不足的能力。

2. 指导：绩效改进计划，帮助成长

帮助员工成长是非常重要的，绩效改进也是绩效管理的重要环节。有些员工之所以绩效不佳，可能是因为他们缺乏必要的工具或培训，这时候管理者的合理建议是非常重要的。

在绩效改进中，管理者应通过沟通帮助员工了解自己在哪些地方需要改进并找到改进的办法。在与管理者达成共识后，员工应基于绩效改进目标，独立制定具体的改进项目、分析当前水平和期望水平、确定改进方式和期限，将这些内容形成档案，执行绩效改进计划。在这个过程中，管理者应予以适当的关注和督促，帮助低绩效员工快速成长起来。

3. 解聘：坚决辞退不能胜任的员工

在经过多次辅导和多轮绩效改进后，如果员工的绩效仍然没有起色，并且确实没有其他外部因素的影响，那么企业应该辞退他们，同时鼓励他们寻找其他更适合自己的工作。

华为坚定不移地实施末位淘汰制，要求"裁掉不努力工作的员工或不能胜任工作的员工"，各部门每年 5% 的末位淘汰比例不会动摇。

关于末位淘汰制，华为俄罗斯地区总裁万飚曾评价道："末位淘汰向员工传递着压力，督促其承担岗位责任，并自觉适应企业的文化和节奏，不断提升个人业绩，对于员工是一件有益的事。"华为推行末位淘汰制，意在提高员工的工作积极性，避免人浮于事。

虽然奉行"高绩效文化"的华为对低绩效员工的容忍度比较低，但是坚持科学的、有人情味儿的逐步辞退，正如任正非所说："我们对低绩效员工要坚持逐步辞退的方式，可以好聚好散。在辞退时也要多肯定人家的优点，可以开个欢送会，像送行朋友一样，让人家留个念想，别冷冰冰的。"

9.4.3　加强对淘汰过程的风险管控

适当的淘汰对激发内部活力是非常有必要的，一方面，它可以激发员工的

潜能、提高人均效益，另一方面，它可以精简机构、提高企业的竞争力，因此很多企业会采用末位淘汰制管理员工。

实际上，末位淘汰制并没有相关的法律依据，企业在实施淘汰的过程中应注意科学管理，加强对风险的管控，否则可能会事与愿违，对企业产生负面影响，甚至造成违反《中华人民共和国劳动法》的不利后果。

在现实生活中，某些企业因为未规范实行末位淘汰制淘汰员工而被告上法庭的案例并不少见。

武汉某设计公司（以下简称"公司"）在《员工手册》中明文规定，实行末位淘汰制。2018年，公司与设计师刘先生签订了为期两年的劳动合同，聘用其为经理三级。2018年年底，公司公布年终考评结果，刘先生的综合评分为最后一名，公司劝退刘先生未果，将其职级降为员工四级，并且降低了工资标准，刘先生对此提出异议。

2019年3月，公司决定派遣刘先生到合作供应商工厂轮训3个月，以提高刘先生的工作能力。但是刘先生不同意，继续在原工作地点上班，公司认定其为旷工。

2019年4月，公司发布公告与刘先生解除劳动关系，理由是刘先生不能胜任岗位工作，年终考评为最后一名，拒不参加培训，累计旷工15天。因此，公司决定自2019年4月1日起停薪，之后刘先生收到了公司邮寄的解除劳动关系通知书。

在收到通知书后，刘先生申请劳动仲裁，请求公司向其支付违法解除劳动关系赔偿金，得到支持。公司不服诉至法院，称《员工手册》中"年度绩效考核"明文规定，年终考评每年一次，实行末位淘汰制，公司可对员工降职、降薪或调岗、劝退。经过多轮判决，法院认为该公司没有证据证明已经将《员工手册》公示或告知刘先生，刘先生有理由质疑该公司行为的合理性、公正性并予以拒绝，该公司应向刘先生支付违法解除劳动合同赔偿金2.76万元。

这样的案例在现实中屡见不鲜，之所以出现类似的问题，一个很重要的原因是企业在实行末位淘汰制前没有合理规避劳动纠纷的风险，在实施淘汰的过程中缺乏对风险的管控。要想避免类似的问题，在实施淘汰前，HR一定要弄清楚合法解雇不胜任员工必须满足的条件，并且采取一定的措施规避风险。

1. 确保员工熟知《员工手册》

《最高人民法院关于审理劳动争议案件适用法律若干问题的解释（一）》第十九条规定：用人单位根据《劳动法》第四条之规定，通过民主程序制定的规章制度，不违反国家法律、行政法规及政策规定，并已向劳动者公示的，可以作为确定双方权利义务的依据。

在上文的案例中，由于用人单位不能提交已向劳动者公示《员工手册》的有效证据，因此不能据此确定双方的权利义务。

可见，企业不能单方面决定实行末位淘汰制，企业的规章制度只有通过民主程序制定，且不违反国家法律、行政法规及政策规定，并已向劳动者公示或双方达成了共识，才可以作为确定双方权利义务的依据。因此，对于《员工手册》《员工管理方法》等管理文件，企业应通过公示或组织员工统一学习等方法，先让企业与员工达成共识，再采取相关的措施。

2. 符合流程的辞退程序

《劳动合同法》第四十条规定：劳动者不能胜任工作，经过培训或者调整工作岗位，仍不能胜任工作的，用人单位提前 30 日以书面形式通知劳动者本人或者额外支付劳动者一个月工资后，可以解除劳动合同。

在企业的规章制度通过民主程序制定并已向劳动者公示的前提下，当劳动者的绩效考核结果不理想时，如果经过培训或调整工作岗位，劳动者仍然不能胜任工作，那么企业可行使非过失性解除权，按照法律规定解除劳动合同。

此外，《劳动合同法》第四十条规定：企业在准备解雇不能胜任的员工时，要依法通知工会。企业应该提前 30 日将解雇的意见通知员工，确保员工的知情权；如果不提前 30 日通知，需要支付一个月工资，作为不通知的补偿和代替。

在淘汰不能胜任的员工时，企业应重视对淘汰过程的风险管控，建立一套科学、客观、公正的绩效考核标准和辞退程序。例如，华为在正式辞退不能胜任的员工之前，有一整套预警、辅导、绩效改进和结果反馈沟通的流程，让员工有机会"翻身"证明自己。如果在执行绩效改进计划后员工仍然无法胜任，那么华为会在与员工沟通并达成共识后辞退员工。通过一系列的措施，华为既提升了绩效改进的效果，也有效规避了末位淘汰制可能导致的劳动纠纷风险，让末位淘汰制达到了预期效果。

9.5　完善员工退出管理

员工退出管理是企业人才流动和人才管理的重要组成部分。完善员工退出流程，能够帮助企业把员工的流动控制在适当的范围内，这样既能激发员工的积极性、保持组织的活力，又能让企业减少不必要的人力成本，为组织挑选更多合适的人才。

在通常情况下，员工的退出可以分为非自愿离职、自愿离职和自然离职三种类型。对于不同离职类型的员工，企业要采取不同的管理方法，规避员工离职可能带来的风险，并且为企业的人才管理提供改善建议，储备更优秀的人才。

9.5.1　非自愿离职管理

非自愿离职指的是由于企业的原因或其他客观原因，而非出于员工个人意愿的企业人员流出，通常是企业在经营困难时为降低人工成本、提高竞争力而采取的措施，也是一些经济效益不错的企业提高员工工作效率、激发内部活力的重要手段。

非自愿离职可能会导致部分离职员工的不满，如果处理不当，将会损害企业的形象，对企业各方面的口碑造成负面影响。此外，不恰当地采取非自愿离职措施，还会增加企业其他方面的管理成本，如招聘、培训和员工离职补偿等成本。

企业应该有计划地采取非自愿离职措施，尽可能多地留存绩效优秀的员工，在面临裁员的情况时，可以与替代方案进行比较，如冻结招聘、暂停奖金发放等，选择最有利于企业长远发展的方案，解决企业的人才管理问题。

当不得不采取非自愿离职措施时，企业应该提前制订具体计划，设计详细的裁员方案，尽可能降低员工非自愿离职对企业造成的负面影响。

1. 制订裁员计划

裁员是一种典型的非自愿离职管理方式。制订裁员计划是企业采取非自愿离职措施的前提，其步骤如表 9-7 所示。

表 9-7 制订裁员计划的步骤

步骤	具体措施
步骤一：明确企业战略	① 充分考虑企业战略，对裁员进行商业价值评估。 ② 列出需要裁员的岗位和具体数量
步骤二：依法确定裁员明细	① 确定裁员依据。 ② 确定遣散费用和补偿费用。 ③ 确定保留和重新雇佣战略
步骤三：确定沟通策略	① 确定与裁员对象的沟通内容，如企业经营现状、裁员原因和裁员标准等。 ② 确定沟通方式，如面谈或线上平台交流等
步骤四：成立裁员管理小组	① 与裁员对象交谈并说明裁员原因。 ② 由裁员管理小组负责对裁员项目的跟进和调整
步骤五：制作裁员规划时间表	做好裁员的时间规划和人员部署

制订裁员计划应基于企业的现实情况，对裁员过程中各阶段的具体内容、时间和人员等做好部署，确保顺利执行裁员项目。

2. 规范辞退员工的流程

为了规避非自愿离职可能带来的风险、确保组织利益最大化，企业还要规范辞退员工的流程。

1）筛选裁员名单

为了尽可能地将优秀人才留在企业中，企业应通过合理的方式筛选裁员名单，其流程如图 9-7 所示。

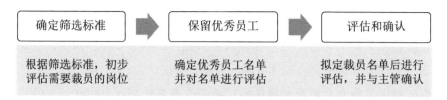

图 9-7　筛选裁员名单的流程

2）裁员流程

在确认了裁员名单后，企业应按照标准流程实施裁员，做好员工的遣散安排。实施裁员的步骤如表 9-8 所示。

表 9-8　实施裁员的步骤

步骤	具体措施
步骤一：与裁员对象面谈	① 由 HR 或裁员对象的管理者与其面谈。 ② 充分解释裁员原因，态度要真诚。 ③ 为裁员对象提供关于未来工作的方向和建议
步骤二：确定遣散费用方案	遣散费用方案包括遣散费用的计算依据、公式，以及处理相关法律问题和手续需要的费用
步骤三：深入沟通，安抚情绪	① 深入沟通，安抚裁员对象的情绪。 ② 鼓励其积极寻找下一份工作，可以提供一些人脉或建议，予以帮助

在完成裁员后，企业应就本次非自愿离职管理过程进行综合评估，评估内容主要包括：第一，裁员计划和裁员方案的完整性、合理性；第二，裁员过程是否按照计划进行，对时间和经济成本的管控是否符合预期；第三，裁员名单是否科学合理。在完成综合评估后，企业应根据评估结果完善裁员方案，为以后的裁员做好准备。

9.5.2　自愿离职管理

自愿离职指的是出于员工个人意愿的企业人员流出。

员工的自愿离职对企业有利有弊。一方面，对于与岗位不匹配的员工，他们的自愿离职能够减少因工作效率低造成的经济损失和企业的解雇成本；另一方面，某些员工的离职可能会为企业带来巨大的损失，如掌握关键技术的人才跳槽可能会将企业的关键技术带走，掌握企业商业机密的员工离职可能会对企业的业务造成冲击。

因此，对于自愿离职的员工，企业也要做好管理，可以通过提炼和分析员工离职的原因，检查企业内部制度中可能会导致人员流失的问题，完善和改进企业的人才管理政策和方案。

1. 分析员工离职的原因

员工自愿离职的原因是多种多样的，大致可以分为个人原因和企业原因。在员工提出离职的想法时，直属管理者应与员工进行充分沟通，了解员工离职的原因，对于优秀员工，管理者可以通过协助员工解决问题的方式挽留员工。

> ● **常见的员工离职原因**
>
> 个人原因：员工由于工作以外的原因主动离职，如职业规划改变和家庭原因等。
>
> 企业原因：包括组织因素和薪酬绩效因素。
>
> 组织因素指的是员工认为组织的实际情况无法达到其心理预期，如对直属管理者不满和晋升机会不足等；薪酬绩效因素指的是企业提供的薪酬绩效无法达到员工的心理预期。

员工离职的原因往往不是单一的，对于主要出于个人原因主动离职的优秀员工，管理者可以从行业的发展前景、个人的发展空间和企业所处的平台等角度进行分析，以便达到挽留优秀员工的目的；对于主要出于企业原因申请离职的优秀员工，管理者应在职权范围内就解决员工的困扰进行沟通和协商，以便挽留优秀员工。

员工在沟通离职原因时，可能会因为有所顾忌而无法直接说出真实的离职原因，企业可以采用合适的方法收集员工的离职原因，常用的方法有离职员工访谈法、工资满意度问卷调查、由工会倾听员工的意见、员工与直属管理者交谈等。

2. 寻找并解决企业中存在的问题

在完成对员工离职原因的收集和提炼后，人力资源部门应在这些原因中寻找导致员工离职的企业问题，针对企业问题探索有效的解决方案。

常见的离职原因和解决方案如表9-9所示。

表 9-9　常见的离职原因和解决方案

离职原因		解决方案
个人原因	家庭原因	在员工因家庭变故遇到困难时，企业可以执行员工援助计划，为员工提供关怀和帮助
	职业规划改变	如果企业内部有员工心仪的岗位，那么企业可以在对员工的能力进行充分评估后，为员工提供轮岗机会，实践合格后同意员工调岗
企业原因	新员工认为企业无法达到其心理预期	1）对招聘的改进 ①反思：招聘人员对企业或岗位的描述是否不准确或过于完美？ ②措施：若存在上述问题，则应对招聘人员进行技能再培训，可以将新员工离职率纳入招聘人员的绩效考核。 2）对组织的改进 ①反思：组织是否采取了合适的措施帮助新员工融入企业？ ②措施：可以实行导师制、举办促进新员工了解企业文化和融入企业的团建活动等，将"帮助新员工成长"纳入导师或直属管理者的晋升考核
	缺少晋升机会	1）对组织的改进 ①反思：组织现有的晋升通道是否合理？对员工是否具有激励性？ ②措施：根据企业所在的行业类型，搭建对员工具有激励作用的晋升通道。 2）对培训的改进 ①反思：员工无法晋升的原因是缺少晋升通道还是能力不足？ ②措施：根据各部门员工的发展路径，按照一定频率对员工开展培训，帮助员工掌握成长和发展的技能
	薪资问题	对薪酬体系的评估和改进。 ①反思：企业现有的薪酬体系是否合理？是否兼具保障性和激励性？企业的薪酬水平是否达到行业标准？在同行业中是否具有优势？ ②措施：基于对薪酬体系的评估结果进行薪酬体系的调整或再设计

3. 评估改进效果

在解决了企业中存在的问题后，人力资源部门还要对离职管理效果进行评估，以便了解改进效果。评估可以围绕以下几个方面进行：第一，以季度或年度等为周期，考察周期内员工自愿离职的情况，计算优秀人才的离职率是否下降；第二，核算周期内的离职管理成本，考察离职管理成本是否在合理范围内有所下降；第三，考察在职员工的工作满意度是否提升。

9.5.3　建立离职管理制度

为了尽可能地规避员工离职引起的劳动纠纷、减少员工离职带来的负面影响，企业需要防患于未然，提前建立离职管理制度，规范员工的离职流程。

建立离职管理制度应遵循两个原则。第一，离职管理制度必须是合法的，包括内容合法和程序合法；第二，离职管理制度不能违反集体合同或劳动合同。另外，未经公示的制度是无效的，企业在建立离职管理制度后必须向员工公示。

1. 规范离职的程序性事项

规范离职的程序性事项是建立离职管理制度的重要组成部分，这是员工非自愿离职的"前置动作"。企业只有规范了离职的程序性事项，才能最大限度地规避员工离职带来的法律风险。规范离职程序性事项的步骤如表 9-10 所示。

表 9-10　规范离职程序性事项的步骤

非自愿离职类别	步骤
经济性裁员	① 提前 30 天向工会或全体员工说明情况，并提供生产经营状况资料。 ② 提出裁员方案，征求工会或全体员工的同意并完善裁员方案。 ③ 向当地劳动行政部门报告裁员方案和工会或全体员工的意见，并听取劳动行政部门的意见。 ④ 正式办理裁员对象解除劳动合同的手续
其他原因辞退员工	① 企业单方面辞退员工，应提前通知工会并获得工会的同意。 ② 如果工会认为企业违反规则，那么企业需要重新研究并充分考虑工会的意见，以书面形式将处理结果通知工会。 ③ 在工会同意后，企业需要提前以书面或邮件等形式通知员工解除劳动合同。 ④ 企业在与员工达成共识后为其办理离职手续

2. 规范离职事务的交接

无论员工是自愿离职还是非自愿离职，都要完成离职事务的交接程序，确保企业资产的完整交接，维护企业的利益。规范离职事务交接的步骤如表 9-11 所示。

表 9-11　规范离职事务交接的步骤

离职事务	步骤
物品交接	1）物品交接的前期准备 ① 在员工入职时应核实员工的个人物品。 ② 在日常管理中对员工领用企业资产进行登记。 2）员工离职时的物品交接 ① 企业资产管理人负责与离职员工交接其使用的物品，填写物品交接清单并由双方签名确认。 ② 财务人员负责检查离职员工在财务上是否有拖欠，若有拖欠则应当场还清，若无拖欠则由财务人员在离职手续表上签名确认

离职事务	步骤
工作内容交接	离职员工在离职前需要对接手相关工作的员工进行工作内容的交接，确保没有遗失企业的重要文件。对于接触高保密性信息的员工，企业应采取一定措施让对方对工作内容保密，如签署保密协议等法律文件

3. 规范离职流程

在完成物品和工作内容的交接后，离职员工需要与 HR 进行离职面谈，沟通离职原因（自愿离职员工）、薪资和补偿费用等问题，达成共识后办理离职手续。

企业可以通过以下措施规避法律风险。第一，企业在依法解除劳动关系或终止劳动合同时，应一次付清劳动者工资；第二，企业应依法履行向非自愿离职员工支付经济补偿金的义务；第三，在员工办理离职时，企业应解决薪酬福利方面的问题，如结清员工在职期间的五险一金，协商并处理好社会保险和公积金的转移手续等。

在完成上述操作后，企业可以与员工正式签署离职文件。企业应妥善保管离职过程中签署的文件，防范离职员工在离职后对企业提出劳动争议仲裁或诉讼。

4. 妥善安置离职员工

企业应妥善安置离职员工，事实上，对离职员工的管理也是企业人才管理的一部分，恰当地保持与离职员工的关系可能会为企业创造意想不到的价值。

阿里巴巴将离职员工视为"校友"，并且通过举办"校友会"的形式增进、推动校友们的合作和进步。如今，阿里巴巴的"校友"超过 10 万人，阿里巴巴已经举办了三届"校友会"。在第三届"校友会"中，张勇表示"'阿里人'的工号会永远保留，相信创造和拥抱变化是'阿里人'不变的精神连接"。对阿里巴巴而言，"校友"能在各个领域百花齐放是好事儿，马云还把离职员工比作"敌前、敌后的外援"。

无独有偶，麦肯锡也将离职员工视为一种财富，把离职员工当作企业的"毕业生"，并且建立了离职员工的数据库——"麦肯锡校友录"，对离职员工定期进行慰问和追踪。麦肯锡的这一举动意味着，虽然员工离开了麦肯锡，但是这不代表员工与企业的关系终结了，而是会以"校友"关系开启新的旅程。事实上，员工在离职后可能会成为企业的潜在客户，或者以后可能会成功返聘，成为企业未来的建设者。

人才是一种稀缺资源，对于能力超群的人才，即使他们已经离职，企业也可以把他们纳入人才资源库，在企业需要相关人才时尝试返聘这些人才。此外，管理者还可以与离职员工保持联系，在不泄露企业机密的前提下，与其建立良好的关系，这可能会为企业未来的业务合作开辟一条新的道路。

参考文献

[1] 黄卫伟.价值为纲：华为公司财经管理纲要 [M].北京：中信出版集团，2017.

[2] 李祖滨，汤鹏，李锐.人才盘点：盘出人效和利润 [M].北京：机械工业出版社，2020.

[3] 杨国安.组织能力的杨三角：企业持续成功的秘诀 [M].2 版.北京：机械工业出版社，2015.

[4] 吴建国.华为团队工作法 [M].北京：中信出版集团，2019.

[5] 李常仓，赵实.人才盘点：创建人才驱动型组织 [M].北京：机械工业出版社，2012.

[6] 严正，黄才恳.业务领先的人才战略 [M].北京：电子工业出版社，2016.

[7] 潘平.上承战略 下接人才：人力资源管理高端视野 [M].北京：清华大学出版社，2015.

[8] 北森人才管理研究院.人才盘点完全应用手册 [M].北京：机械工业出版社，2019.

[9] 杨爱国.华为奋斗密码 [M].北京：机械工业出版社，2019.

[10] 田俊国.上接战略 下接绩效：培训就该这样搞 [M].北京：北京联合出版公司，2013.

[11] 冉涛.华为灰度管理法 [M].北京：中信出版集团，2019.

[12] 曾双喜.破译人才密码：移动互联网时代的人才管理实战应用指南 [M].北京：经济管理出版社，2016.

[13] 余胜海.用好人，分好钱：华为知识型员工管理之道 [M].北京：电子工业出版社，2019.

[14] 马修·布伦南.字节跳动：从 0 到 1 的秘密 [M].刘勇军，译.长沙：湖南文艺出版社，2021.

[15] 黄志伟.华为人力资源管理 [M].苏州：古吴轩出版社，2017.

[16] 王成.人才战略：CEO 如何排兵布阵赢在终局 [M].北京：机械工业出版社，2020.

[17] 彼得·圣吉.第五项修炼：学习型组织的艺术与实践 [M].张成林，译.北京：中信出版集团，2009.

[18] 杨雪 . 员工胜任素质模型与任职资格全案 [M]. 北京：人民邮电出版社，2014.

[19] 丁伟，陈海燕 . 熵减：华为活力之源 [M]. 北京：中信出版集团，2019.

[20] 周留征 . 华为哲学：任正非的企业之道 [M]. 北京：机械工业出版社，2015.

[21] 杨少龙 . 华为靠什么：任正非创业史与华为成长揭秘 [M]. 北京：中信出版社，2014.

[22] 程东升，刘丽丽 . 华为真相：在矛盾和平衡中前进的"狼群" [M]. 北京：当代中国出版社，2004.

[23] 杰弗瑞·莱克，乔治·查奇里斯 . 精益人才梯队：各级精益领导者培养指南 [M]. 蔡明，译 . 北京：机械工业出版社，2020.

[24] 泰瑞·贝克汉姆 .ATD 人才管理手册 [M]. 曾佳，李群，罗白，等译 . 北京：电子工业出版社，2017.

[25] 布莱恩·贝克尔，马克·休斯理德，理查德·贝蒂 . 重新定义人才：如何让人才转化为战略影响力 [M]. 曾佳，康至军，译 . 杭州：浙江人民出版社，2016.

[26] 约翰·W. 布德罗，彼得·M. 拉姆斯特德 . 超越人力资源管理：作为人力资本新科学的人才学 [M]. 于慈江，译 . 北京：商务印书馆，2012.

[27] 大前研一 . 专业主义 [M]. 裴立杰，译 .2 版 . 北京：中信出版社，2010.

[28] 理查德·L. 哈格斯，罗伯特·C. 吉纳特，戈登·J. 柯菲 . 领导学：在实践中提升领导力 [M]. 朱舟，译 .7 版 . 北京：机械工业出版社，2012.

[29] 斯蒂芬·P. 罗宾斯，戴维·A. 德森佐，罗伯特·M. 沃尔特 . 管理学 [M]. 李自杰，刘畅，赵众一，等译 .7 版 . 北京：机械工业出版社，2013.